教师教育系列教材

U0645963

中小学班主任工作技能实践教程
(微课版)(思政版)

王　芳　王　静　主　编

张雨婷　习叶丽　杨　婕　副主编

清华大学出版社
北京

内 容 简 介

本书是为了配合教育部颁布的《教师教育课程标准(试行)》、《中学教师专业标准(试行)》和《小学教师专业标准(试行)》等文件精神，着力推进教师教育人才培养模式的改革，构建教师教育人才培养质量保障体系而推出的教材。本书包括班主任工作概述、了解和研究班级学生、组织班集体、班级日常管理、班级文化的营造和建设、班级活动的组织、班级心理健康教育、班级德育工作、教育合力的形成等九个方面的内容，既能满足培养高素质班主任队伍，提高班主任培养质量的需求，又能贴近学生学习需求。本书编写既注重班主任工作基础理论体系的完整性，又强调理论与实践相结合，在确保科学性的前提下，突出了教材内容的时代性、基础性和实践性。

本书可作为教师教育课程的教学用书，也可作为职后班主任培训用书，还可以作为中小学一线班主任工作的参考用书。

图书在版编目(CIP)数据

中小学班主任工作技能实践教程：微课版：思政版/王芳，王静主编. —北京：清华大学出版社，2023.3
（2025.7重印）
教师教育系列教材
ISBN 978-7-302-62657-2

Ⅰ. ①中… Ⅱ. ①王… ②王… Ⅲ. ①中小学—班主任工作—教材 Ⅳ. ①G635.16

中国国家版本馆 CIP 数据核字(2023)第 020431 号

责任编辑：陈冬梅
装帧设计：刘孝琼
责任校对：徐彩虹
责任印制：杨 艳
出版发行：清华大学出版社
    网 址：https://www.tup.com.cn, https://www.wqxuetang.com
    地 址：北京清华大学学研大厦 A 座 邮 编：100084
    社 总 机：010-83470000 邮 购：010-62786544
    投稿与读者服务：010-62776969, c-service@tup.tsinghua.edu.cn
    质量反馈：010-62772015, zhiliang@tup.tsinghua.edu.cn
    课件下载：https://www.tup.com.cn, 010-62791865
印 装 者：三河市龙大印装有限公司
经 销：全国新华书店
开 本：185mm×260mm 印 张：12.5 字 数：304 千字
版 次：2023 年 3 月第 1 版 印 次：2025 年 7 月第 4 次印刷
定 价：45.00 元

产品编号：097766-01

前　　言

　　科教兴国、教育优先发展是我国的基本国策，我国政府先后出台了《教师教育振兴行动计划(2018—2022)》《教育现代化 2035》《关于深化教育教学改革全面提高义务教育质量的意见》《深化新时代教育评价改革总体方案》《关于加强和改进新时代师德师风建设的意见》《新时代中小学教师职业行为十项准则》，以促进高质量、专业化、创新型教师队伍的建设，多角度促进课堂教学的深刻变革。面对这些变革，教师教育类课程与教学亟待改革，以适应社会发展和时代对教师教育人才培养的要求，这既是机遇，也是挑战。本书是 2021 年度辽宁省普通高等教育本科教学改革研究项目"基于师范类专业认证的教师教育课程体系改革研究与实践"的成果。

　　依据教育部颁布的《教师教育课程标准(试行)》《小学教师专业标准(试行)》《中学教师专业标准(试行)》等文件精神，应加强教师培养的专业指导和质量评估；依据教师教育课程标准和师范类专业认证等精神，要开设班主任工作技能训练课程作为教师教育课程，因此，我们编写了《中小学班主任工作技能实践教程》教材。为了顺应教育发展的趋势与潮流，本书从班主任工作和思政教育融合的视角出发，认为中小学班主任工作需要将思政教育融入班级日常工作当中，突出"立德树人"理念，将提升学生道德素养作为育人的重要目标，依据班级管理细则规范指引学生的不良行为，培养学生形成正确的行为规范，使学生形成正确的价值观，实现从知识学习向素养形成的根本性转变。本书力求使师范生在职前教育中能更好地掌握班主任工作的相关理论与实践知识，为师范生可持续发展提供了广阔的空间。本书以阐述班主任工作的基础知识和基本理论为主，注重实践应用。本书的编写原则是"理论与实践并重""知识、能力与素养并行"，教材以案例导入引发学生的学习兴趣，理论知识深入浅出，可读性强，同时又不失为一本严谨的班主任工作指导用书。为适应微时代的快速发展，本书的所有章节都录制相应的微课视频。

　　本书共分九章，各章编写分工为：王芳编写第一章、第二章、第三章、第四章、第五章；习叶丽、杨婕、张雨婷编写第六章、第七章；王静(辽宁师范大学)编写第八章、第九章。全书最后由王芳统稿。

　　本书可以作为师范类专业学生的教师教育课程教材，也可作为在职班主任的培训教材，以及作为班主任工作的参考书。在本书的编写过程中借鉴了许多同类教材的理论观点和研究成果，在此一并表示衷心的感谢！同时感谢清华大学出版社对本书给予的帮助和鼓励。

　　尽管我们在编写过程中尽了最大的努力，但由于水平有限，不足之处在所难免，还望读者和同人不吝赐教，有待日后进一步完善和修订。

编　者

目　　录

第一章　班主任工作概述 1

第一节　班主任工作概述 2
　　一、班主任制的起缘 2
　　二、班主任与班主任工作 3
　　三、班主任工作的内涵 5
第二节　班主任工作的内容 6
　　一、区分班主任工作职责、工作内容、
　　　　工作任务 6
　　二、班主任工作的具体内容 7
第三节　班主任工作的意义 18
　　一、班主任是班级学生的教育者
　　　　和实施班级工作计划的保证 18
　　二、班主任是班集体的组织者和学生
　　　　班级活动的指导者 19
　　三、班主任是学校、家庭、社会等
　　　　各种教育力量的协调者 19
【本章小结】 21
【思考题】 21

第二章　了解和研究班级学生 22

第一节　了解和研究学生的内容 24
　　一、了解和研究学生的个体 24
　　二、了解和研究学生的群体 27
　　三、了解学生的成长环境 28
第二节　了解和研究学生的方法 30
　　一、观察法 31
　　二、谈话法 33
　　三、书面材料分析法 37
　　四、调查访问法 38
第三节　建立良好师生关系的途径 39
　　一、师生关系及其作用 39
　　二、建立良好师生关系的途径 41
【本章小结】 44
【思考题】 45

第三章　组织班集体 46

第一节　班集体的含义 48
　　一、班级与班集体 48
　　二、班集体的产生与发展 50
　　三、班集体的功能 50
第二节　良好班集体的特征 52
　　一、共同的奋斗目标 52
　　二、有序的组织机构 53
　　三、统一的行为规范 55
　　四、和谐的人际关系 56
　　五、管理的自主性 57
第三节　如何组建良好的班集体 58
　　一、制定班级目标 59
　　二、建立班级组织机构 62
　　三、营造正确的舆论环境 66
　　四、组织多样的教育活动 67
【本章小结】 68
【思考题】 68

第四章　班级日常管理 69

第一节　制订班主任日常管理工作计划 70
　　一、制订班级日常管理工作计划的
　　　　意义 70
　　二、制订班级日常管理工作计划的
　　　　依据 71
　　三、制订班级日常管理工作计划的
　　　　原则 72
　　四、班级日常管理工作计划制订 73
第二节　班主任日常工作的实施 77
　　一、教学常规管理 77
　　二、日常生活管理 84
　　三、贯彻落实思想教育 87
　　四、突发事件 91
【本章小结】 94
【思考题】 95

第五章　班级文化的营造和建设 96

第一节　班级文化概述 97
　　一、什么是班级文化 97
　　二、班级文化的功能 97
　　三、班级文化的构成 99
　　四、班级文化的特征 101
第二节　班级物质文化的建设 102
　　一、精心布置教室，打造特色
　　　　班级 103
　　二、班级物质文化建设的基本
　　　　要求 106
第三节　班级精神文化的建设 108
　　一、铸造班级精神文化，营造良好
　　　　成长环境 108
　　二、班级精神文化建设的基本
　　　　要求 112
第四节　班级制度文化的建设 113
　　一、构建班级制度文化，展现良好
　　　　班风 113
　　二、班级制度文化建设的基本
　　　　要求 116
【本章小结】 118
【思考题】 118

第六章　班级活动的组织 119

第一节　班级活动的类型 120
　　一、什么是班级活动 120
　　二、开展班级活动的意义 120
　　三、班级活动的类型 122
第二节　课内活动的组织 125
　　一、班会活动的内容 126
　　二、班会活动的类型 126
　　三、开展班会活动的要求 127
　　四、班会活动的组织与实施 128
第三节　课外活动的组织 130
　　一、课外活动的基本内容 131
　　二、课外活动的基本形式 134
　　三、开展课外活动组织的基本
　　　　要求 135

四、课外活动的方案和实施 136
【本章小结】 139
【思考题】 139

第七章　班级心理健康教育 140

第一节　心理健康教育概述 142
　　一、心理健康教育的内涵 142
　　二、青少年心理健康标准 142
　　三、影响青少年心理健康的因素 143
第二节　青少年不健康心理的表现 147
　　一、自私 147
　　二、任性 147
　　三、嫉妒 148
　　四、叛逆 149
　　五、浮躁 150
　　六、忧郁 150
　　七、自卑 151
　　八、自恋 152
　　九、自残 152
　　十、自杀 152
第三节　班主任的心理健康教育策略 153
　　一、正确认识与理解问题学生 153
　　二、营造和谐的班级氛围 154
　　三、积极争取与学生家长的合作 154
　　四、开设心理健康教育专题课堂 155
　　五、引导问题学生自我心理调节 155
【本章小结】 156
【思考题】 156

第八章　班级德育工作 157

第一节　学生品德发展基本规律 159
　　一、品德及品德发展的内涵 159
　　二、品德发展的基本规律 159
　　三、品德发展理论 160
第二节　班主任德育工作基本内容 162
　　一、理想信念教育 162
　　二、社会主义核心价值观教育 163
　　三、中华优秀传统文化教育 163
　　四、生态文明教育 164
　　五、心理健康教育 165

第三节　实施班级德育教育的有效
　　　　途径..........................165
一、营造良好的班级管理氛围..........165
二、注重教学资源的开发与利用......166
三、完善班级规章制度，约束规范
　　学生的行为......................168
四、健全班级常规管理制度，提高
　　学生自我管理能力.............170
五、班主任应成为道德榜样，提高
　　自身德育素质.................173
六、当好"心理医生"，因人
　　施教..........................174
七、争取家长的支持.................175
【本章小结】..........................175
【思考题】.............................175

第九章　教育合力的形成..............176
第一节　校内教育力量的整合..................179

一、班级教育合力概述..................179
二、协调与任课教师之间的关系.....180
三、协调与领导之间的关系........182
第二节　家校合作.........................183
一、家校合作的途径......................183
二、班主任与家长关系的协调......185
第三节　学校与社区的联系.............189
一、课程与社会教育资源结合.......189
二、利用寒暑假时间，加强学校
　　与社会的联系.................189
三、引导学生合理利用课余时间.....190
四、开发社会教育资源的其他
　　途径.........................190
【本章小结】..........................190
【思考题】.............................191

参考文献............................192

第一章 班主任工作概述

怀念我的班主任

上小学四年级时，我便到离家更远的县城去上学了。在那里我遇到了两位性格迥异、个性鲜明的班主任。第一个班主任叫张建华，四川人，浓眉大眼，身材高大，英俊潇洒，据说当过志愿军的侦察兵。他工作一丝不苟，写得一手好字，对我们要求非常严格，但也不乏幽默。我们学校附近有一条小河，夏天男同学一个一个悄悄地溜出宿舍，到小河中去游泳。学校知道此事后，便安排老师到小河边去抓我们，有些老师去后不声张，悄悄地将衣服拿回学校，下河游泳的同学只能趁其他人还没起床，一个个光着屁股溜回学校。

一天中午，张老师照例又来宿舍检查，我们便一个个闭上眼睛装睡。张老师转了两圈，说："不要装了，想游泳的起来，我带你们去游泳。"我们没人动，都还"睡"着。他看没人理他，又说："我走后，谁若去游泳，下午就别上课了，因为给了你们机会，你们不要。"说完，转身欲走。突然，"呼"地一声，我们四十多人齐刷刷地坐了起来，一个个眼里带着渴求，又带着狐疑。他说："愿去的下床站队，不愿去的躺下继续睡觉。"于是，有十几个胆子稍大一点的学生兴奋地从床上跳下来，到门外站队去了。我们不敢去的又重新躺下，翻来覆去地"睡"午觉。中午起床，那十几个同学汗流浃背地回来了，我们很吃惊，他们怎么游出这么多汗呀？一问，其中一人愤愤地说："张老师骗我们。我们一出去，便将我们带到操场上，说游泳是好事，是锻炼身体，但为了安全，让我们先学基本动作，便让我们扎马步，弓着背，他喊一，我们便左手向前，右手向后，做划水的样子；喊二，便右手向前，左手向后。就这样我们划了一中午，他还美其名曰'洗旱澡'。"接着就是哄堂大笑。从此以后，我们再也没人敢在午睡时偷偷去游泳了。

第二个班主任是王培海老师，上海人，浓眉大眼，多才多艺，为人和蔼，教语文。一次作文课，我苦苦思索，不知写什么，不知不觉两节课快结束了，情急之下，便写了一首诗交上去。晚饭后，王老师让人叫我到办公室，翻开我的作文本，问我作文是不是我自己写的。我顿时心里一惊。他接着问，你喜欢写诗？我说喜欢。他又问为什么，我便说好读，读起来好像唱歌。他听后，像是遇到了知音，滔滔不绝地给我讲起诗来，并特许我可以随便看他的书，可以随时找他谈诗。在他的引导下，我由诗开始涉猎更广泛的文学领域；在他的引领下，我走向教师这个神圣的职业，并以深受老师影响的品质、思想和行为去影响我的学生。

（资料来源：刘成军. 怀念我的几位班主任[J]. 班主任，2008(8-9)：75-76.）

【案例思考】

在学生的学习生活中，会遇到各式各样的班主任，他们的言行举止也都会受到班主任的影响，在他们的心目中也都有一个衡量班主任的标准。

班主任这个天底下最小的"主任"，没有任何级别和权力，还会受到来自社会、家长、学校管理者的一些非议与批评；班主任这个天底下最大的"主任"，拥有智慧与自信，承载着托付与希望，可以拯救昏蔽的心灵，引领学生身心健康成长。

第一节　班主任工作概述

班主任是班级教育活动的主要实施者，班主任是班级工作的组织者、班集体的教育者，是学生全面发展的引导者，是学校教育的实施者和各种教育影响的协调者和整合者。

一、班主任制的起缘

"班主任"这一角色是适应近现代教育班级教学的需要而产生的，它的含义是在教育实践中不断发展并得到明确的。夸美纽斯在他的《泛智学校》中设想给每个班"指派固定的教师"，这是从一种特殊的教师角色来认识班主任的。

关于学生的教育(狭义)以及对学生行为的管理与指导，在不同国度因国情与教育价值追求不同，其实际措施也不尽相同。我国现行班主任制，脱胎于苏联 20 世纪 30 年代开始建立的班主任制。苏联的班主任制是在一种非常特殊的教育变革背景下产生的。其背景是 20 世纪 20 年代，苏联普通教育学校改革风起云涌，其中包括在若干地区的第二级学校(中学)，废除班级授课制，实施"小组实验法"(通称"分组实验制")——由学校中的"儿童学工作者"，通过对学生的心理测验和对家长的问卷调查，把学生分成若干小组，以小组为单位学习。[①]为此，在学校中除教师编制以外，另聘"儿童学工作者"，组成"儿童学工作室"，形成"教师专管教学工作，而儿童学工作者则专管教育工作"的教学体系。由儿童学工作者担任小组指导员，"小组指导员"为班主任的前身。

苏联的班主任制经历了一个漫长的发展过程。1936—1956 年间苏联的班主任同"级任教师"并无多大区别。1956 年 9 月，《苏维埃教育学》杂志发表题为《克服个人迷信在教育学中的后果》的社论，其中提到：从 1935 年开始，"旧时的文科学校，连同它传统的教

---

① 陈桂生. "班主任制"缘起——俄国班主任制要义[J]. 全球教育展望，2011(11)：66-68.

学科目体系，又开始公然复活了"，"教育理论家们完全放弃了对儿童的研究"，在摒弃儿童学中的某些错误观点以后，"又走到了另一个极端"，即忽视了学生的年龄特点和个人特点。由于班主任工作的背景发生了重大变化，班主任工作不得不随之发生变化，从而使"班主任制"同一般"级任教师"拉开了距离。在苏联，尽管在1936年前后有班主任的设置，然而经过20多年，也未形成有关班主任工作的制度，到1960年才发布《班主任条例》，直至1975年才发布题为《关于班主任工作》的指导性文件。

中国的班主任制也有一个长期演变的过程。1902年的《钦定学堂章程》中就有设置班主任的思想，时称"正教员"。民国初年，逐渐出现了"级任教员"与"学校主任"等名称。中华人民共和国成立以后，曾在中小学设"级主任"。在1952年教育部颁发的《小学暂行规程(草案)》和《中小学暂行规定(草案)》中，明确提出了班级设班主任。①

二、班主任与班主任工作

(一)班主任的含义

班主任是学校全面负责班级工作的教师，其基本任务是按照德智体美劳等全面发展的要求，开展班级工作，全面教育、管理、指导学生，使他们成为有理想、有道德、有文化、有纪律、体魄健康的公民。班主任为实现教育目标，完成班级工作的任务，必须充分发挥自身的主导作用，组织建立班集体，当好本班学生的组织者、指导者和教育者，贯彻国家、学校的教育政策和教育方针，实施学校各项教育实践活动，当好学校领导的得力助手。同时，还要协调教育影响，统一教育力量，做好本班各科教学工作和沟通学校、家庭、社会教育之间的联系。

班主任工作的成败直接影响到本班学生的全面发展，所以，校长在委派班主任时，一定要选那些各方面都比较优秀的教师担任，从整体素质上要求其拥护党的基本路线，拥护四项基本原则；热爱教育事业，教育思想端正，工作责任心强；作风正派；有一定的教学水平和组织管理能力。

(二)班主任的职责

班主任主要扮演的是教育管理角色，对学校工作的开展和学生的发展都有重要影响，在学校的教学工作中承担着较为复杂、繁重的任务。

1. 促进学生的全面发展

促进学生的全面发展是班主任的首要职责。这一职责要求班主任要树立"促进学生全面发展"的教育理念，做到全面了解班级内每一个学生，深入分析学生思想、心理、学习、生活状况；关心爱护全体学生，平等对待每一个学生，尊重学生人格；采取多种方式与学生沟通，有针对性地进行思想道德教育，促进学生德智体美劳全面发展。

2. 做好班级的日常管理

做好日常管理工作是班主任职责中最基础的职责，也是实现班级教育目标的途径之一。

① 李宜江，柳丽娜. 班主任必备素养与技能[M]. 芜湖：安徽师范大学出版社，2013：3

班主任的日常管理工作主要包括：通过建立班级的规章制度，维护班级良好秩序，保障班级日常管理的有序进行；培养学生的规则意识、责任意识和集体荣誉感，营造民主和谐、团结互助、健康向上的集体氛围；指导班委会和团队工作。

3. 组织指导开展班级活动

积极认真地开展丰富多彩的班级活动，是班主任工作发挥作用、产生效益的纽带和载体，是班主任育人工作最直接的途径和最有效的手段之一。班主任应当用心设计、组织有教育性、知识性、趣味性的活动，增强学校生活对学生的吸引力，增强班级的凝聚力，拉近师生之间的距离，树立班主任的能力威信和情感威信。开展班级活动还是锻炼学生能力、对学生进行思想教育的最佳途径，班主任要精心地准备，认真开展好每一次活动。组织指导开展的班级活动主要包括班会、团队会(日)、文体娱乐、社会实践等。

4. 加强与多方面的沟通和协调

在学校，就一个班级而言，并非所有能对学生产生影响的力量都与教育目标保持一致，也并非所有与教育目标的实现一致的教育力量都能够做到同步、协调一致，进而获得综合的教育效果。面对多方面的影响，需要有人来全面负责协调工作，班主任就是这样的协调者。班主任协调校内教育力量主要是协调各任课教师之间的教育力量和协调学生群体与非正式学生群体之间的关系。中小学生的生活不限于学校生活本身，校外的生活对学生的影响也很大。尤其是当前的社会和家庭的教育与学校不完全一致，班主任要能够审时度势，因势利导，保持与家庭、社会的经常联系，充分发挥家庭和社会中积极因素的作用，以增强学校的教育效果。

5. 做好学生的综合素质评价

班主任做好学生的综合素质评价，是向学生进行思想品德教育的重要方法，也是班主任的一项重要职责。学生的综合素质评价，是在对学生长期了解的基础上进行的，是对学生发展情况的客观、综合评价，既反映学校教育的结果，又是进一步教育学生的依据。综合素质评价要从思想、学习、劳动、文体活动和社会活动等方面对学生进行公正的、客观的、综合的评价。对学生的综合素质评价，主要由班主任负责，但也要广泛听取任课教师及团、队干部和学生的意见。①

🎓 阅读链接 1-1

班主任工作的职责

第八条 全面了解班级内每一个学生，深入分析学生思想、心理、学习、生活状况。关心爱护全体学生，平等地对待每一个学生，尊重学生人格。采取多种方式与学生沟通，有针对性地进行思想道德教育，促进学生德智体美劳全面发展。

第九条 认真做好班级的日常管理工作，维护班级良好秩序，培养学生的规则意识、责任意识和集体荣誉感，营造民主和谐、团结互助、健康向上的集体氛围。

---

① 刘志军. 教育学[M]. 北京：高等教育出版社，2011：254-255.

第十条　组织、指导开展班会、团队会(日)、文体娱乐、社会实践、春(秋)游等形式多样的班级活动，注重调动学生的积极性和互动性，并做好安全防护工作。

第十一条　组织做好学生的综合素质评价工作，指导学生认真记载成长记录，实事求是地评定学生操行，向学校提出奖惩建议。

第十二条　经常与任课教师及其他教职员工沟通，主动与学生家长、学生所在社区联系，努力形成教育合力。

(资料来源：中华人民共和国教育部. 教育部关于印发《中小学班主任工作规定》的通知[EB/OL]. 2009.)

三、班主任工作的内涵

1. 班主任是班集体的组织者和教育者

班级是学校教育工作的基本单位，也是学生学习、活动、成长的基层组织。它需要教育工作者通过大量工作，有目的、有计划地组织和培养一个真正团结坚强、奋发向上的集体。

2. 班主任是学生全面发展的指导者

学生德智体美劳全面发展需要班主任的专门指导，班主任不仅要教会学生适应社会生活，还要帮助其发挥潜能，使其创造力得到充分发挥，班主任对学生的全面发展起着重要作用。

3. 班主任是联系本班各任课教师的纽带

班主任的作用之一就是使各任课教师互相配合，步调一致，统一教育要求，形成教育合力，以增强教育的整体效应。除各科教学外，学校中各种学生组织及其开展的各种活动，对班级学生的全面发展有着重要作用，班主任还要将课堂教学与各种教育活动统一协调、妥善安排，以发挥良好的教育作用。

4. 班主任是学校领导实施教育、教学工作计划的得力助手和骨干力量

学校是通过班级来开展教育、教学工作的，国家教育方针的贯彻落实、学校工作计划的实施、各项活动的开展以及学生的成长，都取决于班级工作的开展，取决于班主任工作的质量。班主任在学校工作中有着特殊地位和作用，是学校领导的得力助手，是办好学校的骨干力量。

5. 班主任是沟通学校与家庭、社会的桥梁

学生在社会、家庭、学校三者的交互影响下，从多方面接受信息，受到各种影响，班主任在沟通社会、家庭、学校三种教育过程中起着桥梁作用。

阅读链接 1-2

班主任的类型

根据对班主任职责的不同认识及履行班主任职责时的不同表现，可以将班主任划分为比较典型的五种类型：①挚爱型。这种类型的班主任具有较高的职业道德，真心实意地热

5

爱自己的学生，愿意为学生贡献自己的全部力量，并能把对学生的爱与严格要求结合起来，他们往往受到学生的爱戴，工作效果较好。②事务型。这种类型的班主任往往具有较强的责任心，他们把班级工作全部包揽下来，对班级的事务工作，不论大小、轻重、缓急，事必躬亲，从早到晚像保姆那样管带学生，工作非常辛苦。事务型班主任对现代青少年的民主平等、参与意识不够重视，管得过多、过细，尽管自己非常劳累，但实际收效并不大。同时，也不利于对青少年自治自立、独立思考、勇于创造的科学精神的培养。这种班主任亟须改进工作方式、方法。③唯智型。这种班主任认为学生的任务就是学习，自己只要把学生的学习成绩抓上去，家长、学校领导就会满意。他们把主要精力都放在与升学考试有关的学科成绩的提高上，想方设法刺激、调动班级学生的学习情绪，如在班级中对各科学习成绩进行排名，为成绩优秀的学生"开小灶"等；而对于学生的思想品德教育、体育卫生、课外活动等，则不求有功但求无过，应付了事。唯智型班主任受片面追求升学率的错误思想影响较深，对他们来说，亟须端正教育思想，树立全面发展的教育观念，否则是难以当好班主任的。④严厉型。这种班主任认为学校设立班主任一职的目的就是要指定专门的教师来管教学生。要让学生服从自己的管教，就一定要以严厉惩处的手段来"镇住"学生。严厉型班主任在如何树立教师威信的问题上，受陈腐教育思想的影响，认为"学生(儿童)身上都有三分贱骨头，不惩处就管不好他们"，等等。因此，严厉型班主任往往通过严厉的管制来树立自己的威信，分不清"严格要求"与"凶"的界限，不知道把严格要求学生与热爱学生结合起来，真正做到爱之深、责之严。⑤放任型。这种班主任往往专业思想不够稳固，认为教师职业待遇太低，班主任工作太辛苦，"身在曹营心在汉"，一门心思想"跳槽"。课余时间要么备考研究生，要么千方百计找门路改行，把班主任的职责完全置于脑后，对学生不闻不问，放任自流。这种班主任亟待加强专业思想教育，正确处理奉献与索取的关系。

(资料来源：段鸿，张兴. 德育与班主任[M]. 上海：上海教育出版社，2000：183-184.)

第二节　班主任工作的内容

一、区分班主任工作职责、工作内容、工作任务

(一)班主任工作职责

班主任的工作职责是指班主任工作岗位所要求的需要去完成的工作内容以及应当承担的责任范围，它主要强调的是在工作范围内所应尽的责任。

例如：对学生进行思想品德教育，帮助学生逐步树立科学的世界观、价值观和人生观；帮助学生明确学习目的、端正学习态度、热爱所学专业，经常与任课老师联系，了解学生的学习情况，组织学习交流，改进学习方法，努力提高学生的学习成绩；负责班级的日常管理，贯彻《中小学生守则》，抓好学生行为习惯养成的教育，督促学生严格遵守学校的各项规章制度，对学生中的偶发事件，认真调查处理，并及时汇报；指导班委会、团支部的工作，做好班、团干部的选拔、培养和考核，支持他们的工作，发挥积极作用；发挥桥梁、纽带作用；及时反映学生的意见和要求，经常与学生家长取得联系，共同做好工作；

按照学校要求，做好班主任常规工作，按时参加班主任会议，填写班主任工作台账，做好学生的思想品德评定，写好学生操行评语和毕业鉴定，协助学校搞好学生的奖惩工作。

(二)班主任工作内容

班主任工作内容是指班主任工作岗位每日具体执行、操作、从事的项目。它主要强调的是执行与操作的具体任务与事项，包括根据工作岗位目标每日完成既定的工作任务及其数量，以及为达成工作任务及其数量所进行的种种辅助性工作等。

班主任工作的内容包括学期开始制订班主任工作计划，确定工作的重点，安排好各项工作；了解和研究学生；协调班内各任课教师之间的关系，互通情况，统一要求，改进教学方法，制定课堂常规，建立批评表扬和学生学习手册等制度，共同促进学生提高学习成绩、掌握学习方法；关心学生的生活和健康；组织学生参加公益劳动；组织班委会工作等；做好个别教育工作；对家长进行家庭教育指导。

(三)班主任工作任务

班主任工作任务强调的是班主任要做的事及达到的目的，我国的《中学班主任工作暂行规定》对班主任工作任务作了明确规定。

班主任的基本任务是：按照德智体美劳全面发展的要求，开展班级工作，全面教育、管理、指导学生，使他们成为有理想、有道德、有文化、有纪律、身心健康的公民。

总体来说，班主任工作职责强调的是班主任应尽的责任，而工作内容强调的是教师日常的具体细节工作，工作任务更多的是强调班主任最终要达到的目的，促进学生在各方面的发展。

二、班主任工作的具体内容

(一)对学生进行思想品德教育

对学生进行思想品德教育是班主任的主要任务和工作重点。中小学思想品德教育的基本内容，应以"五爱"为中心的社会公德和社会常识为主，结合贯彻《中小学生守则》，向学生进行革命理想教育、爱国主义教育、集体主义教育、自觉遵纪守法教育和文明礼貌教育。

中小学思想品德教育的培养目标包括政治态度、思想觉悟、道德品质和个性心理四个要素。政治态度的目标是：热爱祖国、热爱中国共产党、关心世界发展。思想觉悟的目标是：树立为祖国富强、民主、文明而学习的志向。道德品质的目标是：养成勤劳俭朴、文明礼貌、遵纪守法、保护环境的道德行为习惯。个性心理的目标是：形成诚实守信、自尊、自强、坚毅勇敢的个性品质。班主任对学生进行思想品德教育需要通过多种途径。构建立体的德育教育网络，其途径有 4 条，即以各科教学为基础，充分运用教材的德育因素，教书育人；以思想品德课为中心，联系实际进行思想政治教育、道德品质教育和初步的马克思主义常识教育；以学校为基地，沟通家庭、社会教育渠道；充分调动小干部的积极性，建立良好的班集体，发挥集体环境的教育作用。

为此，班主任应抓好下述各项日常工作。

高度重视班委会的建设，培养小干部，形成班集体的核心骨干力量，让学生管理自己；制定各方面的行为规范和准则，建立切实可行的检查和评比制度，培养学生自觉遵守纪律的习惯；上好思想品德课，把思想品德课的教学与学生日常生活中具有倾向性的认识密切联系起来，帮助学生掌握正确的是非评价标准，提高他们养成良好道德行为习惯的自觉性；有目的、有计划地精心组织开展班级课外活动，通过课外活动增强班集体的凝聚力，提高学生的集体荣誉感，丰富他们的校园生活，扩大他们的知识面；组织学生参加必要的社会活动和公益劳动，通过这些活动使学生受到革命传统教育和共产主义思想教育；指导少先队开展工作，通过少先队活动，使队员们发挥模范带头作用；引导学生学习时事，帮助他们养成读报或收看电视新闻联播的习惯。

(二)了解和研究学生

班主任的工作对象是有思想、有自尊心的学生。实践证明，要做好班级工作，必须从了解和研究学生着手。了解和研究学生，包括了解学生个体和集体两个方面。班主任需要了解和研究学生个体的思想品质、学业成绩、兴趣爱好、特长、性格特征、成长经历以及家庭情况、社会环境等。对学生个体进行综合了解、全面分析，从而了解学生集体。除德智体美劳几方面的情况外，还要重视研究班集体的发展情况、干部状况等。

其具体方法可以从下述几个方面入手。

要充满爱心和信任。要想了解和研究学生，首先要热爱学生、信任学生，这也是教师应遵循的最基本的职业道德。从学生的心理需要来讲，爱和信任是他们最渴望得到的东西。学生渴望在充满爱心和信任的环境中成长。如果班主任能以发自内心的爱和信任对待学生，那么学生就会把班主任作为知心朋友，有什么心事就会向班主任诉说，让班主任帮他出主意、想办法，班主任也可以从中了解他们的性格特点以及在日常学习、生活中的兴趣、爱好等，从而寻找出最佳的教育方法。

要熟悉每个学生。学生学习、生活的良好情绪很大程度上来源于师生之间良好感情的建立，因此班主任要抽出一定的时间与学生交流。如果班主任总是以尊者形象出现在学生面前，那么，即使是一个学期、一个学年也难以熟悉自己的学生，更谈不上结合实际对学生进行教育了。

要善于观察学生。在学习、生活中通过言行必然要表现出他们的真实行为和思想，因此，洞悉学生的内心世界，需要长时间不动声色的观察，并进行多方面的验证。

要与学生交心。班主任必须经常深入到学生的学习、校内外生活中去，与学生广泛地接触，了解他们的内心世界、思想动态，做他们的知心朋友，帮助他们克服学习和生活中的困难。

(三)关心身心健康，奠定学生发展基础

健康作为人生存发展的前提和条件，是人生的"第一财富"，没有健康的身体，教育就会成为空中楼阁。班主任是受国家和社会的委托，由学校指派负责学生各方面事务的人，因此，班主任要对学生全面负责——不仅要关心学生的学习和品德，还要关心学生的生活和身心健康，为想象力和幸福播撒种子。

健康的儿童需要健康的教育。班主任要组织学生开展体育锻炼，养成每天坚持锻炼一

小时的习惯；教育学生爱清洁、爱卫生，注意保护视力，饮食定时定量、合理搭配，从小养成良好的日常生活习惯；对学生进行防治疾病教育，关注学生的健康状况，并采取必要的防护措施，注意培养学生良好的卫生习惯；指导学生制定合理的作息制度，安排好学习、活动、休息的时间，指导学生有规律地生活。

当然，健康的概念是发展的。班主任还要关心学生的社会适应性和心理健康。从我国学校心理健康教育的实际来说，中小学普遍设立专职的心理健康人员一时还有不少困难。这就要求班主任必须提高自身的有关修养，有效地参与对学生的心理健康教育和咨询辅导，全方位关心学生的身心健康。

(四)组织劳动实践，指导学生课余活动

劳动不仅是人的自身力量的体现，也是人的一种生活需要。生产劳动和教育的早期结合是改造现代社会最强有力的手段之一。在教育上，劳动教育不仅是全面发展的重要组成部分，而且是实施全面发展教育的基本途径。青少年学生最终要走进社会参加生产劳动，在学校求学时培养他们热爱劳动的良好品质，传授一定的劳动技能，对青少年未来的生活具有不可估量的影响。学校要健全各项劳动及安全保障制度，定期或不定期地进行劳动检查、评比，尽可能使学生看到劳动成果，提高学生参加劳动的积极性。

文武之道，一张一弛。学生除了上课，一天中的不少时间是在课外度过的。课外活动时间长，空间广阔，较难掌握和控制。因此，班主任还要关心学生的课余生活。班主任应根据学生年龄特点和本班具体情况，积极支持并组织学生开展各种有益的课外活动，努力丰富学生的课余生活，使他们把精力集中到有益于身心健康的活动中去。

(五)抓规范重实践，主持班级日常管理工作

管理的实践最终要落实到实践主体——管理者身上。作为学校管理的一个重要方面，班级管理要具体落实到班级管理者身上。作为班级管理者的核心和主要承载者，班主任要高度重视经常性的管理工作，抓规范，重实践，具体、细致地做好班级的日常管理工作。有经验的班主任在完成学校布置的各项任务的同时，在班级的日常管理上应有所侧重。

班级的日常工作概括起来主要包括三个方面，即深入调查研究，了解学生在思想、学习和生活等各方面的情况，有的放矢地做好班级学生的思想教育工作，促进学生德智体美劳全面发展；做好班级计划的制订和总结工作，培养学生的规则意识，维护班级的良好秩序，组织并做好学生的综合素质评价、操行评定和学籍管理工作，抓好常规管理；经常与任课教师和其他教职员工沟通，主动与学生家长、学生所在社区联系，努力形成教育合力，预防和处理班级中的偶发事件。[①]

(六)做好个别教育工作

一个班的学生存在差异是不可避免的。无论是对整体还是对个别学生，教育必须因人而异。班主任必须有针对性地加强个别教育工作。

个别教育工作.mp4

---

① 葛金国，吴玲，巫莉，等. 德育新理念与班主任工作[M]. 芜湖：安徽师范大学出版社，2013：164-165.

1. 要重视优秀生的教育

所谓优秀生，是指那些思想品德、学习成绩及其他各方面发展都比较好的学生。班主任教育优秀生主要应该抓好下述两方面的工作。

1) 教育优秀生正确对待自己的成绩

优秀生一般具有自信心足、上进心强、知识面广、智力发展有优势等特点。优秀生由于在校内外总是处在受夸奖和受人羡慕的氛围中，往往容易产生自我评价过高和骄傲自满的心理，班主任必须适时适度地加以教育。首先，要经常提醒他们在日常学习与集体生活中多发现别人的长处，让他们在别人的长处面前感受到需要进一步提高。其次，要注意把握表扬与批评的分寸，对他们的优点要加以肯定，但不可过于渲染，对他们的缺点要适当地指出，不可纵容。另外，还要委派他们承担一定的社会工作，一方面利用他们的影响力为班级多做工作，另一方面让他们在实际工作中得到锻炼和提高。

2) 教育优秀生树立更高的目标

由于优秀生的发展潜能较大，因此应教育优秀生为自己树立更高的目标，使他们在全面发展的过程中尽可能地发挥自己的潜能。但应注意全面发展的要求，不可把追求好的学习成绩变成唯一的追求。要求也应适度，不要提力所不及的过高要求。

📖 阅读链接 1-3

"严爱"学优生

一般来说，学优生都具有如下优点：思想品德端正，学习目标明确，有远大理想；具有良好的道德情操和行为习惯，遵纪守法，遵守社会公德；有强烈的竞争意识和拼搏精神，学习刻苦努力，成绩优秀；意志力和自制能力比较好；荣誉感和责任感强烈。但是，学优生也有弱点。由于得到的表扬多、受到的挫折少，家长宠爱、学校护爱等原因，学优生容易产生盲目自满、自以为是、高人一等的优越感，只能发号施令，不愿受人指挥；爱听表扬，不爱听批评，只能比别人强，不能比别人弱，爱虚荣，爱面子，经不起挫折和失败的打击；以自我为中心，不关心集体，不感恩师长，有的不愿参加公益活动和社会工作；存在学习动机不纯，学习目的不明确的问题。这些消极的因素如得不到纠正和正确引导，就会发展为唯我独尊，目空一切，脱离群众，偏离健康发展的轨道。因此，班主任要正确处理"严"与"爱"的关系。

响鼓要用重锤敲。为了造就栋梁之材，对待学优生更要高标准、严要求，要把握好如下几点：一是严格要求，正视问题或缺点，注意工作方法。学优生是班级的强势群体，对其严格要求就是对弱势群体的保护和鞭策，有利于班集体建设。二是考察准确，不凭印象或道听途说，以利于对症下药、因材施教。三是评价适当，不虚美，不隐恶，引导学生辩证地认识自己。同时，班主任对学生要一视同仁，不钟爱、偏爱学优生。四是善待荣誉，提醒他们追求更高目标，不满足于已有的成绩。五是强化集体观念、群众观念和正确的竞争意识，引导其以感恩的心珍惜身边的一切，体验为集体、为他人服务的快乐，例如，让诸位学优生与中等生或后进生交朋友，看谁所在的小组或个人进步快；开展班长轮任及各种活动，引导学优生学会交往，认识"尺有所短、寸有所长"的道理。

学生安浩是年级竞赛尖子，喜欢质疑，并且刨根问底，特别喜欢看竞赛方面的书籍，喜欢钻研难题怪题。在课堂上，当所学内容是副科或认为自己已掌握时，他容易开小差、说闲话、搞小动作，甚至打游戏。由于自我中心意识太强，个性乖张，锱铢必较，他与老师和同学的关系紧张。一次，班主任发现他打游戏，便在他对面坐下，问他是不是很喜欢玩电子游戏，从什么时候开始喜欢的，班上喜欢电子游戏的同学多不多，他们都在什么时间玩等；也顺便问他过去的学习情况以及取得的成绩，问他现在学习有什么困难，对班级整体氛围有什么感受，有什么理想和目标，最后抓住他喜欢问问题这点，肯定他的善于质疑、好学上进，表达了全体老师对他寄予的期望。同时，班主任结合实际，委婉地指出其性格的弱点容易导致人际关系适应不良，如不解决，会使人变得更敏感、偏激、封闭、孤独，不利于人生发展。之后，安浩同学虽然小错不断，但越来越少，电子游戏基本不再玩了，在学习上更加勤奋。最后，他以优异的成绩考入了理想大学。

通常，学习好的学生被视为学优生，但是，如果忽视成绩之外的方方面面，则会给学优生的发展埋下隐患。因此，这个案例很有典型意义。教育的首要职能就是培养学生健康的人格心理，其次是开发智力，最后才是传授知识。这位班主任的独到之处在于有正确的教育理念：不以成绩作为衡量学生的唯一标准，而是更关注学生精神的培育，放眼学生一生的幸福。

(资料来源：林岩. 班主任工作的策略与艺术[M]. 北京：教育科学出版社，2011：178-179.)

2. 要重视中间生的教育

所谓中间生，是指在班级中思想品德、学习成绩及其他方面处于中等水平的学生。这类学生面广量大，学校教育质量的高低受他们的影响极大，班主任切不可轻视对这类学生的教育。班主任对中间生一般要抓好下述两方面的工作。

1) 调动中间生的积极性

中间生常常具有性格沉稳、表现一般的特点。他们通常处在不为别人特别关注的境地，好事坏事似乎都不沾边。其实这类学生隐藏着丰富的创造性，却因为教师的漠视等原因，使他们的创造性难以展示出来。如果班主任能够有效地加以引导，便能够促进一大批中间生更快更好地成长。要调动中间生的学习积极性，班主任首先要帮助他们增强自信心，产生较强烈的表现欲望；其次，要安排适当的活动、角色换位，让他们在丰富的实际活动中施展才能。

2) 促使中间生向先进方面转化

中间生在班级中各方面处于中等水平，班主任要讲究教育艺术，通过积极的教育引导、促使他们向先进方向转化，如果教育不当，或者他们稍稍松懈，便有可能落入后进生的队伍。班主任可以指导学生开展互助小组活动，让中间生在优秀生的带动下，在与后进生的比较中获得进步的推动力量，也可利用中间生的长处，安排他们做一些适宜的社会工作，激发他们向上的积极性和创造性。

🎯 阅读链接 1–4

关注班级里的中等生

不骑马不骑牛，骑个毛驴走中游。这就是我的心态吧，我想改变但却不知从何做起。

老师关心的是成绩好的同学，我知道他们会给老师和学校带来荣誉；老师关注表现差的同学，因为他们可能会给班级带来负面影响。但是我们呢？就是老师在分析班级成绩时，也只是先表扬前十名，再鼓励落后的同学，对我们却只字不提。很羡慕成绩好的同学能获得老师的赞美和青睐，也嫉妒那些差生能得到老师的照顾和关怀，其实我们中等生只盼老师多看上一眼，多说上一句话。老师，请相信，只要给我们一些阳光，我们一定会灿烂。

这是一个中等生写的一篇随笔《骑驴中等生》，从中不难看出中等生被老师忽视，中等生也强烈渴望得到老师的关注与关爱。

在班级里，学习成绩处于中游，各方面表现平平的学生，常被教师称为"中等生"或"中间生"。由于中等生个性不鲜明、从众意识强，不像优生那样光彩耀眼，也不像差生那样老添麻烦，因而他们往往被老师或班主任所忽视，形成了"中间沉默层"。班主任往往习惯于"抓两头，促中间"，给优生锦上添花，给后进生雪中送炭，而忽视对中等生的关心与教育。

在班级管理上，"抓两头，促中间"的策略，即一手抓尖子生的培养，一手抓后进生的转化，对中间的则任其自由发展，曾经被作为班主任工作的策略给予推荐，仿佛这是一个很省力且有效的策略。其实，这一策略存在着隐患，这样的结果就是出现了本案例中的情况，中间的学生受到忽视。中等生长期受到忽视就会给他们造成不良影响。文章中所反映的问题有一定的代表性，如果班主任和教师不认真对待，不能很好地解决中等生的问题，就可能会因为对他们的忽视而产生新的教育问题。

一天下午，放学的时候，布置完作业，该发《学习手册》了，教师伸手去拿讲桌上放的练习册，感觉好像少了些。当一部分学生说没有发到时，《学习手册》是真的少了。思前想后，教师决定使用"怀柔政策"，说可能是有的同学没有注意拿错了，或者是想帮别的同学代拿，只是暂时还未能送到他们手中，相信他一定能在明天上课前把《学习手册》放回到讲桌上或是放到同学的桌子上的。第二天，《学习手册》果然出现在讲桌上。第三天，教师发现语文书里夹了一封信，打开一看，原来是班里一个叫亮亮的学生写的：葛老师，上次《学习手册》的事是我干的，因为平常上课时你总是提那些学习好的或者是成绩很不理想的，很少提到一直处于中等成绩的我，在你的眼里似乎没有我这个人似的，我心里很不平衡，真的，很不平衡。为了能够引起你的注意，我才拿了《学习手册》。对不起，今后我再也不会这样做了，请您原谅我……

拿着学生的信，教师的内心极其复杂和沉重，感到真正应该道歉的是自己。教师找来了亮亮，当面向他道歉，并和他进行了长时间的内心交流。通过了解得知，亮亮的父母离异，父亲长期在外打工，他目前跟着爷爷奶奶生活，本就缺少父爱、母爱的他，又得不到老师的平等关怀和爱护，天长日久，便变得沉默寡言，但心里又特别希望引起老师的关注，所以才有了《学习手册》失踪的事情。

教例中的中等生为了能引起老师的注意，获得老师对自己的关注而拿了《学习手册》。中等生的关注必须成为班主任工作中重视的问题，否则会产生更坏的影响，即影响学生的良性成长。

其实，中等生是最具有潜力成为优秀生的群体，这个群体要从中间等级到优秀生需要教师的激励与帮助。然而，由于教师的忽视，他们往往徘徊在中等生的位置上，得不到更多的关注和更快的发展。其实，学生的发展与进步，与教师的关注是正相关的。教师关注多的学生，相对来说，成长会快些，进步也会大些。今天，关注后进生、关注弱势群体的问题，已经得到高度重视，但处于优秀生与后进生之间的所谓"夹心层"的中等生却没有受到应有的关注与关怀，好像他们天生就应该这样。从教育公平的角度看，教师要公平地对待每一个学生；教育公平也要体现在对中等生的关注上，这是每一个班主任都不能忽视的群体。

班主任要增强关注、关心每一个学生，每一个群体的意识，加强对不同群体的关注。对中等生而言，他们可能比"两头"的学生更需要鼓励，教师要有意识地关注他们，与他们交流，给他们机会。有时，班主任给中等生一个微笑、一个眼神、一句问候、一次提问、一次表扬、一声鼓励、一个建议，可能就给他们无穷的上进的力量。让中等生享受平等的教育机会，受到同样的关注与关爱，他们将会焕发出灿烂的光彩，更快更好地成长。

（资料来源：李冲锋. 班主任工作的50个细节[M]. 福州：福建教育出版社，2011：76-79.）

3. 要重视对后进生的工作

所谓后进生，是指在品德、学业等方面有某一方面或某几方面表现不佳，落后于一般同学水平的学生。教育后进生需要做的工作很多，教育的方法途径也多种多样，重点有下述两点。

1) 对后进生要树立正确的观念

一是相对观念，即后进生是相对于班级中的优秀生和中间生而言的，任何班级在发展过程中都可能存在后进生。二是变化观念，即后进生是不断变化发展着的，随着教育作用的增强和后进生主观努力的提高，后进生是能够取得进步的。三是辩证观念，即后进生身上也存在着长处。对后进生，班主任不能一概而论，认为他们一无是处。后进生也有闪光之处，只要班主任能够比较客观地看待他们，能够细心观察，就一定能在他们身上找到某种发展潜能。四是爱生观念，青少年学生是发展变化中的人，作为影响其发展重要因素的教师，一定要从爱护和扶持的角度加以教导，对待后进生也不能例外。鉴于后进生在发展过程中遭遇的曲折和挫伤，班主任更要对他们满腔热忱、耐心细致，真正使他们感觉到教师之爱的无私和崇高。

2) 对后进生的教育方法要科学

(1) 情感导入——一种以满足后进生心理需要为出发点的方法。从心理学角度看，后进生的形成大多在于基本心理需要未能得到满足。因此，要从情感入手转化后进生。首先，班主任要对后进生动之以情，在师生心灵深处疏通情感交流的渠道。其次，班主任要学会"爱"后进生。只有爱中有严、严爱相融，才能使后进生严格要求自己，持续进步。

(2) 肯定评价——一种以增强后进生自尊心为出发点的转化方法。为了塑造或者改变后进生的行为，在引导后进行正确认识个人选择、外部影响对个人行为的影响的同时，可根据情况采用适当方法保护或激发孩子的自尊心，进而调动其主观能动性。班主任首先要维护学生的自尊心，防止后进生产生"破罐子破摔"的心理；其次要营造适当的教育环境，并科学地运用奖励与惩罚方式引导后进生进步。

(3) 造成"认知失调"——一种以打破后进生心理定式为出发点的转化方法。有一类后进生自以为"看破红尘"，不怕管、不怕压、不听劝，不受"贿"，很难教育。班主任要学会打破他们的心理定式并使之产生"认知失调"。这是一项技术性较强的工作，一般可以通过三方面的努力使后进生产生"认知失调"：一是造成认识与认识之间不协调，即用一种认识来冲击另一种认识；二是造成认识与行为之间不协调，即以某种矛盾的行为促使后进生的心理产生不协调；三是造成行为与行为之间不协调，即让两种矛盾的行为在同一后进生身上发生，从而导致他们产生心理"失衡"。班主任在运用该方法时首先要注意引发后进生"认知失调"的方法技巧；其次要紧紧跟进，及时稳妥地帮助他们化解心理失衡，建立新的健康的心理平衡，最后要防止产生副作用。①

📖 阅读链接 1-5

把更多的关注投向"后进学生"

在我与"后进学生"长期磨合的过程中，我采用过的比较有效的具体方法有下述几种。

(1) 写"家校联系本"。让"后进学生"为自己确定一个"帮助人"，让这个"帮助人"每天将"后进学生"的当天表现(纪律、作业、进步、问题等)写在"家校联系本"上，然后让"后进学生"带回家给家长看。

(2) 填"报喜单"。每当新学期开始，我便印制好一沓"学生进步报喜单"，然后在每周周末发给本周进步明显的"后进学生"，让他们带回家向家长报喜。

(3) 游玩。我常常利用节假日，邀约班上的"后进学生"和他们的"帮助人"一起去公园或野外游玩，有时我还把这样的活动当作对进步学生的奖励。当学生忘记了我是他们的老师而和我"摸爬滚打"时，我的教育已成功了一半。

(4) 集体评议。不定期由全班学生评选"最近表现最差的同学"，再让班长当场公布评选结果，并对有关同学提出批评和希望；然后过一段时间，再在班上评选"最近进步最大的同学"，仍由班长当场公布评选结果，并对进步大的同学发奖或发"报喜单"。根据我的体会，这样前后两次评选活动的当选者往往是同样的学生。

(5) 写"每日九问"。引导"后进学生"养成每天自省的习惯：一问今天影响同学学习没有，二问今天上课开小差没有，三问今天学习上提出什么问题没有，四问今天的功课复习预习了没有，五问今天做过什么不文明的事没有，六问今天说过脏话没有，七问今天战胜弱点没有，八问今天有进步没有，九问今天有什么遗憾没有。

(6) 写《灵魂的搏斗》。引导"后进学生"自己战胜自己，并体验其中的乐趣。我常常在某一"后进学生"做了一件他以前不容易做到的事之后，请他写《灵魂的搏斗——记一次"战胜自我"的经过》，然后在班上朗读，以激励更多的学生。

(7) 安排当干部。为了让"后进学生"也有体现自己尊严和才能的机会，我有时鼓励班上同学选他们当班干部，或者给他们安排一个"助理""干事"之类的"职务"。他们一旦有较好的工作成绩，就及时让全班同学给他们以褒扬和鼓励。

(8) 对手竞赛。让每一个"后进学生"都找一个与自己各方面情况接近的同学作为竞争对手，在纪律、学习等方面展开比赛，并定期让全班同学评比。

(9) 学生作文表扬。经常向全班学生布置写《同学进步大》的作文，然后在班上大张旗鼓地朗读或张贴这样的作文，以形成一个催人向上的集体舆论氛围。

---

① 刘志军. 教育学[M]. 北京：高等教育出版社，2011：264-265.

(10) 推荐好书。有针对性地给有关学生推荐有益读物，并定期和他们一起讨论阅读体会，以引导他们形成健康的精神生活。

（资料来源：李镇西. 做最好的班主任[M]. 桂林：漓江出版社，2014：220-221. ）

(七)对家长进行家庭教育指导

青少年的成长和发展，家庭教育是重要的教育环节，班级教育工作离不开家庭教育的配合。因此，班主任要充分重视对家长的家庭教育指导工作。

对家长进行家庭
教育指导.mp4

1. 班主任指导家庭教育的内容

1) 帮助家长树立现代的家庭教育观念

科学的教育观念是父母教育素质的核心，家长的家庭教育观念正确与否，对家庭教育的方向以及父母的教育行为起着制约和指导作用，也影响着家庭教育质量。现代家庭教育观念包含科学的儿童观、和谐的亲子观、正确的人才观等。

2) 指导家长掌握科学的教育方法

科学的家庭教育方法主要包括营造良好的家庭教育环境、重视父母的身教、关注孩子的德性养成和非智力因素培养。

3) 指导家长形成健康的心理

父母心理健康才会给孩子以积极的影响。现代家庭教育中的一个错误倾向，就是父母对孩子的期望过高，甚至完全脱离实际。班主任要提醒父母，这种过度竞争的心理是不健康的，父母应根据孩子自身发展的实际，对孩子保持适度的期望。

4) 指导家长建立平等亲子关系

班主任在家庭教育指导中，应当特别关注亲子关系的状况，引导父母理解好的关系胜过许多教育的道理，帮助家长建立相互尊重、相互理解、相互信任、相互帮助和相互学习的亲子关系，使家庭教育过程充满理智之爱、和谐之爱。

2. 班主任指导家庭教育的方式

1) 家长会

召开家长会是班主任指导家庭教育的主要形式。班级家长会上教师一般会向家长汇报班内学生思想、学习、健康状况，指出应当注意的问题，并和家长一起研究改进教育方法等。召开家长座谈会是教师根据具体问题邀请部分家长来校发表意见，研究学生情况，改进班级工作的有效方式。这两种班主任与家长联系的形式都是班主任经常运用的。在利用这两种形式与家长联系的时候，一定要注意事前的准备工作，确定会议主题和研究的工作重点，切忌匆忙无准备地召开家长会。另外，在召开家长会之前，要与家长取得联系，通报会议内容，让家长在会前有所准备。

2) 家访

班主任指导家庭教育的另一个重要形式是家访。家访的目的是建立学校教育和家庭教育之间的联系，使之相互配合。家访工作中，教师要了解学生家庭教育情况，即学生在家情况和学生在家中的表现；要向家长介绍情况，即学生在学校的思想表现、学习成绩、同学关系、纪律表现等。通过访问，教师要协调学校教育和家庭教育的步调，以发挥学校教育的主导作用，和家长建立良好关系，取得家长对教师工作的支持和配合。家访之前，最好和学生打好招呼，对学生家庭情况作初步了解。家访时最忌教师向家长告学生的状。与家长谈话时最好请学生一起参加，也允许学生发言，说出自己的意见。

　　3）　家长学校

　　家长学校是班主任指导家庭教育的又一种形式。苏联教育家苏霍姆林斯基说："没有家长学校，我们就不可能有真正的家庭—学校教育。"举办班级的家长学校，可以定期向家长传授教育的理论与教育技巧。班主任办好本班的家长学校，能提高家长家庭教育素质，优化家庭教育环境。"家长学校是提高家长教育水平的好形式，不仅传授了教育理论，而且沟通了家长与学校的联系，把学校教育与家庭教育结合在一起，教师和家长心往一处想、劲往一处使，共同促进学生的健康发展。"[1]

📖 阅读链接 1-6

和谐地与家长沟通

　　有个学生在上自习时打牌，年级组长找到了班主任。班主任老师向班长打听情况，班长也不是非常清楚。班主任怀疑是那几个学生打牌，在思考了很长时间后，决定给几个可能犯错误的学生家长发个消息，看看他们的态度。他发的消息的内容是："某某家长您好！今天班级里发生了一件不愉快的事情，发现有学生上自修课时在教室里打牌，具体人员我还没有完全确定，但有了大概的范围。请您与您的孩子交流一下，问问他今天是否参与了打牌，如果参与了，我希望您能耐心地和他谈谈，请不要过分责备他。过后请发短消息或打电话告诉我。谢谢！"很快就有一个家长发来了短消息："参加了……已对孩子进行了教育，今后不会再发生类似情况，给老师添麻烦了，在这里表示歉意！"看到这个消息后，班主任心里平静了许多，有了家长配合提前教育，明天再处理就会好一些。

　　(资料来源：李冲锋. 班主任工作的 50 个细节[M]. 福州：福建教育出版社，2011：222-225.)

　　在这个教例中，班主任通过短信的方式与家长联系，取得了家长的配合，教育了犯错误的学生，为后面自己再处理此事奠定了基础。从这条短信分析，这位班主任的短信很注意细节。一是很有礼貌，用"您""请""谢谢"等这样的礼貌用语与家长交流；二是很真诚，向家长说明具体人员还没有完全确定，但有了大概的范围；三是很体谅，他注意提醒家长不要过分责备孩子。这样的短信显然家长是能够接受，也是乐意配合的。

　　家长是重要的教育合作伙伴，教育教学离不开家长的积极配合。班主任多与家长沟通是全面了解学生、了解学生家庭背景的基础。良好的家校沟通有助于班主任更好地教育学生。为了赢得家长的支持，班主任在与家长沟通时要注意一些细节。

　　对待家长要热情真诚。迎送家长或与家长交谈时，班主任应当主动、热情、笑容可掬，同时还要善于观察家长的不同需求与心理状态。

　　与家长沟通要注意方式。班主任与家长沟通要善于根据不同的事情、不同的情况、不同的家长，采取不同的沟通方式。去家访、约见家长面谈是一种方式，开家长会是一种方

---

[1] 刘志军. 教育学[M]. 北京：高等教育出版社，2011：265-266.

式，给家长写信、发短信是一种方式，给家长打电话是一种方式，通过电子邮件、网络聊天平台也是一种方式。在信息技术高度发达的今天，班主任可以充分利用各种网络手段，方便快捷及时地和家长保持联系。在条件允许的情况下，班主任要尽可能利用相应的方式与家长保持沟通。与家长沟通要注意策略，与家长沟通要客观公正。与家长面对面交流时，要客观辩证地向家长介绍学生的情况，不应该只报忧不报喜，应该既报忧又报喜；既说好话也说不足。特别是在谈孩子的问题、错误时，班主任更要注意沟通的策略，应先寻找孩子的"闪光点"，肯定他的长处，然后指出孩子的错误，分析其犯错的原因，商量家校共育的方案，征得家长的认可。当对学生的看法和教育观点有分歧时，班主任应用谦虚的态度和商量的口气，征求家长的意见，争取家长的配合。家长得到班主任的认同与赞扬，也会更加积极地配合工作。因此，班主任要适当地赞扬家长，肯定家长对孩子的教育、对学校教育工作的配合。

与家长沟通要促进和谐。 与家长沟通时，切不可一味指责学生，更不要把孩子的坏习惯等归罪于家长。这样会伤害家长及其孩子的自尊心，不仅不能获得良好的沟通效果，反而可能会引来家长的不满。与家长沟通最忌讳学生偶有小过失便找家长告状，实际上等于在向学生宣告自己的无能。此外，不让学生知道便报告家长，不仅使师生关系疏远，也使学生和家长、家长和教师的关系都疏远了。班主任要善于调解家长和学生的关系，使之更亲密、更融洽，而不能告状后让家长惩罚孩子替自己出气。即使对关系已经出现裂痕的家长与子女，班主任也要起缝合的针线和黏合的万能胶的作用。

与家长的沟通要常态化。 不要只在学生出现问题时才与家长沟通，建立日常的沟通渠道是必要的。像上海的学校里，学生都有一个专门的记作业的小本子，上面除了有学生每天记录的作业供家长检查，还有留言的地方，供教师与家长及时地进行书面沟通。班主任要及时地与家长进行沟通。在一些比较重要的事情或活动上，班主任不要怕麻烦，要多征求家长的意见和看法，多进行交流沟通。多交流、多沟通可以消除很多误会。"5·12"汶川大地震后，学校组织捐款，班主任向全班同学提出：不要向爸爸妈妈要钱，用省下的零用钱捐，一元、两元不嫌少，五元、十元不嫌多，只要有一份心意就可以了。可是，有一个女孩回家却对妈妈说，班主任规定每人至少捐五十元。遇到这样的问题，班主任是不知情的，妈妈也是不知情的。如果班主任或家长不进行沟通，就会产生误会。幸亏这个女孩的妈妈与班主任及时进行了沟通，消除了可能产生的误会，为班主任进一步了解和帮助该学生奠定了坚实的基础。

与家长沟通要宽容。 作为班主任，什么样的家长都可能会碰到，既有文化水平高、个人修养好的，也有文化水平低、蛮横不讲理的。有一些家长对学校、教师的做法或某些问题的处理存在误解和偏见，甚至言辞激烈，作为班主任应该学会宽容地对待这些家长。当被家长误解时，教师应及时沟通，主动承认工作中的失误，寻求谅解。

德国著名教育家福禄倍尔说："学校必须与家庭取得联系。学校生活、家庭生活和学生生活的一致，是儿童时期完善教育的首要和不可少的条件。"班主任要通过与家长的有效沟通，让家长自然地认同自己的教育观点，形成合力，共同完成教育任务。

第三节　班主任工作的意义

班主任是中小学日常思想道德教育和学生管理工作的主要实施者，是中小学生健康成长的引领者，班主任要努力成为中小学生的人生导师。不言而喻，一个班的学生思想品德如何，学业成绩优劣，纪律风气好坏，多半是与他们的班主任怎样工作分不开的。正因为这样，不少人虽已两鬓斑白，却仍然对哺育自己成长的班主任满怀深情。

全国优秀班主任任小艾老师为我们描述了一次感人至深的场面，昭示了班主任工作的重要意义。①

2004 年 12 月 4 日，在当代著名教育家霍懋征老师从教 60 周年的庆典上，有一群花白头发的老人坐成一个方阵，他们都是霍懋征老师的学生。当 84 岁的霍懋征老师精神矍铄地走上讲台时，腰板挺得直直的，冲着那群花白头发的老人们说："孩子们！"在大家的笑声中，她继续说："不管你们今天是什么样子，在我眼里，依然是当年你们入学时的情景，你们在我眼里，永远是可爱的孩子。今天我要问问你们，在座的孩子们中，做过共和国将军的，请起立。""唰"地一声，站起来一批人，全场掌声雷动。霍老师指着其中一位说："那曾经就是调皮捣蛋全校有名的害群之马，但你后来做了共和国将军。老师祝贺你们为共和国立下了赫赫战功。你们请坐。在座的孩子们当中，你们做过部长的请起立。""唰"，又站起来一批人。全场又是一片热烈的掌声……最后她说："在座的孩子们中，你们是普通的工作人员，但是你们做过劳动模范，请起立。""唰"，全体站起来了，在场的每一个人都热泪盈眶。

霍懋征老师的故事使人更加坚信：班主任工作责任重大，无上荣光！

一、班主任是班级学生的教育者和实施班级工作计划的保证

尽管我们现在已经树立了终身学习、终身教育的观念，但上学对于儿童来说仍是一件大事，它象征着新生命征程的开始。从步入小学校门的第一天起，儿童的人生旅途就完成了一次质的飞跃——有目的的学习活动代替了以往以游戏为主的活动。从此，学习成了儿童的社会责任之一。

学校开展教育教学工作，组织各种活动，大多是以班级为单位来实现的，但班级教育工作的实施是一项系统工程，它要求根据实际情况，精心设计、巧妙安排、严格管理，有步骤、有计划地实施。那么，靠谁来抓班级工作、实现班级目标呢？虽然一个班有好几位科任教师任教，但班上还有许多不属于科任教师职责范围的事情，如组织和培养班集体、进行课外和校外活动、团队活动、安排课余生活等，这些都需要有专人来做。同时，各位科任教师在工作上互相配合、步调一致也需有专人进行协调。所以，学校有必要给各班派一位主任教师——班主任，由他来负责班里的教导工作。班级的组织、教育、管理工作非班主任莫属。在我国现行教育体制下，离开了班主任，学校要实施教育计划，促进学生素质提高和德智体美劳全方面发展，几乎是不可能的。

---

① 任小艾. 任小艾眼中的霍懋征老师[EB/OL]. (2009-10-06)[2011-02-02].

二、班主任是班集体的组织者和学生班级活动的指导者

班集体不仅是教育的对象，而且是巨大的教育力量——良好的班集体对于培养学生集体主义精神、良好的品德和行为习惯，以及发展他们的智能、个性，促使他们身心健康成长都有着十分重要的意义。但是，这种良好的、巨大的教育力量并不是自发产生的，它依赖于班主任对班集体的培养。班主任的工作直接关系到班集体的形成、巩固和发展，关系到学生成长的质量和速度。是否善于建设班集体是班主任工作水平和自身素质的综合反映：一个优秀的班主任，可以通过自己的努力改变一个差班的面貌，使其进入优秀班集体的行列；而一个不称职、不负责任的班主任，其消极影响也是不言而喻的。

班主任是学生美好心灵的塑造者，是孩子健康成长的引路人。人们之所以说班主任工作是一项复杂而特殊的工作，正是因为这项工作要塑造儿童美好的心灵，春风化雨，润物无声。儿童良好的行为习惯、个性心理品质的形成，其中一个重要方面就是靠班主任的启发、引导和熏陶，不少后进生正是由于班主任的辛勤教育而转变、进步的。全球化的新时代要求班主任需要加强自身素质，研究新情况，解决新问题。

三、班主任是学校、家庭、社会等各种教育力量的协调者

儿童青少年的健康成长是各种教育力量协调配合的结果。班主任的地位决定了他是班级内外各种教育力量的协调者，是联系科任教师的纽带，是沟通学校、家庭、社会三方面教育力量的桥梁——作为学校、家庭、社会三方面教育力量的协调者，在培育影响学生健康成长的小环境上起着重要作用。班主任要明确自己的角色和责任，以自己为核心构建学校、家庭、社会三方面力量配合的网络，增强沟通的适应性、有效性。虽然我们还不能把社区工作和家长工作作为班主任的必要职能，但我们认为，班主任应努力成为社区工作的积极参与者和家庭教育的指导者。

随着儿童青少年年龄的不断增长、年级的不断升高，各种影响因素呈现不同的变化趋势：遗传因素相对固定；家庭环境的影响由大变小；学校教育的影响由小变大；社会环境的影响也由小变大。与此同时，儿童青少年的主观能动性不断增强。班主任应把握儿童青少年身心发展的这种趋势，并进行组织和协调，营造良好的育人环境，让各种因素发挥其积极作用。

班主任受学校的委托，对班级学生德智体美劳等各方面的发展全面负责。他们责任重大，工作辛劳而光荣，平凡却富有意义。党和政府一直重视班主任工作，对他们的地位和作用给予了高度肯定，家长和社会各界十分关心班主任工作——国家、社会、家长、学校和学生无不寄希望于班主任。班主任们受到学生和家长的普遍尊敬，得到党和人民的深切关怀和高度评价。

1979 年，我国著名诗人赵朴初给北戴河全国优秀班主任工作经验交流会赠了一首《金缕曲·敬献人民教师》："不用天边觅，论英雄、教师队里，眼前便是。历尽艰难曾不悔，只是许身孺子。堪回首，十年往事，无怨无尤吞折齿，捧丹心，默向红旗祭。忠与爱，无伦比！幼苗苗壮园丁喜，几人知、平时辛苦，晚眠早起。燥湿寒温荣与悴，都在心头眼底。

费尽了，千方百计，他日良材承大厦，赖今朝，血汗番番滴。光和热，无穷际。"①

阅读链接 1-7

你愿意做班主任吗？

如果就此对所有老师做个调查，有多少老师能够由衷地作出肯定的回答呢？

但是，我可以坦然说：我真的非常愿意做班主任！

2004年3月，应我的请求，成都市教育局决定将我从成都市教科所调往学校，出任成都市盐道街中学外语学校的副校长。一到学校，我就对谢丹琦校长说："请给我一个班，让我做班主任。"半年后，我如愿接手了一个高一新班。日子一下子回到了从前，我和学生一起早读，然后是备课、上课、找学生谈心、接待家长、批改学生作文、看学生随笔……每天的生活平凡、琐碎、忙碌而又充实，因为我每天都在实践着，思考着，感动着，幸福着。

这事在我的朋友里引起了反响，特别是在网络上，许多老师纷纷发帖夸我"太高尚了"，"境界就是不一样"。我赶紧声明："我只是想做我感兴趣的事，谈不上高尚！"结果，又被人赞美为"李老师真谦虚"！去年，我又来到一所带有乡村学校性质的初中出任校长，并且担任三个班的副班主任，于是又引来了一片喝彩声。直到最近，还有一位名叫杨智慧的湖南老师在网上发表题为《教师的境界》的文章，说我对教育具有"殉道"的精神。

他们对教育的痴情不在于建立一家之言，更不在于成名成家，只想把对教育的热情播撒到更多人中间，让更多的学生能够在快乐自由的教育土壤上健康成长；他们为教育作出了常人无法理解的牺牲，不为名，更不为利，教育是他们终身的"情人"，为了心中的教育理想，他们抛弃了应该拥有的舒适，拒绝了应该占据的地位，远离了应该轰鸣的声誉。在此，我不禁又想起了李镇西，他从乐山一中拼杀到成都石室中学，从石室中学挤进成都教研室，又从成都教研室攻到苏州大学博士学位，这符合"人往高处走"的追求规律，至少应该成就了专家境界的教师，按理说，他还可以不断地向高处攀登，至少可以在高等师范教育领域占有很重要的学术地位，但是，这时候，他却开始"向低处走"了，从成都教研室到盐道街外语学校，既当班主任又任课还管教学，自讨苦吃而又心力交瘁着，接着从盐道街来到了更艰苦的武侯实验中学——一个城郊的初级中学。或许很多人读不懂他的选择，其实，他才是一个超凡脱俗的追梦者，"教育"就是他心中的"梦"、心中的"道"，他是一个敢为教育"殉道"的人，一个敢做教育"清道徒"的人，应该是殉道境界的典型教师。

我看了之后，在后面跟帖道——

真诚谢谢杨老师对我的鼓励！

但我决不接受所谓的"殉道境界"，因为我所做的一切和什么什么道德无关，和什么什么境界无关，和什么什么精神无关！

只和兴趣有关。

居里夫人几天几夜废寝忘食地提炼镭，人们赞美她富有牺牲精神，有顽强的毅力，但却不知道如此废寝忘食，恰恰是居里夫人最幸福的时候。不让她享受这种幸福，才需要坚强的毅力呢！

---

① 葛金国，吴玲，巫莉，等. 德育新理念与班主任工作[M]. 芜湖：安徽师范大学出版社，2013：159.

以上说法，绝对发自内心，和谦虚一点关系都没有。

的确如此，我是发自内心地愿意做班主任，因为 20 多年的班主任生涯，赋予我无与伦比的快乐。

(资料来源：李镇西. 做最好的班主任[M]. 桂林：漓江出版社，2014：2-3.)

【本章小结】

本章通过案例引入班主任这个职业，详细阐述了班主任工作的内涵以及班主任工作的内容，并通过一个个例子帮助学生理解班主任工作的具体内容，明确了班主任工作的意义，在理论的基础上通过教师的具体案例让学生对班主任工作有更明晰的理解。

通过本章的学习，可让学生清晰地认识到班主任的工作内容，同时，也可为学生后续章节的深入学习打下基础，明白班主任工作内容的复杂性与重要性，尤其要掌握和了解班主任工作的方法，这样才能有效地开展后续工作。

【思考题】

1. 简要说明班主任工作的内涵。
2. 阐释班主任工作的具体内容。
3. 如果你是一名班主任，你该如何处理家长、学校与社会三者之间的关系？

第二章　了解和研究班级学生

学习目标

➤　了解班主任认识学生的内容。
➤　掌握班主任了解学生的具体方法。
➤　了解建立良好师生关系的具体途径。

重点难点

教学重点：清楚班主任了解研究班级学生的内容与方法。
教学难点：掌握建立良好师生关系的具体途径。

案例导入

糖衣药片和顺耳忠言

张一楠头脑聪明，兴趣广泛，贪玩好动，为了到我这班，临时决定从小学五年级跳级到中学。

他父亲是市交警队队长，对自己、对队里的同志要求都非常严格，敏于事而慎于言，威信非常高。他总是像要求自己一样要求刚满 12 岁的孩子：要他胸怀开阔，要他刻苦学习，要他老成持重，要他理想远大……

张队长讲："我总觉得孩子不像我们小时候那样懂事、那样肯吃苦，回家我就批评他，批评多了，他还不服气，总说你们那是什么年代，现在都 21 世纪了。我看他不服气，就把他多年来犯的错误，一件一件地数，想堵住他的口，让他服气，但效果也不好。口头上他不反驳了，但心里没接受我的批评。魏老师，你说他，他听，说一次，好长时间他都受鼓舞，你得多批评他。"

"我批评多了，他也不听。"

我对自己的孩子，也有过类似的批评，看到他贪玩、不写日记时便数落，话说得过重，孩子不愿听，表现出不满，我感到自己的尊严受到侵犯，便想维护，因此批评得更厉害。为了使孩子失去防守能力，便找他的弱点，把他过去的错误重提一遍，孩子虽然无话可说了，心里却没增大战胜错误的能力，反倒是自尊心受到了伤害。

我们在工作中，有时遇到极忙的时候，心情不好，便急躁；看到学生犯错误，感到意外，感到生气，在缺少足够的心理准备时，就容易狠狠地批评一顿。开头还恨铁不成钢，为了学生好，一旦批评不符合实际，学生不服气，就常常会为了维护自己的虚荣心，数落起学生过去的错误来。这样做的结果，师生双方都很累，谁都不愉快；学生没找出克服缺点的办法，教师也没提高教育学生的能力。

今晚，张队长又来学校，同我谈教育孩子的问题。我说："设身处地想一想，如果我犯了一点过失，领导批评我时，将我过去的失误一件件地都数出来，批评一通，我心里一定不服气，不仅不会下决心改正错误，还可能一气之下，不干教书这一行了，何苦来。辛辛苦苦没人说，偶有过失，便不依不饶，我想孩子们没有我们成熟，就更会产生逆反心理。"

"良药苦口利于病，忠言逆耳利于行。"话是真理，但要站在理智的角度，站在较高层次思考良药与忠言。事实上，人们达到这一境界不容易，这要求被批评者具有高水平、高觉悟。

此外，就批评者而言，不能让自己的良药越苦口越好，忠言越逆耳越好，而应该想方设法使良药不苦口甚至甜口，让忠言不逆耳甚至顺耳。坏人腐蚀好人喜欢用糖衣裹着炮弹，这样容易将人打中，容易使人接受。我们在使人变好的过程中，为什么不研究一下糖衣，为什么不使人易于接受一些呢？制药厂早已把许多良药制成了糖衣片，许多过去极苦的、难吃的中药也加上了蜂蜜和香料。人们越来越欢迎甜口的良药，那么我们良药苦口和忠言逆耳的观念，就落伍了，就不受欢迎了。

近两年，我力求在批评学生的同时表扬学生，在指出他的一点不足时指出他和这一点不足相对立的长处。这样做绝不是怕学生不高兴、怕学生不接受批评，而是觉得这样才符合学生的实际。

学生的错误，从其自觉不自觉的角度来分析有两类。第一类是不自觉犯的错误，第二类是自觉但又不能自制的错误。学生绝大部分错误属于第一类：不知不觉溜号了，不知不觉迟到了，不知不觉弄坏了公物，不知不觉触犯了校规班规……这时他已懊悔、难过，需要的是想出不重蹈覆辙的措施办法。这时，指出他的长处，如注意听课、遵守时间、爱护公物、遵守校规班规等，用平时这些长处去战胜偶发的短处，容易取胜。那些因坏人引诱或不良环境的诱惑而犯的错误，就更需要帮他找到心灵中真善美的一面了。归根结底，我们要靠这部分好思想去改变学生。不肯定、不表扬这部分思想，只是批评一通，不是把学生往错路上推吗？话又回到对张一楠的教育上来。"我说话，或批评他，他都能听，是我在批评他时，总肯定他的成绩，说如果你用七分成绩去战胜、去征服、去剪除三分缺点，一定能取得更大的进步。"张队长也说："孩子每天五点半就起床，为了投奔魏老师，每天来回有 40 里路，下了车还要走 20 分钟，可他每天还信心百倍，不怕苦不怕累，细想起来，这精神确实可嘉。"

我说："你还得看到，他是跳级生，每天许多时间都浪费在路上，可他在全年级 441 名学生中，最近八科统考，排到了第 77 名，这显然是极不容易的。那 360 多名在他后面的学生大部分也非常用功、非常刻苦，可为什么追不上他，当然他头脑聪明是一个原因，另一个原因，他也确实用功了。你批评他的时候，只说他短处，不肯定他的长处，他当然不服气。"

我建议，是对张队长，也是对全体家长，同时也包括我自己，批评孩子时，想一想糖衣良药，想一想如何让自己的忠言顺耳，想一想在指出他的一点不足之前，能不能先指出他的一点长处。

(资料来源：魏书生. 班主任工作漫谈[M]. 桂林：漓江出版社，2014：210-211.)

【案例思考】

社会的发展和教育变革，尤其是基础教育新课程改革，对班主任提出了更高的要求，新时期班主任必须有明确的学生观。面对成长中的青少年，如何了解和研究学生，值得每一位班主任思考。

第一节 了解和研究学生的内容

了解是教育的起点，了解和研究学生是做好班主任工作的前提和基础。[1]要教育学生、管理班级，首先要了解学生、研究学生。著名的特级教师于漪老师曾说："教心者必先知其心。"班主任要卓有成效地开展教育工作，必须从了解和研究学生开始。了解和研究学生包括了解和研究学生的个体情况和集体情况。了解学生个体情况，包括了解学生的思想品质、学生成绩、兴趣爱好、个性特征、健康状况、家庭情况及个人环境等。了解学生集体情况，包括了解班级基本情况、班集体形成情况、班级学生思想状况和精神面貌以及班级原有的教育基础等。[2]

一、了解和研究学生的个体

班主任了解、研究学生是从了解、研究学生个体开始的。对学生个体的了解和研究主要应从下述几方面进行。[3]

(一)了解和研究学生的一般情况

学生的一般情况主要包括学生的姓名、性别、出生年月、家庭住址、民族、个人成长经历、一般的作息时间和生活习惯，以及家庭经济状况和家长的状况等。生活习惯是指一个人在生存和发展过程中进行各种活动，长期养成的、一时不容易改变的行为倾向。了解学生的生活习惯，可以对学生的各种行为进行解释，并且提出有针对性的意见，这可以让教师实施的教育行为做到有的放矢，使沟通更加顺利。了解学生的家庭背景，把握学生的成长经历，这是教育学生最有价值的背景资料。它有利于教师因材施教，采取符合实际的教育对策，保证教育的针对性和连续性。[4]

(二)了解和研究学生的个性特点

不同的学生有不同的生活经历、受教育经历和家庭环境，在这些因素的共同影响下，学生形成比较固定的特性。其实，个性的存在是有条件的，是暂时的，是相对的。在现实生活中，我们对学生的个性特征把握往往比较模糊，也很少真正地了解一个学生的个性，比如，常常听到这样的说法："这个学生的个性太好强了，不好管。"其实，个性不同是有其显性特征的。我们了解学生的个性，分析其显性特征，就可以对学生的个性进行引导。

① 王彦才，郭翠菊. 教育学[M]. 北京：北京师范大学出版社，2010：198.
② 刘志军. 教育学[M]. 北京：高等教育出版社，2011：258.
③ 王鹰，李鹰，曹丞，等. 班主任工作技能训练[M]. 北京：人民教育出版社，2001：171.
④ 齐学红. 新编班主任工作技能训练[M]. 上海：华东师范大学出版社，2007：20-21.

具体而言，了解学生的行为方式，可以使班主任与学生相处更融洽，与学生建立良好的关系；了解学生的思维方法，可以让班主任更好地把握学生的行为动向，避免不必要的冲突；了解学生的兴趣爱好，可以拉近师生之间的情感距离，并对学生正确(人类普适性价值)的兴趣爱好给予鼓励，对学生不正确的兴趣爱好进行引导，帮助学生适应社会发展。同时，了解学生的兴趣爱好有利于开展符合学生兴趣的班级活动，建设和谐班集体；了解学生的疑惑，可以对学生的疑惑之处给予正确的指导和帮助；了解学生的情感，可以针对学生不同的情感因势利导，从而达到一种心理上的认同；了解学生的人生目标，可以对他们的目标进行合理的引导，从而为促使其目标的实现进行有效的指导。值得注意的是，班主任在了解学生的过程中，要善于寻找教育与学生需要的结合点，寻找学生尚未发掘的潜在动力和闪光点。这也是了解学生的重要内容。

(三)了解研究学生德智体美劳发展情况

(1) 思想品德情况。了解学生对国家大事的兴趣和认识，对劳动、社会活动和社会工作的热心程度；了解对人的态度(如尊重、礼貌、诚实等)，在社会公共场合的文明行为以及人际关系等。

(2) 学习情况。要了解学生学习的兴趣，对哪门学科最感兴趣或不感兴趣，学习时间的安排，学习的方法与习惯，独立提出问题、分析和解决问题的能力，等等。

(3) 身体发展情况。了解学生身体发育情况、体质和健康水平；个人卫生情况，对体育锻炼的态度和习惯等。

(4) 审美发展情况。要了解学生审美发展情况，观察学生发现美、鉴赏美和创造美的能力。

(5) 劳动意识情况。了解学生对劳动的认识，在日常生活中参与劳动的情况，以及劳动后的体验和劳动后的收获。

◎ 阅读链接 2–1

班主任可以根据自己的需要，给学生设置一个调查表，如表 2-1 所示，让学生认真填写，回收后装订成册，班主任经常翻阅这些调查表，可将学生的相关信息了然于胸，这样与他们交流也就成竹在胸了。

表 2-1　调查表

认识自我			
姓名：	性别：	民族：	出生年月：
血型：	QQ：	电话：	家庭住址：
父亲姓名：	父亲联系方式：	母亲姓名：	母亲联系方式：
爱好：			
性格：			
特长：			
喜欢的颜色：			
喜欢的事物：			

续表

崇拜的偶像：	
喜欢阅读的书籍：	
喜欢什么样的老师：	
描述自我：	

(资料来源：钟杰. 班主任第一课：了解学生[J]. 江苏教育，2016(47)：73-80.)

阅读链接 2-2

了解学生才能教育学生

他是一个胖胖的小男孩，样貌看起来很憨厚，就是眼睛骨碌碌地转个不停，嘴里叨叨咕咕的也不明白在说什么，他的名字叫康轩。对于这个名字其实在没见到这个孩子前就已经听说过很多次了，领导和同事跟我说了很多关于他的"事迹"：打同学，上课随便乱走，打教师。班级家长早早就向我告状，说这个孩子是多动症，很危险，学校应当把他开除，否则自己家孩子的安全难以得到保证。对于一个刚做班主任的我只能在领导的期许下忐忑不安地接受这个任务，没想到一干就是四年。

了解。了解他的所有情况。家庭成员的构成，家庭的社会背景，他的习惯，他的爱好，他父母对他教育问题的看法，和同学间的关系，小朋友对他的看法，这些情况都尽可能详细了解。原来他的父母很大年龄才有这个孩子，所以全家人都异常溺爱，从小就是衣来伸手、饭来张口，并且家庭相当富裕，所有的要求都会得到满足，但同时父母也是有文化的人，对孩子的教育问题也是看在眼里急在心上。孩子本身的自理能力很差，所以别人能做好的事情对于他比登天还难，可是他还很要强，喜欢别人的表扬，可是教师和同学也不可能表扬天天犯错误的孩子。就这样，长时间下来孩子越来越封闭，没有小朋友喜欢和他一起玩，他也不喜欢和别人玩。父母溺爱、同学和家长过于不信任导致孩子和同学、家长和学校的矛盾越来越大。

批评与鼓励。在和家长提前沟通好的前提下开始教育这个孩子(因为得到家长的支持很重要)。首先，从和他接触的第一次开始就让他感觉到这个教师很严厉，并且父母也很怕这个教师(提前沟通好)。在第一次开班会的时候我对全体同学说："无论你以前表现好坏，都是过去的事，老师以前都不认识你，期望你们从此刻开始都能做个好孩子，老师相信你们每一个人都会做得很好。"当时从他的眼神中我看到了一丝期望，我会适时地表扬他的提高，慢慢地让学生转变对他的看法，转变家长对他的看法。他听话了不少，虽然还是会犯错误，但有了很大的进步，不会对同学和老师施暴了。

走进他的世界。慢慢地我发现他不会和小朋友一起玩耍，他与大多数人喜欢的东西不一样。一次体育课，我发现他一个人在操场跑，然后就叫住了他，问他一个人跑什么，他看我不是很生气，就对我说他不是在乱跑而是在开车，我不解地看了他一眼，然后让他演示一下他是怎样开车的，右手食指左右旋转代表加速或减速，左脚向前蹬代表刹车。看起来真的很有意思，我让他学会把自己的想法分享给其他同学，带着他慢慢地融入班集体，和同学们一起做游戏。

此刻五年级了，他变成了一个开朗欢乐的大男孩，就是有点胖，但老师、同学都很喜欢他。多观察、多思考，用平等的爱对待每一个学生，这才是教育的真谛。

(资料来源：百度文库.)

二、了解和研究学生的群体

了解和研究学生的群体是指在了解和研究学生个人情况的基础上，了解学生集体，把握整个班级的情况。[①]班主任对学生群体的了解和研究，也就是对班级集体的了解和研究，主要包括对班级集体基本情况、班级集体德智体美劳全面发展情况以及班级集体中的正式群体和非正式群体等情况。

(一)班集体的基本构成

班级集体的基本构成主要是指班级集体的总人数，男女生的比例，学生来源情况，分布情况；学生中综合素质好、中、差人数的比例；班级领导核心是否健全，班内积极分子、团员人数；家长的职业、文化程度、家庭经济条件以及家庭结构等。了解班级的基本情况，对班主任开展班级工作具有重要意义。

(二)班风状况与舆论倾向

班风是指班级的作风和风气，是班级大多数成员的思想认识、情感意志和精神状态的综合反映，是班级文化建设的核心和精髓所在。优良班风像熔炉一样，对全班学生起着熏陶、感染的作用，是一种巨大的教育力量。任何优良风气的形成，都不是一朝一夕的事情，需要一个漫长的培育过程，而且往往不会一帆风顺。因此，在培育优良班风的过程中，一方面要持之以恒、不屈不挠，另一方面要抓住时机、因势利导。

班级舆论就是班级中占优势的，为多数人赞同的言论和意见。它以议论、褒贬等形式肯定或否定班级的动向和班级成员的言行，成为个人和集体发展的一种力量，是学生自我教育的重要手段。班级舆论不仅可以影响班集体成员的思想、观念、情绪，而且对班集体成员的素质、行为可以形成某种约束和制衡力量。一个班营造出正确舆论氛围，能使班集体更加团结，更加富有朝气，更能帮助每一个成员健康成长。

班级舆论与班风建设意义重大。如果班风不好，班级里没有正确的舆论氛围，就会对好学生造成压力，使一些意志薄弱者随波逐流。因此，班主任必须对本班的班风状况与舆论倾向有准确的了解与把握，并加以正确地引导，这样才能在班级中形成良好的班风和正确的舆论。

(三)学生干部情况

学生干部是班集体中享有一定威信的学生代表，是学生思想教育、文化知识、课余生活等各项活动的组织者和管理者，是班级的核心。班主任不仅要了解班干部的个人情况，还要了解他们的能力水平。根据每个班干部的情况，合理地安排班干部的职务，发挥班干部在班级管理中的主动性、积极性和创造性，指导班干部有效地开展工作，使他们真正成

---

① 张风光. 全面了解学生做合格的中职班主任[J]. 现代教育科学：教学研究，2012(7)：103.

为班主任的得力助手。

(四)班级中的非正式群体

在班级中，我们经常能够发现"三人一群""五人一伙"的现象：他们放学一起走，作业一起做，生日一起过……这种不是校方规定，而是根据兴趣、爱好、情感等因素自发形成的联合体，就是所谓的"非正式群体"。这种小群体同班级正式群体一起决定着学生相互间的社会心理气氛，以及班级目标的实现。根据他们对集体的影响结果可将其归纳为以下几种类型：①消极型。对班级有消极作用，常常削弱正式群体的凝聚力，影响甚至破坏班级正常工作的开展，但未越轨，即未超出法律允许范围。②正面型。和集体荣辱与共，帮助班级完成一些有益的工作，甚至起到班主任、班干部不能起到的作用。③中间型。介于上述两类之间。④破坏型。破坏型与班级要求相悖，破坏性强，学生称他们为"不法分子"。因此，班主任必须正视非正式群体存在这一客观事实，并深入研究掌握这种现象的客观规律，使班级内各种非正式群体与班集体的发展协调一致。

三、了解学生的成长环境

学生的成长环境包括家庭环境、社会环境和学校环境。家庭环境、社会环境和学校环境这三个方面，对于学生个体的发展和影响都是举足轻重的，既不能忽视其中某一方面，也不能过于依赖其中某一方面，而应把三者结合起来，形成教育合力，这才是办好当前教育最有效的保证。

了解学生的成长环境.mp4

(一)家庭环境

家庭是一个人一生最重要的影响源，每个人身上都带有深深的家庭烙印。了解学生的家庭情况，包括父母的教养方式、家庭的心理氛围、家庭的经济状况、家庭的结构等各个方面，这样就会找到学生行为产生的原因。班主任要对学生的第一成长环境——家庭做细致的研究，也就是要研究家庭的道德环境、智力环境、生活环境和特长环境等。

1. 家庭的道德环境

家庭的道德环境是指家庭的道德风貌，包括家庭成员的政治态度、思想品德、人际关系、行为习惯等方面。孩子如果生长在道德风貌良好、民主和睦的家庭里，其品德、学习的发展一般比较好。

2. 家庭的智力环境

家庭的智力环境是指家长的文化素养和智能水平，以及在尊重知识、渴求知识方面表现出的积极态度和行动。家长知识丰富，有较高的智能，会在言谈和行动中表现出来，这对孩子是很好的熏陶。如果家长能够有意识地开拓孩子的知识视野并培养孩子的技能，就为孩子的智力发展创造了有利条件。需要指出的是，并非家长学历高，智力环境就好，重要的是家长在尊重知识、渴求知识方面所表现出来的态度或倾向。

3. 家庭的生活环境

家庭的生活环境是指物质生活条件和环境气氛，一般来说，就是指家庭生活比较富裕，能够使孩子比较安心地求知求学。不根据孩子的实际需要，大手大脚地搞"智力投资"，并不是好现象。许多事实证明，孩子的学业进展与家庭的经济投入不一定成正比，家庭经济困难，有时反而会激励孩子刻苦奋进。

4. 家庭的特长环境

家庭的特长环境是指家庭主要成员甚至全家共同拥有的爱好、特长，如音乐、绘画、体育、科技制作等。一个健康家庭的特长爱好，常常是家庭和睦相处的感情纽带，也是每个家庭成员热爱生活、积极进取的重要动力。

(二)社会环境

孩子从出生的那天起，就开始和这个社会建立了某种关系，而且还会在社会的作用下慢慢长大。古书中有"近朱者赤，近墨者黑"的说法，还有孟子的母亲为了让孩子有更好的学习和生活环境，搬了三次家的故事，这些都充分说明了孩子的成长与环境有很大关系。学生是现实社会的人，同时又天真烂漫。由于思想相对单纯和幼稚，比起成人，他们对社会的反映更真实和直接。学生的思想、他们所关注的问题、对社会所持的态度、行为表现等，都是对社会存在的反映，随着社会的变化而变化。所以，要想了解、研究学生，班主任首先要了解、研究学生所处的社会。离开对社会的了解，不可能把握学生的本质特点。

了解社会环境包括三个层次：一是时代大环境，二是国内大环境，三是社区环境。三者都会对学生的成长产生影响，而影响之大小，和学生与环境的融合程度以及学校的主导作用有关。对时代大环境、国内大环境，学生是通过大众宣传媒介、学校教育等渠道感受的。年龄越小，感受越少。随着年龄的增长、视野的扩大，学生的感受会越来越多，从而对学生的世界观、价值观、人生观产生影响。班主任可以通过谈话、家访、社会调查等方式了解不同社区的基本情况，这对全面了解学生十分有利。

(三)学校环境[①]

学校是现代人成长的场所，它更是影响人的发展的最有效的因素和途径，而且在人的发展过程中起着主导作用。

这里所提到的学校环境是指学校内部环境，主要包括学校的教学硬件设施、自然环境、行政管理环境、各种文化活动等。学校环境是实现学校教育培养目标的主要条件，良好的学校内部环境，是班级取得教育成就、实现班级培养目标的根本保证。良好的学校环境对学生个人的成长发展有很大影响。[②]

1. 学校教学硬件设施

学校的硬件设施主要包括教室、教学设备、活动场地、学生食堂以及学生宿舍等。学校的硬件设施是实施教育教学的基础，没有相应的硬件设施，教育教学就不能顺利进行。

---

① 李素敏. 新时期班主任工作技能强化训练[M]. 北京：中国林业出版社，2011：9-12.

② 刘福国. 班主任工作概论[M]. 重庆：重庆出版社，1991：11.

教室是实施教学的主要场所，首先，教室可为学生的安全提供保障，这是最基本的，所以，班主任要定期对教室进行严格的检查，确保消除安全隐患。其次，卫生、整洁的教室可为学生提供良好的学习环境，所以，班主任要培养学生良好的卫生习惯，将卫生工作落实到学生的实际行动之中，保障学生每天都能在干净整洁的教室中学习。

教学设备是教育教学顺利实施的主要条件，基本的教学设备包括课桌椅、黑板、粉笔以及书本等。另外，学校现代化视听设备的逐渐丰富大大地提高了学生的学习效率，这些设备包括计算机、电视以及其他多媒体设备。班主任首先要增强自己使用现代化教学设备的能力，并指导学生正确使用先进的教学设备，不仅要让学生体会到现代化设备的高效性，也要让学生体会到运用现代化教学设备学习的趣味性。比如，运用计算机制作生动的 Flash，观看一些感人的电视剧，通过这些鲜活的实例来告诉学生计算机不只是用来玩游戏的，电视也不只是用来消遣的。

2. 学校自然环境

学校自然环境即表面上的校容、校貌，也是学校环境的一个重要方面，校容校貌整洁、优美、充满生机，有利于学生心理上感到舒适、静谧；建筑物规划实用、美观，保护好那些能反映学校优良传统的物质设备和环境，赋予其教育的象征意义；环境布局应充分体现知识化、美化和绿化，使一草一木、一砖一瓦都起到陶冶性情、激发美感、热爱知识、热爱学校、热爱生活的作用。自然环境具有育人功能，学校的自然环境不应该只是表面的美丽，不应该只给学生一种视觉上的享受，更应该使自然环境具有一种人文气息，具有教育意义。

3. 学校行政管理环境

学校管理要坚持科学化、民主化的管理原则，二者有机结合符合学校系统自身特点和管理规律，能够促进学校组织系统的正常运转，同时也可为学生高质量发展提供良好的学习环境。班主任直接对学生实施管理，将学校的管理任务直接下达给学生，指导学生正确完成任务，而班主任的管理理念与方式会直接影响学生的行为，所以班主任要坚持科学化和民主化的管理，科学化管理可以提高管理的有效性和准确性，而民主化管理则可以激发学生的积极性和主动性。

4. 各种文化活动

学校除了正规的教育教学活动，还有各种文化活动，如开学典礼、升国旗、团员活动、举办艺术节、知识竞赛、校运动会等，这些活动丰富了学生的课外生活，激发了学生的兴趣，培养了学生的实践能力，有利于良好校风的形成。丰富的校园文化活动对学生的身心发展具有重要作用，班主任一定要高度重视。

第二节　了解和研究学生的方法

了解学生的方法有很多，主要有观察法、谈话法、书面材料分析法、调查访问法。班主任要针对不同的学生、不同的事件运用最恰当的方法来了解学生。

一、观察法①

观察法是一种凭借感官感知学生及与学生有关的人和事，收集学生思想信息材料，并进行分析与综合的方法。观察是了解学生的基本方法之一。赞可夫有这样一句话："敏锐的观察力是一个老师最可宝贵的品质，对于一个有观察力的老师来说，学生的欢乐、兴奋、惊奇、恐惧、受窘和其他内心活动的最细微的表现都逃不过他的眼睛。"一个教师如果对这些表现熟视无睹，他就很难成为学生的良师益友。②班主任要在课内外、校内外的学习、劳动及其他各种活动中观察学生。因为活动过程比较真实地反映出学生的政治思想、道德品质，以及掌握知识和技能的质量，反映出学生的兴趣、爱好、才能、个性特征，以及对集体的态度和同学间的关系等。

班主任可以通过观察学生在课堂教学、课外活动以及师生交往、同伴交往等不同情境下的言行举止来判断学生的智力发展状况、身体发展状况、道德品质发展状况、人际关系等。教师要在课堂教学中注意观察学生学习的主动性与积极性、学生的注意力、学生学习的效果等，来了解学生的学习情况，针对观察结果对学生的缺点进行批评指正，对学生的优点进行表扬，在课外活动中观察学生是否表现积极活跃、是否自信，通过师生交往观察学生对教师的态度，是否尊敬教师，通过观察同伴之间的交往来观察同学之间是否能够互相帮助，建立良好的友谊。

观察法的优点是能够观察到真实可信、生动具体的材料信息，可以随时运用；缺点是不易对观察信息量化，观察容易受教师主观因素的影响。

班主任在观察时应该注意下述几个问题。

观察应在自然状态下进行，否则观察的"现象"便可能是"假象"，获取的信息不具有可靠性；要有目的、有计划地对学生做系统的观察；坚持观察的客观性，不带任何偏见，不先入为主，不把主观推测与客观事实相混淆；坚持观察的全面性，班主任应该通过各种渠道，在多种场合对学生进行观察，使获得的信息更真实；要做好观察记录，到一定时候要把观察所获得的材料进行研究和整理，为制定教育措施做好准备工作。

📖 阅读链接 2-3

善于观察学生

我班的一名女生上课经常迟到，晚上在宿舍吵闹，也喜欢找借口请假。一次课间休息时，我当场严厉地批评了这名女生。但是当我转身离去的一刹那，就感觉到自己批评得太严厉了，自己心里很难受，同时也感觉到了这名学生心里也很难受，于是我转身抱住那名学生，愧疚地对她说："对不起，刚才真抱歉，老师由于太爱你们，不忍心你们对自己放松，所以要求严厉了，请你原谅。"经过这次事情后，那名女生有了翻天覆地的变化，此后的三个月里，她上课基本没有迟到，偶尔有事情请假都会向我和班长汇报。任课老师也反映这名学生上课认真听讲，不再和老师顶嘴了。

---

① 刘志军. 教育学[M]. 北京：高等教育出版社，2011：258-259.
② 陈顾，任平. 做个善于了解研究学生的班主任[J]. 职业，2014(05)：50-52.

青春期的学生很需要得到老师的肯定和认同，所以，当我看到学生有进步的时候都会及时地告诉他们，让他们觉得自己的行为是正确的，老师是看在眼里的，从而增强了学生的自信心和对班主任的信任。

（资料来源：陈顾，任平. 做个善于了解研究学生的班主任[J]. 职业，2014(05)：50-52.）

📖 **阅读链接 2-4**

细致入微地观察学生

于虹是斯霞老师班上出色的三好学生，曾获得全国普通话比赛第一名，每次班上无论选什么代表或组长，同学们总是用最热烈的掌声拥护她。可是，在一次选举少先队队委的时候，斯霞老师发现大家给于虹的掌声不像以前那么热烈了，还不如给其他几个队委的掌声那么有劲、那么响亮。尽管这种变化是那么细微、不易捕捉，但斯霞老师还是机敏地抓住了它，给自己提出了"究竟是什么原因使于虹和同学之间的关系发生了变化"的问题。经过广泛深入的了解和及时耐心的教育，很快使这株优秀的人才"苗子"走上了健康成长的道路。

从学生的掌声强弱大小的细微区别中发现其中隐藏的问题，这需要教师对学生有深入的了解，也需要教师有比这更细致、更细腻的心。作为班主任要有敏锐的观察力，能够从学生行为、态度，甚至外表等的细微变化中发现学生身上存在的问题、苗头与趋向，及早发现，及时引导，及时解决。

班主任要学会对学生进行细心细致的观察。细心，是指要有心、用心地去观察。细致是指观察的内容要全面、周到、细致入微。经过细心细致的观察，才能发现学生的变化，才能找到教育学生的入口，才能真正给学生以支持和帮助。请看陈洪洲老师的一则教例。

王×，一个刚刚10岁的小女孩，穿着比较单调，两个星期没有见她换过外套，家中境况可想而知。孩子长得挺好，扎着马尾辫，鸭蛋形的脸上嵌着一对忽闪忽闪的大眼睛，笑起来特别真挚。她或许知道自己学习上不行，所以，始终不敢正眼看我。我经常鼓励孩子们想说了就举手，她也只是偶尔举一下手，而且那手举一半缩一半，举得很不自信。我明白，她害怕，怕同学笑话，更怕老师瞧不起她。要想改变她，首先就要让她有自信，自信了，她就会少怕甚至不怕了。可这自信的突破点在哪儿呢？我还得细心观察。

又一个星期下来，我终于发现她的记忆力特别强，因为有好几次遇到比较困难的题目时，全班只有那么一两位同学能回答出来，而能重复这一两位同学答案的也就那么几个人，她却是那么几个人中重复得最完整的一个。经验告诉我，她的理解力不会那么好，但她的记忆却最牢，我真的惊诧于她的记忆力了。对！改变她，就从这里入手。

作为班主任，你可曾注意过学生多长时间没有换外套？可曾从学生的穿着中推知他的家境背景？可曾从学生看老师的眼神中，推知原因？可曾注意学生举手时的心态？教例中的这位老师就注意了，而且是有准备地观察学生、有准备地改变学生。正是因为前期深入细致的观察与分析，使得后来的教育收到了很好的效果。有位老师初任五年级2班的班主任，听到学生们称本班的李××"哑巴"，他感到很奇怪。经过了解得知，李××的学习基础差，考试成绩经常不及格，课上从不举手发言，课下也常独处一隅，极少言语，久而久之，在同学中便有了"哑巴"之称。对此，班主任深感忧虑，不断地思索该如何帮助他。

一节语文课上，班主任示范朗读了课文，再让学生们自读了一遍，然后请李××回答。没有想到，他先是一愣，然后猛地站了起来，脸涨得通红，嘴里不知叽咕了一句什么。顿时同学们一阵哄笑，他的脸涨得更红了。第一次教育失败。班主任认识到自己用对待一般学生的方法对待李××，结果事与愿违。他暗下决心，今后工作时一定要考虑得再细致一些，方法措施更得当一些。后来，班里添了一个水桶，经调查是李××用自己的零花钱买的。班主任不失时机地在班里进行了不点名的表扬。不久，班里进行大扫除，负责擦玻璃的李××干得汗流浃背。班主任仔细观察后发现，他之所以擦得又快又干净，是因为他有窍门。劳动结束后，班主任总结时说："李××同学今天劳动时干劲大，肯动脑子，玻璃擦得又快又好。你给大家说说经验。"李××站起来，像变了个人似的，平静地说："我是先用干抹布擦，接着再用湿抹布擦，最后再用干抹布擦。擦的时候，一定要注意，玻璃里面上下擦，外面左右擦。这样，哪里不干净一下子就看出来了！"教室里顿时响起一阵热烈的掌声。因为，几年来大家第一次听到他流畅地讲了这么多话。"哑巴"终于开口了，这把"锈锁"终于被打开了。在此基础上，班主任"乘胜追击"，请家长配合，又让他参加生物小组，利用课余时间给他补课，和他一起制定近期、中期和远期学习目标等。终于，课堂上常常出现他高高举起的手，再也没人喊他"哑巴"了。

在这个教例中，班主任从学生的口中"听察"到了李××的"哑巴"之称，经了解又"调查"到了原因，经过提问和表扬的铺垫，在劳动中又亲眼"观察"到了李××擦玻璃有窍门。经过一系列的"暗访明察"，终于抓住机会，打开了李××的心扉，让他开口了。班主任对学生的细致观察，不是一天一时的，而是长期的。这需要班主任细心和耐心并用，在日常工作中随时注意观察，抓住机会进行教育。细心的观察和有效的教育是一个动态的过程，需要教师在细心观察的基础上运用多种配套方式对学生展开有针对性的教育。

细心的观察是成功教育的基础。班主任要养成细心观察的习惯，善于发现学生的细微变化，并据此展开深入的原因调查与分析，在此基础上判断是否需要给予学生帮助与支持，以及如何给学生帮助与支持。

(资料来源：李冲锋. 班主任工作的50个细节[M]. 福州：福建教育出版社，2011：72-75.)

二、谈话法

谈话法是班主任有目的、有准备地和个别学生通过问答的方式了解情况的一种方法。在教学中，谈话法是指班主任引导学生运用已有的经验和知识回答提出的问题，借以获得新知识、巩固旧知识或检查知识的教学方法。谈话法不局限于课堂教学，还包括班主任针对学生所表现出来的某些其他问题，与其进行交谈以促进问题的解决。谈话法是班主任常用的了解和研究学生的重要方法，通过谈话可以有意识地、主动地研究学生的情况及其思想活动，补充观察的不足。[①]

谈话应注意下述几点。

要做好谈话的充分准备，确定好谈话的目的、内容，还要对谈话的时间、地点、采用的方式等加以周密的考虑；谈话态度要亲切、诚恳，不能让学生感到紧张、拘谨，更不能

[①] 李素敏. 新时期班主任工作技能强化训练[M]. 北京：中国林业出版社，2011：30.

造成对立情绪，把了解情况的谈话变成批评、训斥学生的教师独白；要根据学生的年龄、性格特点，注意谈话的技巧，启发、引导学生说出心里话；注意发挥非正式谈话的作用，非正式的谈话不受时间、地点的限制，在此情形下，学生易于敞开心扉。因此，班主任要善于根据学生的特长、爱好等，有意识地多与他们接触，在随便的交谈中了解情况。

班主任与学生谈话的技巧包括下述几个方面。

1) 与学生谈话应保持的距离

美国科学家萨默曾做过一个实验，发现两个人能轻松谈话的最佳人际距离不超过 3.5 英尺(约 1.1 米)。运用到班主任与学生谈话上，这种近距离谈话一方面能使学生准确地获取教师输出的爱生之情，有利于缩短师生间的心理距离，为谈话的顺利进行奠定基础；另一方面也便于教师有效地控制学生情感，及时准确地捕捉到学生在谈话时流露出来的表情。

阅读链接 2-5

远离不良社交关系

一天，老师发现女生郝某有一封无寄信人地址的信，老师拿着信找到她。她不安地拆开信，默默地看着。老师关切地问是谁来的信，她表情不自然地回答是同学来的。为了帮助她，提高她的认识，老师轻声暗示说："这信上的邮戳说明它是发自一个劳改单位。""老师遵守宪法，没有拆开你的信。你相信老师就要说真话，到底是谁给你的信？"通过老师耐心的启发，她说出了是一个判刑五年的盗窃犯写给她的信，这个人判刑前是她的第一个男朋友。老师见她很紧张，就亲切地对她说："你不要害怕，宪法规定公民有通信自由，劳改人员也有通信权，如果你的回信能使他更加努力地改造自己，那倒是一件好事。"从此以后，郝某把老师看作自己的知心朋友，有什么心事就找老师谈。

(资料来源：涂光辉. 班主任工作技能[M]. 长沙：湖南师范大学出版社，1996: 9-10.)

2) 与学生谈话的面部表情

面部表情是非语言交流的一种形式，它可以传递许多难于用语言表达的特定信息，准确表达人们丰富的思想和感情。个别谈话时应做到：目光中饱含深情，微笑中流露热爱，态度中蕴藏期待，表情中充满关怀。

3) 与学生谈话的身体方向

相互正视——意味着彼此有深谈的兴趣。左右斜视或身体发生倾斜——表明一种避开的愿望。班主任与学生谈话时要与学生面对面而坐，目光要始终停留在学生身上，认真倾听学生的谈话，不要随意插话或打断学生的谈话，更不要在与学生谈话时做其他事情或与其他教师聊天，要始终表现出对学生谈话的兴趣，不要表现出漫不经心。

4) 与学生谈话的副语言

副语言是指伴随着语言而出现的声调、重音、轻音、声音等。在与学生谈话时，除了语言表达的确定的意思以外，副语言的变化也在表达意思，有时可以同词义一致，有时则可能截然相反。因此，与学生谈话时要特别注意副语言的正确使用，通过副语言流露出对学生诚挚的爱，不能借助副语言发泄心中对学生的不满情绪。

阅读链接 2-6

多方式与学生沟通

有这样一个中学生，平时表现不太好，学习成绩比较差，经常被教师叫进办公室罚站。但有一次，他对担任语文课教学的班主任说："我想学好语文，以后考文科……"话还未落音，那个感情偏激的班主任就马上冷冷地回答道："你还想考大学，没门！你要能考取，以后把我的名字倒着写。"这句话就像一把锯，锯痛了孩子的心。从此以后，这个孩子变得更粗野、更调皮捣蛋。

与学生有效沟通是班主任工作成功的重要保障。班主任与学生的沟通是一种交流，也是一种教育和管理。教育就是沟通，在与学生沟通时，班主任要注意保护学生的自尊心。处在成长中的学生的自尊心更是需要保护。有些学生的自尊心还特别强，特别是那些难教育的学生，往往具有强烈的自尊心。教师在与学生交流时，要顾及学生的自尊，切忌出言不逊，伤害他们的自尊心。

每个人都有上进心，也有自尊心。班主任对要求上进的后进生"一棍子打死"的做法，实在是教育的大忌。常言道："别把人看扁了。"当教师的，别把学生看扁了，要始终记着：学生具有强大的发展潜力，具有无限的发展空间，他们都是具有可塑性的发展中的人。

有效的沟通离不开恰当的沟通方式。不同的沟通方式会有不同的效果。班主任与学生沟通要注意沟通方式。一般情况下，班主任习惯于和学生面对面地交流。这种交流可能是开班会或在班级集体面前与学生集体交流，也可能是与个别学生单独交流。集体交流往往涉及集体的事务，并可以扩大交流面。单独交流是班主任对学生进行思想教育的重要手段之一，往往涉及个别学生的个别事情。一次成功的个别谈话可能会改变学生的一生，一次失败的谈话也可能会影响学生的一生。

与学生个别谈话时，班主任要注意一些细节。一是谈话前要有准备，对谈话对象的思想、心理、行为、背景等要有深入了解。二是谈话要有明确的目标，找学生单独交流要为实现教育目标而努力。三是谈话要遵循平等、真诚、尊重的原则。教师与学生在人格上是平等的，在与学生交流时要把学生摆放到平等的位置上，要摆脱传统的"师道尊严"的影响，与学生平等地交流与对话。四是要注意运用一定的谈话技巧，比如欲擒故纵、欲抑先扬、循循善诱、有趣有序等。五是要把握好谈话的时机。与学生单独交流并不限于学生犯了错误需要批评教育时，学生需要理解安慰、需要认同鼓励、需要指点迷津时，都是单独交流的时机。六是把握好与学生交流的时间。谈话时间可安排在晚上八九点钟，从心理上讲，这个时段的人更容易接近，更容易接受别人的劝告。一般而言，与学生交流的时间不可拉得太长，事情处理完了，就应立即结束。

随着信息技术的发展，网络成为日常生活中的重要交流工具。班主任可考虑运用网络技术，与学生进行网络交流。有些班主任在实践中，运用网络交流方式与学生沟通收到了良好的效果。

朱瑞春老师曾就学生最喜欢的沟通方式做过调查，班级中90%以上的学生均选择了QQ聊天。在一次班会上，他非常认真地把自己的QQ号码向全班学生进行了公布，并特别声明欢迎同学在网上隐藏身份与他聊天。这赢得了全班学生长时间的热烈掌声。此后，他几乎每天晚上挂在QQ上，班上的学生经常找他聊天。有时候一聊就是个把小时。他感到QQ

给了他和学生情感交流的最大空间，在这样的交流里，不再有师生之间直面相对的尴尬，不再有师生之间的心理距离，不再有学生面对老师的心有余悸；从学习到家庭，从老师到学生，从生理到心理，从现在到未来，QQ上的学生个个都变得直言不讳。

朱老师在调查的基础上选择了 QQ 交流的方式，收到了良好的效果，这说明班主任与学生沟通要注意选择学生喜欢的沟通方式。朱老师除了 QQ 聊天，还充分利用网络班级论坛平台、个人邮箱当起了"网络班主任"。他利用学校网站提供的班级论坛，在网络上对学生因势利导，充分发挥网络作为教育资源的载体作用；他用个人电子邮箱(E-mail)架起师生间心灵沟通的桥梁，让学生在比较隐蔽的私人空间里畅所欲言，消除师生角色带给学生的无形的心理压力。

蒋於欣老师则充分利用"教师博客(Blog)"开辟了师生互动交流的新途径。他认为，在互联网的虚拟世界里，师生之间无角色隔阂，没有年龄的差异，可以畅所欲言，教师的话学生能听进去，班主任提出的学习、生活各方面的规范要求更容易被学生接受。

网络交流因为体现了师生之间交往的平等性，而且避免了面对面交流的尴尬，产生了沟通的距离美，因而受到学生欢迎并取得了良好的沟通效果。

教师通过书信、纸条、批语等书面方式与学生进行交流，在一定程度上也可以获得良好的沟通效果。

于建宏老师常常给学生悄悄地递个小纸条，让小小的纸条传递师爱，从而收到了事半功倍的教育效果。一名学生行为散漫，纪律性差，但自尊心很强。有一次他上课走神，翻阅自己的写生画册。下课后，于老师向他借那本画册，他表现出十二分的不安。于老师细细看完他的作品后，写了一张纸条夹在画册里还给了他。纸条上写着这样一段话："你的画非常漂亮，如果你能改变听课走神、行为散漫、不拘小节等毛病，你的优点就会更突出。只要坚持下去，你一定能成为一名画家！"这个孩子后来真的逐渐改正了不良的学习习惯，只在课余练习画画了。

陈胜老师认为，班主任致学生的一封信、一页短笺，作业本上的一段批语总能激发学生的斗志，令其信心倍增，让教育事半功倍。在很多学校，学生都要写周记。在周记中，学生可以叙事，可以抒情，可以就某事发表看法，也可以写下自己的心路历程。因此，通过周记，班主任可以更全面而深刻地了解学生。班主任在给学生写批语时，可以与学生进行交流。通过周记，学生也多了一种走近班主任的方式。

一位姓纪的数学老师在教育中经常运用给学生写批语的方式与学生交流。有一次上自习，同学们都在认真做作业，唯有一个学生在打瞌睡。当时，纪老师本想把他叫醒，又转念一想，如果一叫，同学们都会抬起头来看他，给这个学生造成压力。于是，他轻轻走到这个学生的书桌前，把这个学生的数学作业本慢慢抽出，写了一段批语："你很聪明，但处处还是小孩子脾气，不自觉地放松了要求。从你做题的速度和正确率来看，在你身上大有潜力可挖哩！你不能把自己的聪明劲虚用了，更不能因别人夸你聪明就骄傲起来，闹劲儿更大。建议你从现在开始，踏实下来，抓紧一切时机攻读知识，使自己将来不会后悔。你应清楚人的一生能有几次像你这样的年龄呢？"纪老师写完，又轻轻放回那个学生的课桌上。那个学生醒来看了批语，感动得低下头去，接着认真做起作业，以后他进步很大。纪老师不知在学生的数学作业本上写过多少条教育性、针对性很强的批语，现在，许多学生都把纪老师写的批语珍藏起来，作为激励自己前进的箴言、指导行为的座右铭。

与学生沟通有许多方式，班主任要根据班级学生的情况，探索适合自己班级的、适合个别学生的沟通方式，通过恰当的方式达到有效沟通、教书育人的目的。

(资料来源：李冲锋. 班主任工作的50个细节[M]. 福州：福建教育出版社，2011：211-215.)

三、书面材料分析法

书面材料分析法是指班主任在了解班级学生情况时，借助有关班级学生的各种书面材料，通过查阅书面材料来获取有关学生的信息，从而对学生的思想、学习、生活态度、个人爱好、班级基本状况进行间接了解的方法，是班主任初步认识班级和学生，了解学生基本情况最简易的方法。查阅的资料主要包括以下几个方面[①]。

(一)学籍档案

学籍卡、历年操行评语、成绩记录、体检表和相关奖惩记录、学生心理健康档案等，都是班主任必须阅读和分析的学籍资料。

(二)班级活动记录

班级活动记录包括班级日志、班会或队会记录、团队组织的各种活动记录、考勤记录、奖惩记录、借阅图书记录等。这些内容有利于班主任了解班级的传统、特色和倾向、学生兴趣爱好和特长、学生纪律状况和业余生活状况、班干部工作情况及能力，有利于形成良好的班级舆论和班风。

(三)学生文字作品

学生文字作品包括周记、作文、板报、手抄报、作业本、阶段考试卷和入团申请书等。这些内容可以帮助班主任了解学生学习态度、动机、兴趣、特长及其思想认识和品德、理想追求和目标以及学生的人际关系。

🌐 阅读链接 2-7

从资料中了解学生

丁榕老师不是上语文课的，但她却常常翻阅全班学生的作文、笔记，从中了解学生。一次，她读到一个学生的笔记上的一段话："今天，我连着好长时间蹲在地上观察蚂蚁的习性，有趣极了……"于是，她建议这个学生加入课外生物小组……后来，这个学生从厌学到对学习生物知识产生了深厚的兴趣，学习其他课程也比以前专心了。记载学生情况的有关书面材料，如学生登记表、成长档案袋、学籍卡、体检表、成绩单、作业本、试卷、班级日志等，都能比较真实地反映学生的学习、品德、健康及心理特点，研究这些书面材料，对全面了解学生有着十分重要的意义。

(资料来源：林岩. 班主任工作的策略与艺术[M]. 北京：教育科学出版社，2011：29.)

---

① 林岩. 班主任工作的策略与艺术[M]. 北京：教育科学出版社，2011：28-29.

在运用书面材料分析法时，必须注意以下几点：第一，坚持以发展的观点看待问题。资料记录的是学生或班级的过去，只能说明过去，不能说明现在，更不能说明将来。事物是发展变化的，不能把资料作为了解、研究学生或班级及制订工作计划的唯一依据。第二，坚持以全面的观点看待问题。资料所记录的有其局限性，有的情况不一定都有记录，有的内容还有待核实，或有待做必要的更正和补充。第三，坚持以更新的观点看待问题。班主任应注意新情况的收集和记载，不断积累有价值的材料。[①]

四、调查访问法

调查访问法就是采用访问、开调查会和座谈会等方式，向家长、教师、学生以及社会有关人员了解情况的一种方法。它对弄清问题、了解学生真实全面的情况有重要作用。其中家访是重要方式，除此以外，还要向任课教师、学生干部、团的负责人和少先队辅导员、原任班主任、校外常接触的人等，进行一些专题调查。

班主任要对观察、谈话、调查所得的材料进行认真的分析研究，作为指导自己工作的依据。所有了解到的情况都应做记录，记录有各种方式，如写"班主任工作日记"、建立"学生成长档案袋"等。

调查法应注意下述几个问题。

1) 调查对象的全面性

研究对象是全班学生；研究的是学生的各个方面；不仅要了解、研究学生在校的表现，还要了解、研究学生在家庭和社会上的表现；不仅要了解、研究学生个人情况，还要了解、研究学生之间、学生与班级的关系等方面的情况。

2) 调查方式的多样性

班主任可以通过调查会、问卷调查、访问、测验等方式了解学生的基本情况。

3) 调查过程的连续性

班主任可以将个别学生的情况放在学校和班集体中加以研究和考察，保证调查过程的连续性。

📖 阅读链接 2-8

他真的患有精神病吗?

十多年前的一天，我奉命到一所初级中学担任初二年级的班主任。这是一个特色班，学生都有一门以上的艺术类特长。

为了尽快进入角色，放学后，我随机找了几个同学留下来"聊天"。不经意间，我发现同学们对坐在中间最后排的小赵同学很反感，而且很害怕他。大家说："我们谁都不敢与他一起玩，连聊天都不敢，全班同学谁见到他都会走开，这个人有精神病。"

当晚，我通过电话询问了几个同年级组的老师，可谁也说不清，只得到两条信息：一条是这个同学刚从外区学校转来，他有大提琴"十级证书"；另一条是这个同学确实有点"怪怪的"，很孤僻，下课也不与同学们一起玩。

---

① 齐学红. 新编班主任工作技能训练[M]. 上海：华东师范大学出版社，2007：34.

为了进一步了解小赵同学，我决定带着"中性"的眼光观察他。我分别在自己的语文课上、课间休息、课外活动三个场合进行深入细致的观察。通过大约一周时间的观察，我发现他的行为举止虽然有些"与众不同"，但绝对不是同学们所描述的那种"怪样"。根据我对青少年心理健康常识的了解，我估计他可能有轻微的心理障碍。为了证实我的观察和分析，我与他的家长作了一次推心置腹的谈心。结果证实了我的猜想，而且从他家长那里了解到，小赵同学的转学就是出于这一原因。

找到了问题所在，我在专家的指导下，制订了一个比较全面的辅导计划。在征得小赵与家长的同意后，我开始进行心理辅导工作。在家长、任课老师、学校领导和部分班干部的支持下，这项心理辅导工作持续了整整一年。"功夫不负有心人"，我们的共同努力终于取得了理想的效果，小赵同学慢慢地走出了"交往恐惧"的阴影。

(资料来源：齐学红. 新编班主任工作技能训练[M]. 上海：华东师范大学出版社，2007：36.)

第三节　建立良好师生关系的途径

一、师生关系及其作用

民主的、和谐的、平等的师生关系能够使教学这一特殊的认识过程不仅表现为师生间认知交流的过程，更是一种师生间情感沟通的过程。

建立良好师生
关系的途径.mp4

(一)师生关系的含义[①]

师生关系是教师和学生在教育过程中为完成一定的教育任务，以"教"和"学"为中介而形成的一种特殊的社会关系，是学校中最基本的人际关系。师生关系就其本质而言是一种社会关系，是社会关系在教育领域中的反映。

师生关系的表现极其复杂，从不同视角看有不同的师生关系，构成一个多性质、多层次的关系体系。从对师生关系的意义及稳定性等方面综合分析，师生关系主要表现为社会关系、教育关系和心理关系。师生之间的社会关系是教师作为成人社会的代表与学生作为未成年的社会成员在教育教学过程中的代际关系、政治关系、道德关系、法律关系等。它具有规范性，是人与人的各种社会关系在教育教学中的反映。师生之间的教育关系是指教师与学生在教育教学活动中为促进学生的整体发展和自主发展而建立的教育与被教育、组织与被组织、引导与被引导等的主体关系。它是师生现实关系的体现，具有形成性。师生之间的心理关系是指教师与学生为了维持与发展教育关系而构成的内在联系，包括人际认知关系、情感关系、个性关系等。其理想状态在于在师生之间建立一种彼此愉悦、相互吸引、融洽和睦的关系，从而提高教育教学的质量和效率。在上述三种主要师生关系类型中，教育关系是基本关系，社会关系是一种背景关系，心理关系是教育关系的基础和深化，常以内隐和感性的方式反映社会关系并直接影响教育关系。

[①] 刘志军. 教育学[M]. 北京：高等教育出版社，2011：111.

(二)良好师生关系在教育中的作用

建立良好的师生关系是使学生健康、和谐发展的重要保证，是实施素质教育、提高教育质量的重要条件，也是校园文化建设的重要内容。否则，师生关系不好，或是教师不注意建立理想的师生关系，就有可能成为校园暴力事件的导火索。2008 年发生在校园里的三起"生杀师"恶性事件，足见其师生关系存在着严重问题，也更说明建立良好师生关系的意义和重要性。

阅读链接 2-9

骇人听闻的"生杀师"事件[①]

2008 年 10 月 4 日，山西朔州二中二名男生，手持利刃将值班老师都旭东刺死。

2008 年 10 月 22 日，浙江缙云县盘溪中学女教师潘伟仙因家访被学生于某骗至山上后掐死。

2008 年 10 月 28 日，中国政法大学校园发生一起严重暴力事件。该校一名男生闯入课堂，刀砍授课教授，后者不治身亡。

如此血腥的暴力事件发生在师生之间，真叫人揪心不已……育人者被所育之人攻击，这是一个很让人困惑乃至心酸的事实。

一连三起的校园暴力事件发人深省，孙云晓认为："学生的心理方面的危机固然值得关注，但更应该注意的是师生关系的危机。""一段教育的失败一定能从'师生关系'失败上找出原因。"

（资料来源：姚晓丹. 教育应以德育为先[N]. 光明日报，2008-11-1(5).)

1. 良好的师生关系是教育产生效能的关键

良好的师生关系是调动师生双方积极性的一种动力。懂得如何建立理想的或良好的师生关系的教师，往往懂得如何与学生沟通，如何满足学生的需要，又如何引导学生来满足教师的需要，师生之间容易建立相互信任、相互尊重、彼此接纳和理解的关系。只有在这种和谐的师生关系中，教师才会"诲人不倦"，学生才能"学而不厌"。只有这样，学生才能始终保持对教育的渴望和兴趣，轻松、有效而快乐地学习。

2. 良好的师生关系有助于教师威信的提高

教师的威信是教师所具有的一种使学生感到尊敬和信服的精神感召力。它是教师的人格、能力、学识及教育艺术在学生心田引起的发自内心的信服和崇拜的态度。一个有威信的教师往往能够与学生建立融洽的师生关系，容易得到学生的尊重、信赖和拥护。此外，良好的师生关系又能不断地提高教师的威信，促使学生乐意接受教师的教导和劝告。

3. 良好的师生关系有助于师生的心理健康

在理想的师生关系中，师生能恰如其分地同理对方，彼此具有"同理心"。"同理心"

---

① 钟一苇. 校园暴力事件背后的深层思考[N]. 光明日报，2008-10-30.

亦即"情感判读能力"。教师对学生的同理是指教师能站在学生的立场去理解学生，能了解学生导致某种情形产生的原因，并能让其他的学生也了解原因。这样，学生得到了教师的尊重、信任和鼓励，支持和赞扬，心灵深处充满了愉快和幸福，有利于养成自信、乐观、向上、热情、合作、友好、善良、积极、主动等品格，同时情感、意志也能得到很好的发展。

🌐 阅读链接 2-10

王元化先生就读过的两所不同的小学

在孔德学校，王元化先生成绩好，常得第一名。但在育英学校，他却总是考得很糟。据他回忆说，是两所学校的师生关系不大一样。在孔德学校，教师年轻、热情，常常让学生到他们的房间，有说有笑，气氛融洽。王元化跟大家在一起，就像与哥哥、姐姐、叔叔、阿姨在一起一样。因由学法文改为学英文，于是他就到了育英学校，倒是离家近了，而学校里学生与教师的关系对立极了，同学与同学之间的关系也不好。教师还因一件鸡毛蒜皮的小事，"用一根大藤条，使劲抽打元化，元化伤心极了。这件事给他留下很大的心理阴影。在育英学校，学生给教师取了不少难听的绰号，师生之间、学生之间完全没有互助、友爱可言"。

(资料来源：胡晓明. 跨过的岁月——王元化画传[M]. 上海：上海文艺出版社，1999.)

4. 良好的师生关系是校园文化建设的重要内容

师生关系是学校中最基本、最重要的人际关系，是一所学校精神风貌的整体反映和最直接体现。国家要求校园环境整洁优美、风气优良、设施完好、秩序正常。其中的"风气优良"，包括良好的校风、教风和学风。培养良好的校风，需要培养良好的学风，良好的学风又来自良好的教风。良好的师生关系有利于良好的学风、教风和校风的建设，因此，师生关系状况能投射出学校的价值取向、人际关系状况和管理水平。将建立良好的师生关系作为校园文化构建的组成部分，对学校精神文明建设、对学生在校内的发展和毕业后的成长都具有重要意义。

二、建立良好师生关系的途径

良好的师生关系决定着一所学校的精神面貌。民主的、和谐的、平等的师生关系能够使教学这一特殊的认识过程不仅表现为师生间认知交流的过程，更是一种师生间情感沟通的过程。比如，学生喜欢学某一学科往往不是因为对学科本身价值的理解，而是因为喜欢教这一学科的老师，把喜欢老师的情感迁移到对其任教学科上，这就是师生情感的作用。有了它，课堂上极易产生教学的积极反馈：教师越讲越有劲，学生越听越有趣，并且能减少学习疲劳，有效地进行记忆、思维，从而大大地提高教学效率。建立在良好师生关系上的教学是善的，更是美的。这就要求各科教师要充分展现教学过程的魅力，把教学过程建构成一种新颖的、独特的、丰富的和具有创造性的智力活动过程，使教学过程充满情趣和活力。展现教师个性与教学过程的魅力，提高教学活动的吸引力，是优化良好师生关系的重要策略。

良好师生关系的建立是在现代教育理念的引导下，在正确的教师观和学生观的基础上，师生双方共同努力构建和营造的结果。但是，教师是关键，欲建立人道的、和谐的、民主的、平等的师生关系，需要从教师入手。

要建立良好的师生关系，班主任还须从下述几个方面努力。①

1. 真心关爱学生

教育的起点是学生。班主任只有了解和研究学生的思想意识、兴趣爱好、个性特长、身体状况、家庭背景等，才能使教育具有针对性，才能真正进入学生的内心世界，才能打开学生的心扉，让学生主动走向教师、亲近教师。班主任只有真诚地对待学生、关心爱护学生，才能实现"为了每一位学生的发展"的教育宗旨和核心理念。特别要关注特殊学生，如留守儿童、性格上有缺陷的学生等，建立必要的档案进行特别关爱。

🕮 阅读链接 2-11

生日里的爱

刚接班不久，我发现不完成作业的学生数不胜数，打架斗殴的事件层出不穷……我总为自己反复教也教不懂他们而感到特别难受，总为班风的涣散而彻夜难眠。面对这样的情况，我想我得做点什么。有一天，我突发奇想，想给班上的每一个孩子过一次生日，在他们成长的道路上也留下我小小的脚印……

十月的一天，"叮铃铃……"班会课的上课铃声回荡在校园里，刚才还在操场上玩得不亦乐乎的孩子们一窝蜂地跑回了教室，乖乖地坐在自己的座位上静候我的到来。我迈着矫健的步伐，拎着一大包礼物走进教室，大家一脸诧异，我笑容满面地说："今天是……"大家这才恍然大悟，原来我是要为班上在十月过生日的刘桃、赵良川、杨代敏、洪立进、吴童过一个集体生日。在班队课上，我一一为他们送上了我精挑细选的礼物，有钢笔、笔记本、手表、文具盒……让我记忆最深刻的是当我亲手帮吴童戴上那块红色的手表，亲切地对她说："杨老师希望能干懂事的你能做一个守时、惜时的孩子。"她的眼泪浸湿了漂亮的瞳仁，哽咽地说："谢谢杨老师！"我送给洪立进一支钢笔，希望什么都好就是字写得不好的他能练就一手好字。我送给在学习上有点差劲，一向不受老师关注的杨代敏一本作文书，并在首页上写下了"希望懂事的你能在学习上一步步地突破自己，走向灿烂的明天……"。见到此情此景的同学们都情不自禁地齐声唱起了生日祝福歌，响亮的歌声萦绕在教室里，浸润着每个孩子的心。那一刻，不管是台上的主角，还是台下的配角，大家都特别激动，不少学生都哭了。我想：这就是同窗情、师生情、亲情、友情……

2009年8月31日是开学报名的日子，上午学生报到、发书、开学教育……我忙得不可开交。中午时分，一回到家，我瘫坐在沙发上，想闭目养神，好好地休息一下。"咚咚咚"，一阵敲门声将我惊醒。我打开房门，几个熟悉的面孔出现在我眼前，手里还捧着一个大大的蛋糕，嬉笑着说："杨老师生日快乐！"我一下子蒙了，"连自己都忽视了的生日，他们却记得。我一时不知说什么好了，只觉得我的眼睛湿润了，一身的疲惫顿时荡然无存。

---

① 刘志军. 教育学[M]. 北京：高等教育出版社，2011：118-120.

我赶紧请他们进屋，一起分享这份浓浓的情意，并且邀请他们晚上一起吃火锅。晚饭后，送走孩子们，我躲进屋里哭了。这不是伤心的泪水，而是欣慰的泪水。我觉得我的苦心、我的付出终于有了回报。

(资料来源：刘成伦. 一线优秀班主任成长秘诀[M]. 北京：北京时代华文书局，2016: 35-36.)

2. 公平对待学生

教师与学生都是具有独立人格的人，在人格上是完全平等的。班主任要由传统的"传道、授业、解惑"的权威转变为"平等中的首席"。班主任要乐于放下架子，以一个平等对话者的姿态融入学生之中，参与学生的讨论，与学生平等地沟通交流，与学生一道探究真理。学生千差万别，各有特点，公平对待学生，要求对学生因材施教，要善于引导学生张扬自己的个性和创造性，尊重和赞赏每一位学生取得的微小成绩、付出的努力和表现出来的善意、对教科书的质疑以及对自己的超越，不伤害学生的自尊心。

学生之间存在着各种差异，包括生理、心理和家庭等方面，不管如何，班主任都要公平地对待每一个学生，不分薄厚，只要是自己的学生就要全身心地热爱。特别是后进生，他们需要的不是冷眼、鄙视、斥责、挖苦和失败，而是帮助、关怀、爱护、赞扬和成功。

3. 理解宽容学生

学生意味着不成熟和有待发展。因此，学生出现幼稚、差错行为，甚至歪歪扭扭的足迹都是正常现象。班主任要善于将心比心、同理学生，必要时可以适当"钝感"，甚至"睁一只眼闭一只眼"或双眼都闭上片刻，给学生一些空间和时间，允许学生说错、做错、犯错，对学生多一分理解和宽容。只有宽容学生，才能尊重学生；只有理解学生，才能体谅学生。越是体谅和宽容，学生越会有善良、感恩之心。有人将理解宽容与包庇纵容、放任自流等同，其实，那是对宽容缺乏真正的理解和把握，是在为自己苛刻、粗暴地对待学生寻找借口。师生之间的心灵是相通的。"因为有了你，我才爱学习"，这应是每一位班主任追求的师生关系的最高境界。

4. 尊重、信任学生

尊重学生就是尊重学生的人格，保护学生的自尊心。班主任应该满足学生强烈的被尊重的需要，同时遵循有关法律、法规和部门规章的要求，即在这一"道德底线"的范围内对学生进行严格的管理和教育，并将两者有机地结合起来。班主任对学生的尊重出于对学生的信任、相信学生通过自己的努力能够有所进步，即便有了错误，只要引导得法，通过正确的教育也就能成为有用的人。

5. 严格要求学生

热爱、关心、尊重、宽容学生是严格要求学生的前提和基础，因为有爱，所以班主任的严格要求才会让学生乐意接受，而且只有这样的教师才能赢得学生的尊重和信赖。严格要求学生必须是正当合理的，必须符合全面发展的教育目的，必须让学生理解要求的意义。同时，班主任的严格要求不是只对学生不对自己，班主任本人应是教育要求的模范执行者。例如，班主任要求学生读书学习，自己首先要模范带头，以多方面的爱好和兴趣吸引学生，从而形成教学相长、分享知识的氛围。

阅读链接 2-12

《放牛班的春天》

1949 年的法国乡村，音乐家马修到了一所外号为"池塘之底"的男子寄宿学校当助理教师。学校里的学生大部分是难缠的问题儿童，体罚在这里司空见惯，学校的校长只顾自己的前途，管理方式违背学生身心发展规律残暴高压。性格沉静的马修从一群魔鬼般顽劣的孩子身上发现了原始的纯真——爱唱歌，马修尝试用自己的方法来改变这些孩子，他重新创作了音乐作品，组织合唱团，决定采用音乐的方式来打开学生们封闭的心灵。其中一个名叫皮埃尔·莫安琦的孩子是众多孩子中描述的焦点，通过他的改变历程可以看出马修是怎样用自己的人格魅力一步步将这个问题少年感化，并使其实现理想，获得成功的。

皮埃尔·莫安琦拥有非同一般的音乐天赋，但是在单亲家庭长大的他，性格异常敏感孤僻、桀骜不驯，同时对母亲依赖却不愿意表露，让马修头痛不已。

随着马修对孩子们的真诚感化，合唱团每天都在进步着，马修通过与皮埃尔·莫安琦的漂亮母亲沟通交流，使其对自己的儿子有了正确的看法，然而马修对皮埃尔·莫安琦母亲的感情也逐渐微妙起来，这一切都被皮埃尔·莫安琦看在眼里。一次，马修与皮埃尔的母亲正在针对皮埃尔的将来交谈，皮埃尔从楼上把一瓶墨水洒在了马修的头上，皮埃尔的母亲当场气愤离去，马修追上去替皮埃尔解释。在随后的几天里，马修开始冷淡对待皮埃尔，每次合唱团唱歌，马修都跳过皮埃尔的独唱部分，并冷静地对皮埃尔说，少了你的独唱部分大家仍可以唱下去，所以，每次合唱团唱歌，皮埃尔只能旁观。

公爵夫人听说了马修的故事，所以特地来"池塘之底"聆听孩子们的合唱，而马修在这一天也有自己的打算。演唱开始前，公爵夫人发现了站在一角的孤立的皮埃尔，马修回答夫人"他是个特例"，之后，马修指挥，孩子们开始了演唱，优美的声音使观众似乎遗忘了这个被孤立的孩子，可出乎意料的是，在合唱团唱完了前一段优美的旋律之后，轮到独唱部分了，马修转过身，像什么事情都没有发生过一样对皮埃尔做出了起唱的手势，导演对皮埃尔的反应作出了细致的刻画，马修三次邀请，而皮埃尔从惊讶，到直起身，再到手从裤袋里拿出来，从满是疑惑到惊喜，进而微笑感激。正如马修的画外音响起，"从皮埃尔的神情，我突然读到了很多的东西，自豪，被谅解后的快乐，还有对于他是第一次的，懂得去感激"。

(资料来源: 李素敏. 新时期班主任工作技能强化训练[M]. 北京: 中国林业出版社，2011: 15-16.)

【本章小结】

本章通过案例引入班主任了解学生的具体内容，详细阐述了班主任必须了解学生的个体、群体与生活环境，并对班主任了解研究学生的具体方法进行简单介绍，明确了班主任要有正确的学生观，在此基础上掌握建立良好师生关系的具体途径。

通过本章的学习，学生清晰地了解认识到班主任的工作内容，同时也为学生后续章节的深入学习打下了基础，明白班主任工作要掌握科学的教育内容和方法，尤其要掌握和了解班级学生，这样才能有效地开展后续的班级管理工作。

【思考题】

1. 简要说明了解研究班级学生的具体内容。
2. 阐释良好师生关系的含义。
3. 如果你是一名班主任，你该如何建立良好的师生关系？

第三章 组织班集体

班级要做到"八有"

教室里要养花，要养鱼，窗户上还要有窗帘，教室前面要有脸盆、毛巾、香皂等洗手用具，还要有暖壶、茶杯等饮水用具，有推子、剪子等理发用具，有纸篓，有痰盂。加在一起是8样公用的备品，我们管它叫"八有"。

"八有"是逐渐增加的，7年以前，我刚当校长时，只提倡班级"七有"，那时还没有养鱼这一项。

这几种备品花钱不多，学校可以发，但我觉得，为了强化学生的集体观念，使学生树立把班级当作家的观念，这些东西还是要求各个班自己准备比较好。

这些备品可以鼓励学生献，献花、献鱼、献盆、献壶……也可以说是借，毕业了再拿回去。这样，个人献给集体东西，他才会更爱集体。

我体会到，培养学生的集体主义精神，最有效的办法便是吸引他为集体出力、为集体流汗、为集体贡献出一些个人的东西，吸引他为集体倾注心血。倾注得多，感情自然就会深起来。个人对集体，集体对个人，父母对子女，子女对父母，皆是如此。

有的孩子先天不足，是残疾儿童，但孩子的母亲却总觉得这孩子是世上最可爱的孩子。为什么？就是当母亲的为这个孩子倾注的心血太多了。有的子女之所以直到晚年也一直惦念着为年事更高的父母做点事，就是因为他们从幼年时就为父母做力所能及的事，以后又不断地为父母尽力做事，深化了他们对父母的感情。反过来，有的人直到三四十岁还总想着如何占父母的便宜、搜刮父母的钱财，就是因为他从小就很少或根本不为父母做事。

从对一届又一届学生的观察中，我认识到，那些热爱集体、关心班级、对班级有深厚感情的学生，都是平时乐于为班级奉献、乐于为班级做事的学生。某些感情冷漠、薄情寡义、被同学称为"冷血动物"的学生，肯定是遇到集体的事想方设法逃避，遇到为集体奉献的机会也想借口逃避的学生。使这样的学生感情升温的有效办法，就是千方百计吸引他，甚至"强迫"他为集体做事，为集体尽责任，为集体奉献。

这些年来，我坚信，适当地吸引学生为集体做一点奉献，有利于培养学生对集体、对社会的热情和爱心。

为班级献一盆花、献两条鱼，对现代独生子女来说，根本不算什么经济损失；献完之后他们得到的精神上的开阔与满足远比失去的一点钱财要多。

"八有"也可以不捐献，而由班集体收费来买。低档的，每位同学交 1 元钱就可以了；买好一些的，每人交两三元钱，就可以使班级有 8 种较漂亮的备品了。这些备品的所有制是集体所有制，每个人切切实实都有一份，每位同学看到这备品也会感到自己为集体做奉献是切切实实的。

"八有"还有具体保管人，管花的叫花长，负责养鱼的叫鱼长，别的具体承包人就不叫长了。

负责窗帘的同学，窗帘脏了便由他去洗。

负责洗手用具的同学，要把脸盆刷好、毛巾洗干净。

张海英同学负责饮水用具，他把暖壶、玻璃茶杯擦得晶莹透亮。学校要求每个班饮水杯不能是搪瓷杯或塑料杯，那些杯子太结实，不容易打碎。每个班必须准备玻璃杯，作用同鱼缸一样，有利于约束同学们的行动。

理发用具，我们班从很早开始准备，那时同学们组成了理发互助组，每两位男同学组成一个组，相互理发，不仅节省了理发时间和理发费用，还学会了理发技能。近几年，理发用具不像以前用得那么好，主要原因还在于独生子女们对发型的要求比原来高了很多，不愿随随便便理发了。

有人问，像痰盂那样的备品都有人愿意承包吗？这就需要和同学们商量承包工作量大的备品的利与弊。当同学们磨炼自己的欲望被点燃起来，燃烧得强烈了的时候，便会产生以吃苦为荣、以克服困难为荣的认识，于是许多同学抢着承包痰盂。这时便可从中确定一位学习好，且有毅力、心地坦诚的同学，这样他能一包到底，干得出色。工作过程中，他自己也更进一步受到磨炼：不怕脏，不怕苦，于是比以前更有毅力。他承包的成功，也使同学们认识到：一个人为集体、为别人多吃苦，多磨炼自己，不仅有利于他人，而且有利于自己的成熟与进步。

8 种物品的集体所有制、承包制，增强了同学们的集体观念，也增强了班集体的吸引力。

(资料来源：魏书生. 班主任工作漫谈[M]. 桂林：漓江出版社，2014：132-133.)

【案例思考】

班集体是学校教育教学活动的基本单元，是学生成长最重要的环境。新时期班主任不仅要肩负起教书育人的使命，还需要具备组织和管理班级的能力，班主任必须适应教育发展的新形势，更新组织班集体的观念，为学生的成长建立理想的精神家园。

第一节　班集体的含义

　　马克思主义认为，只有完善的集体，才能造就完善的人。离开了集体，个人就不可能健康地成长，只有融入到集体当中，个人才能获得全面和谐的发展，才能具备展示其才华的舞台。班集体是学校组织的基本单位，是学校为实现教育目标有目的地组建的教育集体。它既是教育的对象和目的，又是教育的力量和手段。对培养学生集体主义思想、陶冶爱国主义情操、形成优良道德品质、增强自我教育能力和发展个性心理品质都具有极其重要的意义。作为一班之"主"的班主任，应以科学有效的方法创建一个理想的班集体，使班级成为一个具有温馨气氛、良好学风和班风的集体，因势利导地促进各种类型的学生健康快乐地成长。因此，培养和建设良好班集体是班主任班级管理的核心工作。

一、班级与班集体

(一)班级[①]

1. 班级的内涵

　　班级是学校教学的基本单位，也是学校管理中最基本的构成之一。班级，又可以叫作"班级编制"或者"班级授课制"。班级，是从教学的角度提出的概念，其教学与"个别教学"相对，是将生理年龄及心理年龄和已有知识程度相近的学生编成固定的教学组织形式。在此基础上，按照各学科教学大纲规定的内容，组织教材和选择恰当的教学方法，对班级内的全体学生进行教学。

　　成熟形态的班级最早出现在西方。第一个提出班级组织的是 17 世纪捷克教育家夸美纽斯，他将儿童按照年龄分为六个班级，并制订了相应的教学方案。此外，法国的拉萨尔于 1682 年在他为穷人子女开办的学校中将儿童按学业成绩分为优、中、差三级，进行分班授课。对班级组织的发展产生巨大推动作用的是 19 世纪初在英国出现的"导生制"。这一制度的基础，正是将学生划分等级，对相同进度的儿童进行相同的教学。其后，随着社会的日益进步、生产力的迅猛发展、教育事业的不断变革，班级组织从确立、改造到改革，一直发展为现在的教学组织形式。

2. 班级的特征

　　1)　作为一种制度，班级具有相对稳定性和行政强制性

　　如上所述，我国现行的班级制是按照一定的原则和要求将学生编成固定的班，并在一定程度上保持固定不变。同学们在同一个班内上课，学习同一教学内容，教师采用一致的教学方法、教学手段进行教学活动。学生们在循序渐进的过程中进行学习，不断地更新和巩固知识和技能，以获得德智体美劳全面发展；学生之间相互帮助，相互启发，相互观摩，共同进步。可以预见，班级授课这种教学组织形式将会在目前以及未来的很长一段时间内继续存在，因而它具有相对稳定性。另外，为了维持良好的教学秩序以获得最佳的教学效

---

① 李素敏. 新时期班主任工作技能强化训练[M]. 北京：中国林业出版社，2011：92-94.

果，在班级内往往需要制定一定的规章制度来规范所有学生的行为并强制执行。

2) 作为一种组织，班级具有发展性和可塑性

学生是班级的主要组成部分，对于学生来讲，其生理及心理状态一直处于发展变化之中，也就是说，学生们是发展中的个体。那么，从这个角度来说，班级也是发展中的集体。班级与正在成长中的学生个人一样，具有发展性与可塑性。学生作为稚嫩的个体，其心理发展水平也是不成熟的。学生在班级中与学生集体共同学习，除了知识和技能的建构，他们的心理发展水平也会逐渐由不成熟向成熟发展，自我意识也开始形成和发展，并逐渐形成自己的性格特征，开始用更加成熟的方式去接触世界和处理事情。学生的发展意味着班级的不断发展，学生逐渐成为成熟的个体，而班级也逐渐走向成熟。

(二)班集体

"班集体"这个概念的产生晚于"班级"这个概念，最初产生于苏联，十月革命以后，学校集体教育一直是苏联教育科学研究领域中最重要的课题之一。著名的教育家克鲁普斯卡娅、马卡连柯、苏霍姆林斯基等对集体教育进行过广泛的研究和实践。[1]马卡连柯认为："集体是一种很大的教育力量。""在班集体中不用任何专门的办法，就可以发展关于集体的价值，关于集体尊严的概念。"苏霍姆林斯基指出："集体是培养全面发展个性的重要手段。""班集体"这个概念是苏联教育学者普遍关注、使用频率相当高的教育学概念。

中华人民共和国成立后，传统意义上我国中学班级工作的形成与发展，也深受苏联对"班集体"理论和实践研究的影响。随着我国教育科学研究的逐步发展和教育改革的日益深入，我国学者对班集体的研究有了一定的突破。就"班集体"这个概念，有以下几种具有代表性的表述。

刘志军提出：班集体是为了实现教育目标而组织起来的有纪律、有凝聚力的一个班的学生集体，是班级学生群体发展的高级阶段。[2]

王宝祥提出："班集体是按照班级授课制的培养目标和教育规范组织起来的，以共同学习活动和直接性人际交往为特征的社会心理共同体。"[3]"班集体是高级班级群体。它是经过以班主任为主的各种教育力量的教育培养和引导而形成的具有正确的奋斗方向，具有较强的核心与骨干力量，具有良好的纪律、舆论班风，具有良好的人际关系的团结、友爱、积极向上的高层次的班级群体。"[4]

唐云增提出："班集体，是全班有一个坚定的核心，已经形成自觉的纪律，正确舆论以及团结友爱、勤奋好学的学风的班级。"[5]

本书对班集体的定义为：班集体是指具有明确的班级目标和班级组织机构，在班主任的管理下进行教学活动、实现教学目标的教师与学生的集体。

---

① 陈桂生. 学生集体的建构——马卡连柯教育文集摘编[J]. 河南教育，2003(7).

② 刘志军. 教育学[M]. 北京：高等教育出版社，2011：260.

③ 王宝祥，牛志强，陈燕慈. 实用班主任辞典[M]. 北京：中国工人出版社，1992：112.

④ 王宝祥. 新时期班主任工作[M]. 呼和浩特：内蒙古教育出版社，1990：107.

⑤ 唐云增. 学校班集体建设辞典[M]. 北京：书目文献出版社，1992：16.

二、班集体的产生与发展①

班集体是在班级的基础上产生和发展起来的。班集体的形成和发展是一个动态的过程，它在班级群体中，由班主任或任课教师按照社会及学校的统一要求，对班级群体提出一定的教育目标和管理目标等，使社会要求、社会意识及行为规范转化为班级每个成员的内在要求和动力，从而推动班级群体由低级向高级发展，最后形成班集体。这一发展过程大致包括班集体建设的初级阶段、中级阶段和高级阶段。

(一)班集体建设的初级阶段

班级教育是有组织、有目的的活动，目的性是班级教育的根本特性。在班集体建设初期，班主任及教师集体首先要提出班级目标，把社会及学校要求变成具有操作性的目标系统，使目标成为每个学生的奋斗方向，并在这个方向的指引下，解决现实的规范、准则、目标与原有规范、准则、目标及经验之间的矛盾，这些矛盾的解决推动着班级群体由低级向高级发展。在该阶段，班集体形成和发展的主要标志是确立了明确的奋斗目标，确立了班级领导核心，建立了完善的班级规范及制度等。

(二)班集体建设的中级阶段

班集体建设进入中级阶段的主要标志是从由班主任及教师担任组织者过渡到由班集体的各种自我管理机构来担任组织者。因此，班集体中的班委会、团支部、各种课内外活动小组等自治机构开始有效地行使职权，为全班每个成员的活动创造条件。这时学生已能接受各种组织的任务，服从各级领导，以班集体的目标、规范和准则为行动指南从事各种活动。班主任和教师主要是班级活动的沟通者、顾问，并以自己的影响、威信及权力支持先进分子的工作，抑制学生不良行为的发生，为班集体各项活动的顺利开展提供良好条件。

(三)班集体建设的高级阶段

当班集体具备班级成员全面发展的客观条件时，班集体建设便会进入高级阶段。这一阶段的主要标志是每个成员都能以班集体的奋斗目标为导向，为自我实现的目标而奋斗。在各种活动中，每个学生都能自觉主动地按照学校及班级的要求找到适合自身发展的位置，把集体的目标、规范和价值标准作为个体的行动指南，为班集体建设贡献自己的力量，使班集体的发展与个体的发展达到和谐统一。

三、班集体的功能

班集体在与外部环境和内部成员交互作用中所显现的作用、影响及其后果，称为班集体的功能。班集体作为一个良好的微观社会环境，是社会与学生交互作用的中介系统，既然它受到社会环境、教师集体及其自身成员等诸多因素的作用和影响，必然会对学生的成长产生直接而巨大的影响。班集体具有教育功能、社会化功能、个性化功能和组织功能。

---

① 王鹰，李鹰，曹丞，等. 班主任工作技能训练[M]. 北京：人民教育出版社，2001：55-56.

(一)教育功能

班集体作为有组织的社会化机构和教育集体，一经形成，就会成为教育的主体，蕴含着巨大的教育潜能。班集体的教育功能具有以下特点：班集体作为一个独特的教育影响源，是社会影响和教师影响的折射；班集体有利于促进学生的认识过程和智能的发展，利用学习的集体性原则，充分发挥课堂教学活动中人际交往、协作、竞争等社会心理因素的教育潜能，影响学生的学习效能；只有在集体教育和集体活动的背景中，教师才有可能在更大范围和多种活动中，充分运用多种教育因素，构成教育方法的系统，积极地给学生以深刻的影响；集体对个人的教育影响是通过模仿、感染、暗示、从众、认同等社会心理机制实现的，具有潜移默化的特征；班集体是一个以学生为主体的亚文化群。班集体建设不仅是一个以正式课程为媒体的教育过程，还是一个以学生文化为媒体的自我教育过程。

(二)社会化功能

班集体是一个以学生亚文化为特征的社会群体。它按照一定的社会要求，以教育目标为导向，借助课程、集体规范、交往、人际关系、班级文化等载体，对学生传授社会文化历史经验，树立社会生活目标，教导社会规范，培养社会角色，从而提高集体成员的社会心理素质。班集体是一个高度组织起来的集体，其目标、机构、规范等都是宏观社会环境的折射和反映。班集体沟通了学生与宏观社会环境的联系，又置身于家庭、社区、校外同辈群体、大众媒介等多重社会化机构之中。因此，一方面，它为学生的社会化提供了一个有目的、有计划、定向可控的、良好的微观社会环境，可以说班集体是学生认识社会、学做社会人的重要途径；另一方面，它又具有调控社会、家庭、学校多重教育影响的独特功能。

(三)个性化功能

个性化即个性形成和发展的过程。学生集体对其成员的社会化过程，就其内容来说，就是学生的个性形成和发展的过程。因此，班集体具有培养和发展学生个性的功能。马克思主义认为，只有在集体中，个性才能获得全面发展，也只有在集体中，才可以有个人自由。在班集体中，角色的多样性和活动的广泛性为学生个性和才能的发展提供了广阔的舞台。在学生集体自主学习、自我教育、自我管理中，具有参照性的集体目标、价值、规范等转化为集体成员的需要、动机系统，而学生在集体人际关系中所处的地位又决定了他的态度和行为方式，逐渐形成了集体主义的思想和情感，以及在集体中自决的能力，并形成个性的社会倾向系统。

(四)组织功能

班集体是为了教育目的而专门组织起来的教育集体。它既是学校的基层教育组织，又是学生集体学习、劳动、游戏等社会活动的基本组织形式。研究表明，班集体在教育过程中的组织功能主要表现为：集体目标在组织共同活动中的指向、激励作用；人际关系在组织共同活动中的沟通和凝聚功能；集体的规范作为统合集体中个体行为的规则，在组织共同活动和校正人际关系中具有调控功能。它以纪律、舆论、传统、制度等手段，使班级的教学、教育和管理行为，按照一定的模式和秩序运行，保证教育质量的提高。

第二节 良好班集体的特征

班集体是学生集体的基层性组织，班集体蕴藏着巨大的教育价值，建设良好的班集体直接关系到学生的终身发展。因此，班主任需要明确良好班集体的特征。

一、共同的奋斗目标①

当班级成员具有共同的奋斗目标时，群体成员在实现奋斗目标的过程中便会在认识上、行动上保持一致，相互之间形成一定的依存性，这是形成班集体的基础。共同的奋斗目标能将全班学生的不同需要转化为共同的动机，从而推动共同行为的产生；能够促使学生按共同的目标要求控制、修正自己的行为方向；能够给学生以力量去克服困难、排除障碍；能够促使群体产生凝聚力，增强群体的向心力。

共同的奋斗目标要求班级成员具有共同的价值标准和行为定向；要求学生认识到个人目的和共同目的之间虽然有时会有对立，但是更会有统一；要求学生具有共同的认识和意向，在行动上表现出与集体意志的同一性。

📖 阅读链接 3-1

班级总目标：一心、两基、三做

我班为普通理科班，且为高一分流后重新组建的班级。刚形成的新集体，同学们表现出的"亲和性"不是很强，而且全班同学的行为习惯较差，学习主动性差，学习动机不强，成绩一般。针对我班现阶段的情况，我们在第二周便制定了本班的学期基本目标"一心、两基、三做"，即以学习为中心，纪律和卫生为两基，做人做事做学问为三做。紧接着我们围绕着"一心、两基、三做"确立了班级建设的总目标，即创班级特色，扬班级精神，并且分层次、分阶段制定了具体目标。

在第一个月里，我们先制定了两个目标："我们是一家人""让文明成为一种习惯"，其意为在一个新的集体中，每一个同学就是你的兄弟姐妹，我们一起学习、一起玩耍，因此我们需要坦诚相待，团结友爱，用心去交流，用心去聆听，并且养成良好的行为习惯；之后在第三周的"我们是一个集体"、第四周的"让文明礼仪之花香满校园"等一系列围绕班级目标开展的活动中，学生的行为习惯和对班级的热情都有了很大的转变。在第二个月里，我们积极响应学校的号召，开展了关于"爱国、爱校、爱家乡"的诗朗诵，同时也制定了目标："认真是一种良好的习惯"。

尽管部分同学身上的自私、对学习的马虎大意、学习态度的不端正、对班上的事情漠不关心、对同学疏远冷漠等都还在一定程度上存在着，但在近乎两个月的时间里，随着班级目标的制定和相应活动的开展，大部分同学都有所转变，在各个方面都取得了进步。

（资料来源：淘豆网 https://www.taodocs.con）

---

① 刘志军. 教育学[M]. 北京：高等教育出版社，2011：260-261.

二、有序的组织机构

班集体是运转自如、协调一致、充满活力的学生群体，这种特点是建立在组织有序的基础之上的。

有序的组织机构包括两层含义：其一是指在班集体中必须形成受大家委托的、具有一定权威的领导层。这种权威不仅表现在能够有效地行使权力，而且表现在集体成员出自内心地信服而自愿服从的威信。其二是指每一位班级成员在班集体中均有合适的位置，每个人都能行使自己的权利，也都能为集体和个人履行自己的义务。这种有序的组织使得班集体的学生成为一个有机的整体。

⊗ 阅读链接 3-2

细化班规

我们设立的值日班长，便为每个同学都提供了做事的机会，提供了施展才能的机会，提供了使用权力的机会。

值日班长，按学号轮流，每个人都要当，轮到谁，便从早到晚对班级工作负责任。经过讨论，班级制定了值日班长 10 条职责。

(1) 负责记载当天的出缺席情况，及时在班级日报上登载，对迟到的同学提出批评，并予以处罚。

(2) 维护自习课纪律，对自习课说话的同学予以批评、处罚。自习课有准假权。

(3) 维护课间纪律，及时发现并制止课间大声喧哗以及在走廊打闹的行为，对课间在教室内说话的同学予以批评、处罚。

(4) 领导两名值日生搞好班级卫生，每天早、午、晚各拖地一次。发现地面上的碎纸，谁的座位底下谁负责，及时征求值周班长对班级卫生的意见。

(5) 协助体育委员，督促同学们认真做好课间操。

(6) 协助生活委员，督促同学们做好眼保健操，发现眼保健操不认真的同学，则予以批评、处罚。

(7) 在任班长的前一天晚上放学后，选择一条对班级现状有针对性的格言，抄写在黑板的右侧。

(8) 协助体育委员组织好体育活动。

(9) 在当天的 12 点之前将班级日报装订在班级的报夹子上，并在第二天的班级日报上刊登自己在任职期间的工作总结。值周评比若对出勤、纪律、卫生、课间操、眼保健操中的某项活动不满意，被扣分，值日班长则需写清失误分析登在日报上。

(10) 当天学校若召开班主任会，则可代替班主任参加会议，倘若召开班长或班干部会，而干部不在或不能脱身时，则可参加班长或干部会议。

有一次，我们班较淘气的张铁同学轮上当值日班长，那天正赶上学校召开班主任会。我要求政教处开会就要解决实际问题，要做实事，不开不干实事的会。既然开会的目的是干实事，那么只要能把事情落到实处，谁来开会就是次要问题了。所以我进一步主张，管理自动化程度高的班级，可以由学生代替班主任开会。

张铁同学参加班主任会，坐在老师们中间，增强了他的自豪感，他做的会议记录比别的班主任都详细。初次扮演新角色的人都有一种格外认真的心理。回到班级，他把当天学校要开展的活动布置得井井有条，同学们都奇怪，他怎么会有这么强的组织能力？到他往下传达第二天的活动时，他灵机一动说："明天我就不当班长了，当然也就不能主持明天的活动，我个别向常务班长汇报吧！"1986年初冬，我到北京、河北、湖北、云南连续开了几次会。离开学校半个多月，回到班级一看，前面贴的值日班长职责不是10条而是14条了。我问常务班长戴明峰，值日班长职责为什么增加了4条？戴明峰说："老师不在家这些天，我们发现班级有的事没人干。老师不是总告诉我们一个管理科学的集体，应该做到事事有人做、人人有事做吗？经过讨论，有几件事便落实给值日班长了。例如，老师在家的时候，总给我们出日记题目，老师不在家，日记不知写什么题，怎么办？就把这项任务落实给值日班长了。"

我看第12条写的是：值日班长要负责给全班同学打开水。原来班级的开水无固定人打，只是由具有雷锋精神的同学自觉拿暖壶到水房去打水。赶上大家学习紧张都很忙时，就顾不上打开水。靠"雷锋"去打水，不是法治，而是人治，人治就没有规律，于是把这项任务也落实给了值日班长。

第13条，是负责提醒同学们放学时开展路上一个单词的活动。

第14条，要求值日班长督促检查同学们的座右铭。

这几件事原来没有专人负责，我不在家时，学生察觉出了管理的疏漏，因此将任务落实给了值日班长，这显然比没人具体负责强多了。

我觉得，这又违背了我们班级管理的另一个原则：一般同学能做的事，班干部不做。值日班长的职责多到14条，容易顾此失彼，反而不利于开展工作。因此我又组织学生讨论，将这4件事分别落实给了其他4名普通同学。

当值日班长的过程，既是为同学们服务的过程，也是教育同学们的过程；既是提高工作能力的过程，也是增强主人翁责任感、义务感的过程，还是自己受教育的过程。

一些纪律较差的同学就是通过当值日班长改掉了自己的某些毛病。

有位同学谈体会说："原来我自习课爱说话，我当值日班长那天，发现一名同学自习课说话，便去罚他。他说，你平时还总说呢，还好意思管别人！一句话，使我感觉心里很不是滋味。平时干部管自己时，我还不愿听，今天轮到自己当干部，才体会到当干部真不容易。要抓好自己的学习，还要维持班级纪律，今后我可不让干部操心了。"后来他的纪律果然好起来了，自习课效率提高，学习成绩也好起来了。

值日班长的设立减轻了常务班长的负担，调动了全班同学的积极性，为每个人都提供了一次当班长的机会；使同学之间、干部与群众之间加深了了解，密切了关系。干部不觉得自己总是处于管理者的位置，同学也不认为自己总是处于被管理者的位置。管理者和被管理者经常有转换的机会，这也是现代社会的一个特点。学生从小多次经受这样的角色转换，长大以后便容易适应社会了。

(资料来源：魏书生. 班主任工作漫谈[M]. 桂林：漓江出版社，2014：150-152.)

三、统一的行为规范

行为规范对学生有有形的或无形的影响，统一的行为规范则有助于学生产生被社会认可的、共同的行为方式。

统一的行为规范在班集体中包括成文的规章制度和不成文的集体舆论。所谓规章制度，是指班集体为了共同的奋斗目标而制定的规划，它是按一定程序办事的规程，也是这个集体每个成员必须遵守的行为准则。所谓集体舆论，是指在班集体中占优势的并为多数人赞同的言论和意见。健康的班集体不仅在于正确的、必要的行为规范的建立，更重要的在于学生对它的认同、自觉地遵守和维护。

🌐 阅读链接 3-3

制定明确的班规

常言道："国有国法，家有家规""没有规矩不成方圆"。对学校教育而言，校有校规，班有班规。班规是班主任根据自己班级的情况与学生共同制定的具有班级自身特色的行为规范。班规是班主任管理班级的依据，也是学生积极学习、克服不良习惯、全面发展的有效手段。班规构建过程中，班主任发挥着重要的引导作用，需要注意以下几方面的细节。

班规制定差异化。班规是根据班级学生的实际情况制定的，因此不同的班级应有不同的班规。比如，从班规制定的时间上来看，如果班级的情况比较糟糕，班主任要尽早给班级立规矩，越早立规矩，越有利于教师管理班级。如果班级的学生表现比较好，那么班级组建之初，班主任则不要过早地给学生立规矩，要让班级有个发展发育的过程，在班级建设的过程中，逐渐建立班规。因为班规是针对班级学生所建立的具有班级特色的行为规范，这些行为规范要根据班级学生的需求、表现等来制定。也就是说，班规制定的基础是班级学生的行为表现。过早制定的班规，往往是基于班主任的以往经验来制定的，未必符合班级实际。过早地制定班规可能会妨碍班级精神的发展与学生自主性的发挥。

班规制定民主化。有一个班主任向年轻的实习老师传授带班经验时说："我班没有班规，我对学生说，别班都有班规，我们班不要班规，班上的一些事情，我说了算……"这个班主任看上去"挺厉害""挺牛"，也显得很有个性，殊不知他这种"以我为规"的做法，其实是一种严重的"教育违规"，它违反了教育的民主精神、尊重学生的精神与师生合作精神，是一种"强权主义""专制主义"。这样的班规必将给学生的成长带来不良影响。

班主任是规定制定的引导者，而不是立法者。班主任不能以自己为规，不要自己给学生立规矩，而要让学生充分参与到班规制定的过程中来，师生共同制定，这样才能够体现班规制定的民主化。学生参与班规制定，不仅可以贡献出他们的智慧，而且可以激发他们对班级建设的热情，从中能够体验到自己作为班级主人翁的感觉。这样制定出来的班规，学生从心底里认同，执行起来就会比较顺利。魏书生、李镇西老师在班规制定中，融入了民主的理念，让学生参与班规制定取得成功的案例，表明了班规构建民主化的重要性。

班规建设的民主化不要忘记家长的参与。班规应在一定程度上取得家长的认同。班主任可在适当的时候，邀请家长参与班规的讨论，在班规中体现家长的意见。在班规中有的条款需要家长直接引导或监督，比如学生的衣着、配饰，学生头发、指甲的修剪，学生上学不准带手机，学生迟到、完不成作业的一些惩罚性措施等，都需要获得家长的认同与配合。班规获得了家长的认同、配合与支持，实施起来就会减少很多阻力，更有利于家校合作，有助于良好教育效果的取得。

班规内容系统化。魏书生教书育人几十年来，坚持"以法治班"，全班学生根据本班实际制定了一系列班规班法。他们的班规班法(泛指班内的规章、制度、计划、办法)主要分为两大类。"一类是以空间为序的，制定的原则是班级的事，事事有人做；班级的人，人人有事做。另一类是以时间为序，制定的原则是时时有事做，事事有时做。"以空间范畴制定的主要是"岗位责任制"，有常务班长职责、团支部职责、班委会委员职责、值周班长职责、值日班长职责、科代表职责、备品承包责任制、专项任务承包责任制等内容。按照时间范畴制定的主要是"各种常规"，可分为一日常规、一周常规、每月常规、学期常规和学年常规。有了这些常规，学生就知道在每天、每周、每月等时段内做些什么。魏书生班级班规制定的启示是班规应该涉及每一个人不同方面的内容与要求。因此，需要把班规内容系统化，以便于学生把握。学生对班规心中有数了，就可以在很大程度上朝着这些规定的内容去努力。班规是给学生的约束，也是给学生的目标与动力。

班规要求具体化。美国的克拉克老师曾经在纽约接手一个号称"全美 30 年最糟糕的班"，他首先制定班规。克拉克老师用极其烦琐的 55 条班规对学生行为进行规范。诸如，规则 1：回答我的问题时，必须说"是的，先生"或"不，先生"。只是点头或用其他表示"是"或"不是"的体态语都不行。规则 2：要知道视线接触的重要性。如果有人在说话，眼睛要一直注视着说话的人；如果有别人发表意见，则要转过身去，正对着那个人。规则 3：如果有人在课堂上的游戏中获胜，或做得漂亮，我一定要向他表示祝贺。规则 8：不要咂嘴、发啧啧声、转动眼珠，或作出对人不敬的手势。规则 26：不应该在食堂占座。如果有人想坐下，应该让他坐下。克拉克老师认为一所学校应该像一个大家庭，大家以礼相待。到了第一学年的 11 月，学生开始转变了，他们开始遵守"规则"，"最糟糕的班变成了全校讲文明、懂礼貌、表现最好的班"。

李镇西老师曾和学生们一起制定了班规，内容包括"学习纪律""寝室纪律""清洁卫生""体育锻炼""值日生""班级干部""班主任""其他"共八个部分40条，每一部分中又有若干具体细则，基本上覆盖了班级管理的各个方面、各个环节。他们班级运用这一套详细具体的班规进行管理，收到了良好的效果。

克拉克和魏书生、李镇西等人的教育实践以及许多其他班主任的教育实践表明，班规要求越具体明确，收到的效果越好。

(资料来源：李冲锋. 班主任工作的50个细节[M]. 福州：福建教育出版社，2011：161-164.)

四、和谐的人际关系

和谐的人际关系是班集体团结的纽带，离开和谐的人际关系建立班集体是不可能的。在班集体中，成员之间在人格上应该处于平等地位，在思想感情和观点信仰上应该是趋于一致的，成员个体对集体有依恋感、自豪感、荣誉感。班级成员能够在班集体中找到归属感，这种归属感能够帮助班级成员形成价值认同。

和谐的人际关系在班集体中包括三种类型，即垂直关系(师生关系)、水平关系(学生相互间的关系)、点面关系(学生个人与集体的关系)。班集体中和谐的人际关系是这三种关系的总称，它要求教师与学生、学生与学生、学生与集体彼此尊重、互相促进，一方的存在以另一方的存在为前提和条件，同时保持各自的特性和相对独立性。

五、管理的自主性

自主是个体通过意识和能力表现出来的，当班集体发展到成熟的阶段时，学生对自身管理的自主性明显增强，班级管理出现了新的特征，学生管理的自主性使班集体运行得更通畅，也降低了班主任管理工作的难度。

📖 阅读链接 3-4

大扫除 15 分钟结束

一天，学校广播紧急通知：明天市里有关部门要利用星期天休息的时间，占用我们的教室进行招干考试，下午各个班级可以用两节自习课的时间进行大清扫。

那天下午，我没有外出，在教室里写材料，后来听到各个班都开始搬桌椅大扫除了，就问生活委员尤亮："咱们班怎么按兵不动呀？"

"老师，咱们班用不着两节课。咱们离水房近，大家分工又很具体，等别的班干一节课咱们再干也来得及。"

"咱班大扫除，一次需要多长时间？"我问。

"15 分钟就能完成任务。"

"哪能那么快？"

"老师您不信，咱就试试看，您用手表计时，我指挥。"

他走到前面的讲台上，说："同学们请注意，我们马上要开始大扫除。这次老师要看咱们的效率，我说预备起，大家开始干，15 分钟以后，老师和我检查，看谁承包的地方不合格。"

生活委员一声令下，大家立即奔向自己承包的岗位。

我们班学生大扫除的任务都是固定的，谁承包什么任务，由自己报，然后生活委员再分配。

南面的 6 个大窗户，每个窗户由两个人承包；北面 8 个小一些的窗户，每个窗户由 1 个人承包。谁包哪个窗户便从入学包到毕业，如南面西数第一窗，内外 8 扇共 24 块玻璃，其中西面的 12 块玻璃归邵迎新同学，那么她就一直负责擦这 12 块玻璃，平时也负责保护这 12 块玻璃。大扫除开始，她用不着考虑别人，只一心一意完成自己这 12 块玻璃的任务就行了。

别人也是这样。教室共有 6 个门，分别包给 3 名同学。侯耀芳同学负责的是走廊的两个门共 4 扇，扫除开始，她便立即擦这 4 扇门。

其余同学，承包黑板的，承包讲桌的，承包四壁的，承包灯具的，承包打水的，承包拖地面的，承包擦暖气片的，承包风琴的，承包壁报的，承包教室外面分管区的，凡有一样活，必有一人承包，大家都争先恐后地为尽快尽好地完成自己的任务而努力实干。

生活委员是总指挥，他时不时提醒某个部位上次检查出了什么漏洞应加以注意，有五六名同学跟在他的后面要任务。原来，这几名同学没有具体工作，叫作"待业青年"。不是应该人人都有事做吗？为什么还要有"待业青年"？生活委员也很有头脑，说这叫弹性原则。如果每个人都安排了满额工作，那么大型劳动时就难以应付失误。有时，某个同学病了怎么办？有时，某个工作环节因工具或特殊原因窝工了怎么办？没有待业青年，没有富余人员，大家只好都干完了自己的本职工作再去突击。某个缺席人的任务虽少，但大家插不上手，最终还是一个完成任务的同学去承担缺席人员的任务，这就等于全班同学等待一个人，全班同学的劳动时间都延长了一倍。手头有了机动人员，事情就好办多了，有三四个人缺席，他们便可临时顶替，哪一处窝了工，他们可以上去突击。没人缺席，没人窝工，他们便担任临时检查员、质量评比员。

我暗暗佩服生活委员的管理能力。不知不觉，时间过去了12分钟，不少同学已完成了任务等着检查了。15分钟后，同学们各就各位，回到自己的座位埋头上起自习来，尤亮请我检查。

我摸摸两层窗户之间的缝隙，很干净。再蹲下往走廊后边的暖气片下边接头处去摸，也没有一点灰尘。门框顶上，分管区角落，黑板粉笔槽内，荧光灯管的上部，都没挑出毛病。

最后，我朝着教室前面的讲桌走去。这个讲桌较大，同大剧场内的讲桌一样，结构较复杂，正立面是弧形和矩形组成的图案；顶部有挡板，还有隔板；背面，上部是3个抽屉，两端还有两个窄窄的小柜。正面，上面与两侧不容易有漏洞，抽屉和小柜内能没有灰尘吗？我打开小柜，胳膊使劲往里伸，柜角没有灰尘，再抽出抽屉，很挑剔地将抽屉翻过来，摸底部的角落，也没发现灰尘。我不得不佩服学生的劳动效率。

这样较复杂的讲桌，承包者也只是一个人：黄书兵。她从入学就开始承包擦这个讲桌，擦时带什么工具，第一遍先擦哪里，从上到下还是从内到外，哪个部位容易被人查出漏洞来，她早已积累了较丰富的经验。

现代化大生产的特点就是专业化程度高。专业化程度越高，熟练程度就越高，劳动效率自然就提高了。

学生从小承包任务，增强了责任感，减少了劳动时当场分配任务的互相推诿现象或互相攀比现象，节省了重复分配劳动任务的时间，提高了完成所承包任务的熟练程度；不仅提高了劳动效率，也有利于他们将来走向专业化较强的现代社会。

（资料来源：魏书生. 班主任工作漫谈[M]. 桂林：漓江出版社，2014：166-168.）

第三节　如何组建良好的班集体

陈桂生教授认为衡量一个班集体有三条标准："由学生选举产生班级管理机构，并按一定民主程序实行自主管理与监督；形成反映学生公意或得到学生认同的目标，为实现既定目标，在分工基础上合作有序地开展各种有益的活动；形成健康的舆论，遇到什么问题，发生什么事件，按约定的规则处理。"[①]良好的班集体不是自发形成的，它是全班学生和班

---

① 陈桂生. 师道实话[M]. 上海：华东师大出版社，2004：56.

主任，以及所有任课老师按照一定的教育目的和任务，根据一定的教育计划和要求，共同努力建设逐步形成的。班主任作为班级的组织者、领导者和管理者，在培养班集体的过程中担负着重大责任。因此，建设班集体是班主任面临的重大课题，也是班主任进行班级工作的中心环节。

一、制定班级目标

班主任建设班集体就得按照班集体形成的条件，通过各种途径和方法，促进班级由松散阶段、散聚阶段，到形成阶段，再到成熟阶段，逐级发展，使其成为一个良好的集体。[①]班集体的形成和巩固是以共同目标为前提的。因此，要确立班集体建设的共同目标，使班级的全体同学有共同的努力方向，为实现共同目标而统一行动。

(一)目标对班集体的作用

1. 导向作用

班级建设的目标是班内全体师生共同努力的方向，是统一全班认识和行动的纲领。首先它必须同国家制定的教育方针一致，其次必须体现学校要求的目标和方向，是学校教育目标的具体化。班级建设目标的制定可使班级的一切工作都是在班级目标的统领下进行，使得班级工作有序开展。

2. 激励作用

班级目标制定后，老师和学生必须不断地朝着目标进取，因此目标具有激励的作用。班级目标的激励作用对于班主任和学生都是非常重要的。对于班主任来说，这种作用能够促进班主任提高工作的热情、积极性和责任感；对于学生来说，这种作用可以增强学生的"目标"意识，可以调动学生的积极性和自觉性，使他们形成踊跃发言的气氛，从而为班级管理工作形成一股无形的力量。

3. 评价作用

为了班级目标的逐步实现，"评价"应该是伴随班级建设全程的。在实现班级目标的过程中，要定期以"目标"为基础对班级的各方面进行评价，然后根据评价的结果不断地将班级建设的各部分工作进行调整或加强，使班级建设逐步趋于班级建设的目标。因此，"评价"在师生共同建设班集体的过程中，是师生已取得的成果与目标进行判断和调整的重要手段，在班集体建设中发挥着重要作用。

(二)确立班级目标

班集体目标是班集体形成和发展的基本条件和前提。真正的集体，并不是聚集起来的一群人，而是在自己面前具有一定共同目标的那种集体。正确的奋斗目标是维系师生情感的共同纽带，是班集体前进的动力，它不但可为班级的决策提供重要的参考依据，而且还可为班级的发展指明方向。因此，班集体建设作为一种有意识的教育活动，首先要有共同的奋斗目标，这是建设班集体的第一要素。

---

① 涂光辉. 班主任工作技能[M]. 长沙：湖南师范大学出版社，1997：21.

在新班级成立之初，就要尽快确立合适的发展目标，该目标一旦被接纳，师生群体便会产生一种凝聚力，将师生紧紧地联系在一起，为共同的目标而奉献自己的力量。同时，班级发展目标还会产生一种导向作用，通过对学生意识、行为和情感的适当调控，使班级向着师生期望的方向不断前进。当然，班级发展目标的激励作用也不容忽视，在师生群体和班级的共同发展中，必然会遇到很多意想不到的困难问题，目标将会给予他们克服困难的勇气，当师生的努力接近成功时，目标则会给他们更大的信心与热情。[①]

✿ 阅读链接 3-5

班级第一个奋斗目标

集体荣誉感特别需要注意为班上提出的第一个奋斗目标，这个奋斗目标是经过成员的努力而实现的。如果提出的第一个奋斗目标不能达到，就会使学生产生严重的消极情绪，动摇对班主任、班集体的信心。这种消极情绪需要相当长的时间，做大量的工作才能转变和消除。因此，班级第一个奋斗目标的提出，必须认真分析班级同学对达到目标的认识程度如何，基础、能力如何，哪些有利条件可以利用，哪些不利条件需要克服以及如何克服，行动的具体步骤应如何安排，都要详细周密地通盘考虑。第一个奋斗目标实现了，不但能提高班主任的威信，更重要的是能使学生看到集体的力量，增强学生对集体进步的信心，提高学生为集体进步而努力的积极性。班级第一个奋斗目标实现后，班主任应该及时引导学生向新的更高的目标前进。随着班级荣誉的增加，集体荣誉感和自豪感逐步加强，便会促使学生提高对集体的责任感。这时不但每个成员都能自觉地克服缺点，提高自己也会变成自觉的行动，集体的进步给每个成员以巨大的鼓励，从而形成良性循环。

我曾经主动要求到一个由留级生组成的班级担任班主任。当时我刚参加工作不久。并不是由于我有什么办法能把这个"全面落后"的班级带好，而是因为这个班级神情沮丧，毫无荣誉感的表现使我十分难过，我觉得他们留级不过是学习成绩没有达到要求，怎么可以因此就全面服输、不求上进呢？我的班主任工作是顺着这个思路展开的。经过分析研究，我们决定从环境卫生搞起。我们共同认识到，和别的班级的同学一样每人都有两只手，为什么我们不能在扫除方面争取年级第一呢？我们在学习上受到过挫折，难道就该让自己在脏乱差的环境里生活、学习吗？这些想法触动了同学们压抑已久的荣誉感。他们在扫除时劳动积极性是空前的，生活委员对扫除质量的要求非常严格。那次我们在卫生评比中获得年级第一名。这个"第一"使同学们看到了集体的力量。接着我们便提出了争取秋季运动会年级总分第一的目标。秋季运动会争第一比环境卫生争第一的难度要大得多，但由于这个班爱好体育活动的人多，有几个校纪录保持者，再加上卫生评比第一名的鼓舞，同学们信心很足，决心很大。针对我们班的薄弱环节，我提出上好课间操、加强纪律性的要求，因为这些都是秋季运动会评比的内容。同学们便都自觉地严格要求自己，这两方面的表现不久就出现了明显的变化，受到学校的表扬。明显的进步激起同学们争取集体荣誉的信心，于是做班徽、练队列等事项，班干部早就注意抓起来了。那年秋季运动会，我们班又如愿以偿，夺取了年级第一。

---

① 王守恒，但柳松. 班主任班级管理实务[M]. 芜湖：安徽师范大学出版社，2013：78.

这时同学们真的看到了自己的力量，产生了对集体的强烈感情，他们自动提出在学习方面也要争取排在年级的前列。由于基础不好，平时学习习惯差，还有抄袭、作弊的不良作风，赶上并超过别的班级实在是困难的。但由于受到胜利的鼓舞，他们组成互助小组(自愿结合、短长互补)、学科小组(以学科代表为中心，专门研究某一学科)。学习委员还选聘各科学习成绩较好的同学组成考试委员会，定期抽查同学们的学习成绩，及时发现问题，研究解决。因为学生的积极性提高了，老师的信心也随着增强，各学科小组又主动和任课教师联系，争取老师的帮助辅导，全班同学学习质量迅速得到提高，毕业时全部达到规定标准，不少同学都升入了自己理想的学校，集体也在这艰苦的攀登中得到进步和提高。从此，培养学生的集体荣誉感，养成不断求进步，争取集体荣誉的作风，便成了我对学生进行集体主义教育、形成班集体的重要方法。不论班级原来的基础怎样，我都认真地找出他们应该而且能够攀登上去的一个个新的台阶，并且领着他们一个个登上去，直到形成集体的风气，在不断攀登中永葆集体的蓬勃生机。

(资料来源：杨同银. 班主任工作技能训练指导[M]. 北京：中国林业出版社，2001：48-49.)

由此可见，制定班集体的目标是一项困难且细致的工作，也是一项科学和艺术的工作。一般而言，制定班集体的目标必须达到下列基本要求。[1]

体现时代精神，富有教育意义。班集体的目标要体现时代精神和社会发展的要求，体现教育目标，符合学生的实际，应不断充实班集体目标的内涵，以期增加班集体建设的社会效益和教育针对性。

必须讲究目标结构的层次性。班集体的目标是由远期目标、中期目标和近期目标构成的。这三种目标应该整合一致。远期目标的内容比较概括笼统，语言明确简练，"高而可攀，望而可及"，具有鼓动性和号召力，同时要兼顾到中期目标和近期目标。中期目标的内容相对具体，体现阶段性和专项性的特点，同时又能达到集体目标构成中承上启下、前后衔接的要求。近期目标的内容更加明确具体，但是又不能脱离中期目标和远期目标。

让全班学生参与制定目标。班集体的建设目标是集体成员共同的目标，只有全班学生参与制定，才有真正的集体目标，才能把班集体建设当作与自己休戚相关的事情，学生的积极性才能被调动起来，个人目标和班集体的目标才能很自然地整合起来。

目标既富挑战性，又有可行性，一个好的班集体建设目标犹如"跳一跳就可以摘到的桃子"。也就是说，目标水准与现实水平之间有差距，这才有吸引力，才能激发全班学生为达到目标而努力奋斗的斗志和潜能。如果设置的目标过于容易，甚至无须努力即可实现，就会使学生趣味寡然，使目标失去激励的作用。

⊕ 阅读链接 3-6

南陵县第一中学高一(11)班建设与发展目标

德育目标：以成为一个成熟的班集体为目标，让学生有归属感、荣誉感，能自觉维护集体的利益，做任何事情都不流于表面。

---

[1] 刘志军. 教育学[M]. 北京：高等教育出版社，2011：261.

智育目标: 培养文化艺术修养和创造的技能。

体美目标: 在正确的艺术意识中健康成长, 快乐学习。

劳动目标: 劳动的人为最美丽的人。

南陵县第一中学高一(11)班全面发展分解目标:

德育目标: 班级文化建设大家做; 各项集体(大集体、小团队)活动知荣辱; 目标明确见效果, 有始有终, 不流于表面, 不停于三分钟热情。

智育目标: 正确地懂得艺术、运用艺术于个人及集体的生活环境中。在个人艺术修养的培养、班级文化的建设和画室文化的建设中实施良好的专业技能。

体美目标: 进入高一, 是各种事物的延续, 更是一个重要阶段的开始。存在不足与劣势, 原因只有一个, 就是目标不够明确。

劳动目标: 体力与脑力兼用于学习和工作上。

(资料来源: 王守恒, 但柳松. 班主任班级管理实务[M]. 芜湖: 安徽师范大学出版社, 2013: 78.)

二、建立班级组织机构

建立班级组织.mp4

班集体中的组织机构主要是班委会。班委会是班级管理的重要力量, 是班主任做好各项班级工作的得力助手。班委会由学生干部组成, 学生干部是班级的核心, 是学生中的骨干分子, 是沟通师生之间关系的桥梁。正确选拔、培养和使用学生干部, 不仅有利于班级凝聚力的形成, 也有利于班主任组织管理, 是建立良好班集体的基础和保证。因此, 班主任要重视班干部的选拔和培养, 充分发挥他们在班级中的作用, 带动全班同学和班集体不断前进。

(一)选拔班干部标准

培养班干部, 建立班集体的领导核心。班干部是同学中比较有影响的人物, 一定要选出关心集体、办事认真、作风正派、能团结同学、愿意为同学服务、学习成绩较好、能起模范带头作用, 并在同学中有一定威信和有一定组织能力的同学来担任。班干部选定以后, 要根据每个人的能力、爱好和特长, 分配他们适宜的工作, 并教育他们团结一致, 齐心协力地为同学、为集体服务。

具备担任班级干部基本素质的学生干部应当是学生中的优秀分子、积极分子, 思想品德良好, 热爱集体, 关心同学, 愿意为班级服务、为同学服务; 有吃苦精神和克服困难、战胜困难的勇气, 能时时处处以身作则做同学的表率, 有较强的组织管理能力和一定的号召力。

有端正的学习态度和良好的学习成绩。学生干部首先是学生, 学生的主要任务就是学习, 要有良好的学习态度和学习成绩, 在学生中就可能形成较高的威望。而一个学习成绩欠佳的学生, 在班级中也称不上是学生中的优秀分子, 也就不适合做学生干部。

有健康的体魄和良好的身体素质。如学生干部身体素质不好, 动辄就请病假或休学, 这样班干部在班级中就起不到应有的作用, 不仅班级干部不能发挥自己的作用, 班级工作也不能顺利地开展。

有较好的人际关系。班干部与同学之间的关系状况如何，直接影响班集体组织机构发挥其职能作用，从而影响班集体建设。

(二)培养班干部

班主任要尊重和信任班干部，充分发挥他们的独立性和创造性，放手让他们自己去做工作，使他们逐步学会自己管理自己、自己教育自己，与此同时，班主任可从旁加以引导和指引，当好"导演"和"参谋"。为了让更多的学生有机会承担社会工作，从中得到锻炼，班主任要努力创造条件，在保证班集体核心相对稳定的前提下，让班干部适当地定期轮换。班主任要加强对班干部和积极分子的培养和教育，对他们既要交任务，又要教方法，指明注意事项；既要鼓励他们积极、主动、大胆地工作，又要帮助他们好好学习、提高思想道德水平和工作能力、讲究工作方法；既要发挥骨干作用，又要团结同学，平等待人，不搞特殊化，也不能有优越感。班主任要随时注意发现和培养新的积极分子，不断扩大积极分子队伍。

加强对班干部的教育引导，首先要教育班干部树立为同学服务的思想，使他们认识到担任班级干部工作是光荣的、艰巨的，要做好工作；懂得班干部是同学的表率，自己处处要以身作则。其次要对班干部进行团结友爱教育。班干部之间要互相支持，共同协作，彼此信任，齐心协力搞好工作，团结全体同学共同去完成各项任务。另外，还要教给他们工作的方法。班主任可以通过举办班干部培训班、组织定期的学习与交流活动等方式，让学生干部掌握工作方法，使之更好地开展工作。

激发班干部的工作热情。集体活动是培养班干部的重要途径，无论是主题班会、节日庆祝会、各种文娱体育活动，还是春游、社会实践等活动，都是学生展现其才干的舞台。在这些活动中，放手让学生们自己去组织、去设计，让他们在"台前"亮相，班主任要当好参谋，当好"后台老板"。对他们为班级所做的有益工作，班主任要及时给予充分肯定；对偶尔出现的问题和错误，班主任要主动出面予以解决，并为其承担责任，班干部就不会因工作中遇到困难和挫折而打退堂鼓。这样，学生干部既可展现他们的才干，又可在班主任的精心扶持、热情帮助下，不断增强自己当干部的积极性和为集体服务的热情，增强主人翁责任感。

帮助班干部处理好学习与工作的关系。学生干部与其他学生的不同之处在于，他们除了要完成学习任务以外，还要承担班级工作，从时间和精力上都付出较多。针对这一特点，班主任要帮助他们正确处理学习与工作的关系，教育班干部合理支配时间，使他们学习、工作两不误。对一些学习上确实存在困难的班干部，班主任要发挥班级科任教师的作用，对其进行个别辅导，使他们闯过学习上的难关，坚定当班干部的信心。

热情关心与严格要求相结合。班主任要关心爱护班干部，不仅要关心他们的工作情况，更要关心他们的身体和学习情况，特别是当学生干部遇到各种困难时，班主任要全力帮助，使他们树立克服困难的信心和增强战胜困难的勇气，并同他们共渡难关。但是关心不等于放纵、袒护，班主任不论是对学生干部，还是对普通学生都要一视同仁，偏袒学生干部不仅不利于他们树立威信，还会拉大学生干部与学生之间的距离，使他们滋生自满情绪。因此，要在关心学生干部的同时，严格要求他们，使他们健康成长。总之，对班干部既要交给任务，又要教给方法；既要大胆使用，又要小心扶持；既要热情鼓励，又要严格要求；

既要在培养中使用，又要在使用中培养。

🌀 阅读链接 3-7

班干部轮换制的实施

班级的各项工作能否顺利开展，进而形成良好的班风、学风，在很大程度上取决于班干部是否得力，是否能认真并创造性地开展工作。班干部一经选举出来并不是"终身制"，而是要实行定期轮换制。如何在班级定期轮换班干部，使他们始终处于饱满的工作状态，让他们创造性地开展班级工作，是班主任要做的一项重要工作。本学期我们班面临班干部轮换。轮换前，我先让参加竞选班干部的同学上台进行"竞选演讲"，阐述自己的"施政纲领"，阐明自己有什么才能，一旦当选会怎么做等，给他们充分展示自己的机会。结果，每个职位都有很多学生竞争，气氛十分活跃。接着进行无记名投票，让学生按照自己的意愿选出他们信得过的同学担任班干部。通过这种做法，很多学生在平等竞争的气氛中充分展示了自己，其参与班级管理的意识得到了加强，一些有能力、责任心强的学生走上了班干部岗位。

（资料来源：齐学红. 新编班主任工作技能训练[M]. 上海：华东师范大学出版社，2007：78.）

🌀 阅读链接 3-8

培养班干部五步法

国庆期间，月考成绩揭晓。我们八班总成绩名列全年级第三，与期中考试相比有了较大的进步。这些成绩，离不开领导对班级的关注，更离不开各位任课老师的辛勤培育。从我内心来看，也离不开我的得力助手——八班的班委。下面我就谈谈这 100 多天自己是如何培养班干部的。

1. 竞争上岗

开学第一天，面对选拔班干部工作，我大胆采用了竞争上岗的方法。因为我觉得，班干部必须"想当"才能"当好"，再者，管理 70 多个同学必须有勇气和胆量，抑或叫魄力。于是，我就在班上说："谁愿意当八班一班之长，并说说你为什么想当。"话音刚落，一个高个子女生站起来走上讲台，落落大方地自我介绍："我叫刘晓，来自渑池二小，我的成绩并不是很好，但我希望能当班长，尽我自己最大的能力，为我们班服务。为同学们服务的同时，我自己也和班级一块成长。我相信，我们八班一定会成为一个优秀的班集体！"刘晓的竞选演说，博得同学们一阵热烈的掌声。我当即宣布，刘晓为八班的班长。其他班委成员都是说出自己的想法交给班长，由班长决定。就这样，开学的第一天我班的班委组织成立，班级开始正常运转。

2. 班主任要用眼去观察，用心去总结班级管理方法

常言说：车走车路，马有马道。每个人都有自己的头脑，都有自己的思维，都有自己的个性，也就有与众不同的管理方法。对于班委同学的工作方法，刚开始我不发表意见，只是每天早到校，用自己的眼睛去观察他们的工作，用心去体味他们的工作方法，想想如果遇到这种情况，自己会采用什么方法，同他们的方法相比哪一种效果更好。而不是采用掣肘的方法或直接告诉他们怎么做，如果长时间这样去告诫或干涉，那么班委只是班主任的传声筒，不会处理一些突发情况和棘手事情。既然相信他们，就应该大胆地放手让他们去做，不怕出问题，也不怕出差错。

3. 沟通交流，间接教会工作的方法和做人的道理

经过观察与反复推敲，班委工作的长处和不足显而易见。我会利用和班干部开会的时间，平等地交流和沟通，教会他们一些工作的方法和做人的道理。如文体委员邵佳值班时，会大声说“不要说话”或用黑板擦拍桌子，我就巧妙地问她：“星期五值班累不累？”她说：“感觉嗓子累，第一排同学很反感她。”我接着问：“为什么呢？”于是她就跟我说自己如何去值班，并且说小学一直是这样做的。我就说：“如果有同学说闲话或做小动作，你试试不吆喝、不拍桌子，走下讲台和他们近距离说说或警告，看这样效果怎么样？看第一排同学还反感不？”到了下一次班委开会，邵佳说采用“走下去告诉他”这种方法效果很好。我就语重心长地告诉她：“同学们也要面子，也知道维护班级荣誉，你善意的提醒会比大声的呵斥效果要好，并且他们也会理解你、感谢你。”

又如纪律委员赵中，本身写作业速度就慢，可星期二他值班又格外认真，特别负责。自习课上，别人都忙于做作业，他双眼紧盯同学，非常专注，作业一点也没做。看到这种情况，和他及时沟通，问他作业能不能及时交，他说不能。我就说：“同学们自习忙于写作业，无人捣乱，你也要抓紧写作业。否则，你这个纪律委员也开始违纪了——因为你不按时交作业。”赵中心领神会，以后值班就有所改观。用这样的沟通交流方法，既肯定了班委同学的积极性，又委婉地指出他们的不足，使他们更认真更有办法地投入到工作之中。作为班主任，还要适时教会学生做人，特别是班委同学，能让他们明白老师很器重我、很关心我，他们会更加完善自我、充实自己，更加认真地投入到工作之中。比如我了解到班长刘晓特别喜欢歌星潘玮柏，家里自己的房间里贴的全是他的照片，连发型也模仿。我就利用时间，找到一张有关某歌迷因未见到心中偶像而跳楼自杀的报纸，让她看看这篇报道，说说自己的体会。刘晓明白了我的用意和良苦用心，改变了自己追星着迷的习惯。

4. 让班干部以身作则、相互竞争

对于班委成员，我要求他们每个人都要以身作则，不单是纪律、卫生方面，更重要的是做人和求知。不管自己以前品质或成绩怎么样，作为班委，一定要起模范带头作用，学习一定要努力。班长刘晓，入班时成绩是班级排60多名，年级排500多名，但这次月考和期中总成绩是年级400多名，有了很大的进步，我觉得这个成绩与她的责任心是分不开的。正是有了责任心，方能严格要求自己，才能尽力去学习，才能有端正的态度。初中一年级只要学习态度端正，认真学习，成绩一定会慢慢好起来。同时，班委成员之间互相比赛和竞争，看看谁值班的这一天教室里安静、纪律分高，当周就被评为优秀班干部。就这样，班委之间也有了竞争，管理班级时会更投入、更认真、更负责任。

5. 要及时肯定班委的成绩，同时对班委多加关心和帮助

对于班委成员取得成绩，班主任要及时肯定、及时表扬。这样班委同学才会更有干劲，更能起到榜样的作用，也提高了他们在班中的威望。如在军训中，刘晓、赵中和邵佳三名同学表现很好，能吃苦、能认真去做动作。我就把“优秀军训学员”的荣誉称号给予他们。

有的同学小声嘟囔说："都是班委!"我反问他们："班委不能入选吗?他们是否起到带头作用?"同学们都哑口无言了,因为事实胜于雄辩,他们确实做得很好。又如学校让看门口标语,有一天我到教室门口,见赵中站在标语牌处。我一时忘了,就问:"你站在这儿干什么?"他说:"我值班呢。"我恍然大悟。到教室就表扬了赵中,紧接着就出现了武婉瑜、王姗等同学认真地看标语。但班委毕竟是学生,是十一二岁的孩子,他们不是完人,世上也没有完人,因此,对于班委的错误和不足要巧妙地处理,做到既关心他们,又尊重他们。有一天是星期二,我站在校门口,看见班长刘晓到校外饭馆门口和一群男孩说话。我就远距离地观察,足足有十几分钟,看见她走回到学校,我才放心回去。对她的教育,我先从外围入手,通过董丽了解到那群男孩中,其中有一个男孩是她的小舅,其他的都是跟着她小舅来的。了解到这些,关于女孩子自尊自爱的话无法直说,就打电话让刘晓的母亲来校。让她告诫自己的堂弟,不要成群结队来找刘晓,否则会影响孩子的学习。自始至终,我都没有从正面与刘晓交锋,但我直觉感到,刘晓知道老师关心她。班委是老师的得力助手,作为班主任就应该对他们多关心、多呵护,才能让他们更有干劲。

有了这样得力的助手,班主任就觉得格外轻松、格外放心。当然并不是每个班委都能做好,比如卫生委员郑鑫,工作很认真,但就是管不住学生。一连三周星期四,他值班这一天班级里都非常乱。那么这时班主任就要管紧些,跟得上,同时,要重新考虑比较合适的班委人选。说到这里,我想起因为自己一时冲动,挫伤了原来学习委员葛宛兵的积极性。起因是他连续几天上课表现很不好,不是乱扭乱说就是做小动作。有一天我上课时,因为他的表现不好,当场免除了葛宛兵的学习委员。可事后,他的积极性受到挫伤,上课很少发言,作业应付了事,成为今后工作的一大难题。期中考试之后,为了做好他的思想工作,我花了许多时间,才让他明白老师为什么那么做。这也是我告诫同事们的话:千万别冲动,别伤了学生的内心。

(资料来源:百度文库.)

三、营造正确的舆论环境

正确的舆论是一种巨大的教育力量,对班级每个成员都有约束、感染、熏陶、激励的作用。在扶正抑邪、奖善罚恶的过程中,舆论具有行政命令和规章制度所不可替代的特殊作用。一个良好的班集体要形成正确的舆论和良好的班风去影响、制约每个学生的心理,规范每个学生的行为。具有健康正确的集体舆论是一个优秀班集体的重要特征,而这一舆论导向的培养需要班主任和全体学生的共同努力,它是一个渐进的过程。

营造正确的舆论环境是创建班集体的重要工作。只有营造出正确的舆论环境,集体才能识别是非、善恶、美丑,支持、鼓励、发扬优良的思想、风气,批评、抵制不良的思想习气,从而使集体成为教育的力量、成为教育的主体。营造正确的舆论环境,班主任可与学生共同做好下述几项工作。

在教育过程中要结合国家的法律法规、学校的规章制度和道德品质教育,培养正确的舆论导向,最根本的在于使学生树立正确的是非观。班主任要经常教育学生用正确的世界观和人生观、学生守则上规定的行为规范及学校的各项规章制度来提高自身对问题的认识水平和道德评价能力,以指导自己的言行。同时,还要经常结合国内国际大事,更重要的是结合发生在学生身边的事例以及学校各个阶段的工作重点，帮助学生养成自觉分析其中是非善恶、荣辱美丑的习惯，使他们面对各种复杂的舆论，也能坚持真理、明辨是非。

结合班级中学生的实际情况，及时进行表扬和批评，为正确舆论的树立创设良好氛围。班主任要经常注意班级的舆论倾向，通过对学生的思想和行为的肯定或否定评价，以及为什么要肯定或否定，把舆论中心引导到正确的方向上来。这样可以培养学生积极向上的进取精神，使集体中的大多数人，至少是班级中的优秀学生，有正确的是非、善恶、美丑观念。例如，班级涌现出的好人好事，不论是大是小，是先进学生做的还是后进学生做的，都应当及时予以表扬，这样才能有助于形成人人想做好事、争做好事的风气。久而久之，就能让那些无视集体活动和荣誉的学生在强大舆论压力下，逐渐变得自觉与主动。

要充分利用学校与班级的舆论阵地与宣传工具，扩大舆论影响。班主任要充分利用诸如班会、团队活动、墙报、黑板报、思想评论栏等可供利用的舆论阵地，发挥正确的集体舆论导向作用。在管理中要充分利用这些来讨论班级成员共同关心的话题，反映健康的思想和情趣，表扬班级中涌现出的先进人物，鼓励后进，形成你追我赶的良好风气，利用学生的从众心理发挥集体舆论的促进作用和约束作用。同时，还可利用学校的广播，对班级中特别突出的好人好事进行大力宣传，充分激发和调动学生内心的进取心和不甘落后的积极性，从而在班上形成一种大家争做先进、争着进步的良好发展态势。

在各种教育活动中，我们一定要教育学生正确处理好集体舆论与自我思想斗争的关系。不管是正确的还是错误的舆论，对学生来说，都只是一种无形的外部压力，而自我思想斗争才是学生进步成长的最重要的内部动力。因此，班主任在工作中要教育班级学生通过自己对各种问题不断地反复思考和权衡后，能把感受到的正确舆论的影响，转化为个体的内在需要和自觉行动。只有做到了这一点，正确舆论的作用才算真正得到了体现。

阅读链接 3-9

从小事做起

我接手过一个初二的班级。这个班的学习风气很浓，凝聚力强，学生都有比较远大的理想。可是，他们都看重"大事"，而不注意身边发生的小事，不屑于做小事，如放学后不关窗户就走了、大白天六盏灯全部开着却无动于衷等。针对这种情况，我组织了"勿以善小而不为，勿以恶小而为之"的主题班会，对小事该不该管进行了辩论。通过辩论，大家最后得出结论："千里之行，始于足下；千里之堤，溃于蚁穴""一屋不扫，何以扫天下"。同学们在班会上倡议成立志愿团，定期为学校、为社会做好事，产生了很好的效果。正确的舆论和良好的班风，是一种潜移默化的教育力量。

(资料来源：齐学红. 新编班主任工作技能训练[M]. 上海：华东师范大学出版社，2007：81.)

四、组织多样的教育活动

班集体是在全班学生参加共同活动中逐步形成的，只有在共同的集体活动中才能体现出集体的精神。没有集体活动，班集体就会死气沉沉，学生就感觉不到集体的存在。有了集体活动，就会焕发精神，开阔眼界，增长知识，促进同学才能、特长的发挥和相互间的团结。活动要占去一定的时间，但它的作用是很大的。当然，活动不宜搞得过多。班集体活动的内容和形式是多种多样的，比如品德教育活动、文艺体育活动、生产劳动、社会公益劳动等。这些活动都是培养学生集体精神、教育学生个人的有效途径。特别是班集体以及班级团队组织的主题集会，更是普遍采用的教育活动形式，具有很好的教育效果。开展班集体教育活动要有明确的目的和要求，要进行精心组织和设计，使各种活动前后衔接，互相配合。活动要丰富多彩，富有吸引力。活动要学生自己动手，参与其中，充分发挥他们的积极性、主动性和创造性，让同学们的智慧才能有自我表现和施展的机会与舞台，同时，教育者要从旁做一些必要的指导和辅导工作。

【本章小结】

本章通过案例引入良好班集体需要的各种要素，详细阐述了班级与班集体的区别，并介绍了班集体的功能，明确了良好班集体的基本特征，以及在此基础上掌握建设良好班集体的具体途径。

通过本章的学习，可以让学生清晰地认识到班集体的基本内容，同时也可以为学生后续章节的深入学习打下基础，明白良好班集体的一般特征，尤其要掌握建设班集体的基本方法，这样才能有效地开展后续的班级管理工作。

【思考题】

1. 简要说明制定班级目标的基本要求。

2. 阐述培养班干部应该注意哪些问题。

3. 以下是一个班主任对自己班级的情况分析。请你根据这个班级的情况，制定一个班级教育目标。

我班的学生比较单纯，要求上进。他们对于班级活动的热情比较高，对集体也比较关心，常规纪律比以往进步了。但是，学生对班级各项活动热情有余而方法不足，主要表现在不知道如何出黑板报上，组织班会的形式也比较单一。全班学习成绩虽然有了提高，但部分学生的学习习惯仍然不好，不能按时完成作业，各科总成绩在年级排名较后，差生较多。有一部分家长偏爱孩子，只听孩子的意见，不能很好地和老师配合共同教育学生。

第四章　班级日常管理

重点难点

教学重点：清楚班主任日常管理工作计划的意义、依据和原则，学会制订班主任日常管理工作计划。

教学难点：把握班主任日常管理工作的主要方法，并能够积极运用到实践中。

案例导入

在平静中解决纠纷

一次自习课，班主任刚走到本班教室门口，就听到教室里有嘈杂声，伴随有学生的惊呼声、桌凳的摔倒声，还有同学们的劝阻声。看到班主任的出现，教室里马上安静了下来，两个正在扭打的学生王宝柱和彭超也立刻停下了，但双方都瞪着眼睛，扭着脖子怒视着对方。班主任意识到当面批评教育他们会影响到别人的学习，也不一定能解决好，何况事情的缘由也没有弄清楚，于是就平静地说："请同学们抓紧时间学习，你们俩和我去办公室。"同学们又投入到学习中去了。

在办公室，两位同学似乎都感到很委屈，当班主任让他们分别叙说打架的理由时，双方不断争辩，各说各有理，试图把责任推给对方。在双方的辩解中，班主任了解了事情的经过：他俩是前后座位，因为前排碰掉了后排的文具盒而发生争执，以至于矛盾激化，多亏发现及时，否则后果"不堪设想"。面对他们的争辩，班主任没有做他们的审判官，而是说："我知道你们俩都很委屈，老师能理解，现在我只想让你们想想整个事件中哪些地方自己做得不够好，想好了再和我说说。"听班主任这么一说，他们停止了争辩，都不吭声，低头不语。班主任悄悄地离开办公室，到教室巡视自习情况，并故意多待了一会儿。当班主任再次来到办公室时，一同学主动上前对老师说："老师，是我不对，不该背靠桌子，弄掉了他的文具盒，影响他的学习，而且还出口骂人。"另一同学见对方态度诚恳，也赶忙说："老师，我也做得不对，再怎么也不该动手打人，还严重影响了全班的自习。"班主任一看火候已到，就用商量的语气问："你们说今天的问题怎么处理？"这次，先动手打人的同学态度诚恳地走到另一同学跟前，主动握住对方的手说："真对不起，我不该动手打人，请你原谅。"碰掉东西的同学也忙说："我也请你原谅。"就这样，一场不大不小的纠纷在平静中解决了。

(资料来源：湛启标，王晞. 班级管理与班主任工作[M]. 福州：福建教育出版社，2007：269.)

第一节 制订班主任日常管理工作计划

班级日常管理是为保证班级工作正常进行而实行的日常行为规范管理。由于学生身心发展不成熟，从学生进入班级开始的一刻直至离开班级，其中的一切日常生活，无不需要班主任进行管理和组织。班级日常管理在班主任全部工作中所占的比重最大。因此，班级的日常教育管理具有相当重要的意义和作用。班主任主要通过制订和执行计划来进行班级日常管理工作。

计划是工作或行动以前预先拟定的具体内容和步骤，是工作或行动前预先确定的工作目标，要做什么，何时做，怎么做。班主任在班级日常管理工作中的成绩，常常有赖于详细的计划。[1]班主任日常工作计划是班主任对某一时期班级工作的目标、任务、方法等预先作出的安排和设想，是班主任在某一时期的工作方案。

一、制订班级日常管理工作计划的意义

《礼记·中庸》中云："凡事豫则立，不豫则废。言前定则不跲，事前定则不困，行前定则不疚，道前定则不穷。"豫，又作"预"。即不论做什么事，事先有准备，就能得到成功，不然就会失败。班主任工作也不例外。制订班级日常管理工作计划对班主任工作有着十分重要的意义。

(一)是有效开展班级工作的前提

班主任的班级日常管理工作内容纷繁复杂，涉及面广泛，若没有详细的工作计划，工作时抓不住重点，常常会顾此失彼，在纷乱的工作中陷入被动的境地。制订班级日常管理工作计划是班主任进行班级日常管理的前提，如上课需要备课一样，班主任工作计划堪称"班主任工作的地图"。只有事先计划好了，班级工作才能有条不紊地开展。

(二)有利于协调各种教育因素

班主任通过做好计划能够事先考虑到各种因素，协调学校要求、领导指示与班级目标和任务之间的关系，在班主任、学科教师、家长以及学生等各种教育力量之间取得平衡，使人力、物力、财力、时间、场所等各种因素都得到合理、适度的运用。同时，通过工作计划，班主任对班级事务的安排也能够做到全盘考虑、统筹规划，使班级内外各种因素共同发挥作用。

---

[1] 许高厚，郑维新，王新凤，等. 初中班主任[M]. 北京：北京师范大学出版社，1997：208.

(三)助推班级目标的建立

班级日常管理工作计划是班主任教育管理工作的具体化，除了规定班主任在某一时期内的工作任务外，班主任还可向全班学生公布自己的工作计划，使全班学生在班主任工作计划的指导下形成各自的学习、生活计划，树立明确的奋斗目标，确立学习的方向和方法。同时，还能有效地调动全班学生关心和建设班集体的积极性，增强班集体荣誉感。

(四)有助于班主任的自我检查和督促

班主任制订好工作计划后，就开始按计划逐步开展工作。在工作过程中，可依据计划对自己的阶段性工作进行检查，是否实现阶段性目标；是否能够完成定期计划；还有哪些方面可以改进等。同时，工作计划作为班主任日常管理工作的参照，可以督促班主任努力工作，不管遇到什么困难，也要完成工作目标。

(五)有助于提升班主任自身素质

每一次制订班级日常管理工作计划的过程，都伴随着班主任对以往工作的总结，对当前状况的分析以及对未来工作的预测；伴随着对工作对象、工作目标、工作任务以及开展工作的现有条件等的认真分析、审视和规划。因此，制订班级日常管理工作计划，不仅有助于班主任深化对班集体的认识，更有助于提升班主任对班级事务的规划能力。[1]

二、制订班级日常管理工作计划的依据

班主任班级日常管理工作计划的制订不是主观想象，也不是闭门造车，而是必须建立在对客观现实的认识和各种主客观条件的基础之上，包括学校条件、任课教师条件和班主任自身条件等，确保工作计划实施的可行性。

(一)国家和学校的总体要求

班主任在制订班级日常管理工作计划时，要遵循国家和学校对于学生发展的要求，包括党和国家的教育方针、政策和法规，以及上级教育行政部门的指示和要求。不同的学校会有自己明确的任务和计划，这是学校对于国家教育方针政策的进一步内化，也是班主任制订工作计划的直接依据。因此，班主任制订工作计划时必须以这两方面的要求为指导，保证工作计划有正确的方向。

(二)教育和管理理论

班主任工作计划的制订必须是在一定的理论指导下进行，不能自己凭空想象、肆意妄为。为实现教育目标而采取一定的方法和措施是班主任工作计划的重要组成部分，这些方法和措施的制定和实施只有符合教育理论和管理理论以及青少年身心发展的规律，才能使计划合理顺利地实施，才能科学地实现教育目标。班主任应加强教育理论、管理理论、心理学等知识的学习，按照教育和管理规律制订班主任工作计划，科学合理地组织开展各种班集体活动。

---

① 李素敏. 新时期班主任工作技能强化训练[M]. 北京：中国林业出版社，2011：40.

(三)学生的实际情况

学生的实际情况包括健康水平、学业成绩、兴趣爱好、性格特征、生活习惯、成长经历、家庭情况及社会生活环境等。班主任要深入了解每一个学生，在了解学生个人情况的基础上，进行全面分析，把握班集体的轮廓。只有在此基础上，制订的工作计划才能符合学生的实际情况，才能具有针对性和可行性，从而更好地促进班级学生的发展。由于学生是在不断变化发展的，班主任还应不断掌握新情况，研究新问题，以便全面深入地了解学生，防止教育工作计划存在盲目性和片面性。[①]

三、制订班级日常管理工作计划的原则

(一)目标性原则

班主任制订班级日常管理工作计划，首先要确定目标。班主任工作计划的总体目标应符合新时期国家对人才培养的要求，习近平总书记指出："青年一代有理想、有本领、有担当，国家就有前途，民族就有希望。"我们要培养有理想、有本领、有担当的社会主义建设者和接班人，为中华民族的伟大复兴而奋斗。在总的教育方针目标的指引下，工作计划就有了时代感和方向性，其他一系列计划就能做到有目的和有层次。

(二)整体性原则

班主任班级日常管理工作计划是学校整体工作计划的一部分，它首先必须与学校的工作计划保持大方向上的一致，然后再根据班级的具体情况进行适宜的变通和调整，这样才能使学校教育有整体性和连贯性。

(三)群众性原则

班主任班级日常管理工作计划的制订不是班主任一个人的事，而是关系到全体师生。班主任工作计划的设想、目标的确定、措施的制定都必须走群众路线，整个工作计划制订过程应广泛征求校领导、任课老师、学生及其家长的意见，集思广益，群策群力。

(四)稳定性和灵活性原则

班级日常管理工作要想井然有序、班集体要想稳定团结，班级日常管理工作计划的连续性和稳定性是其保证。班级工作中客观情况的偶发性要求工作计划要具有灵活性，以便灵活调整工作计划适应新情况。

(五)超前性和现实性原则

班级日常管理工作计划的制订必须带有超前性，能勾画出理想的发展前景，而理想必须建立在现实的基础上，根据现实情况制订计划。因此，班级工作计划只有将超前性与现实性紧密结合，才能使工作计划具有长效的适用性，保证实施可行性。[②]

---

① 许高厚，郑维新，王新凤，等. 初中班主任[M]. 北京：北京师范大学出版社，1997：68.

② 李素敏. 新时期班主任工作技能强化训练[M]. 北京：中国林业出版社，2011：43.

阅读链接 4-1

状元班班主任工作职责

(1) 负责组织一个班集体。全面贯彻教育方针，根据学校及少先队的具体要求，全面开展本班的教育工作，使学生全面和谐发展。

(2) 培养优良班集体，树立优良班风，形成团结友爱、勤奋好学、文明守纪、健康和谐的良好风气。

(3) 关心学生各科的学习，与任课教师取得密切联系，支持任课教师的教学工作。指导学生学习态度及学习方法，协调学生学习活动，控制本班学生学习负担量。

(4) 积极组织学生参加学校开展的各项教育活动，使学生在活动中受到教育。指导学生参加课外兴趣小组活动，了解其活动情况。与辅导老师联系，帮助学生解决活动中遇到的问题。

(5) 组织学生认真参加体育锻炼，做好两操，积极参加体育达标活动。教育学生爱清洁、讲卫生。负责组织本班学生做好教室和环境卫生，保持良好的个人卫生。采取措施，保护学生的视力。

(6) 有目的、有计划地做好家访工作，通过多种形式与家长保持密切联系，指导家庭教育。

(7) 组织学生活动，注意安全教育，避免事故的发生。

(8) 做好日常班务工作。如完成班队计划、总结，组织学生思想品德自我考核，安排值日生，开晨会、班队会，组织放学，处理偶发事件，组织学生集体及个人的评比表彰，收费，填报学籍卡、成绩单，建立宣传阵地，保管本班公物财产等。

(资料来源：王守恒，但柳松. 班主任班级管理实务[M]. 芜湖：安徽师范大学出版社，2013：102-103.)

四、班级日常管理工作计划制订

班主任日常管理工作计划要求班主任对班级在整体上进行策划和管理。因此，班主任日常管理工作计划根据管理的时间线索来分可以划分为：学期初的工作，学期中的工作，学期末的工作。学期初，班主任要根据学校的学期工作要求，写好班级的工作计划、了解班级学生现状、制定班级公约、指导学生做好个人计划和班委会的维持与变更等工作；学期中，班主任要进行班级的日常管理工作；学期末，班主任要认真写好班级工作总结，完成三好学生的评定工作，写好学生操行评语，组织假期活动和做好班级财务工作等。[1]

班级日常管理工作计划制订.mp4

(一)学期初的工作

每个学期的开始是班主任制订班级管理计划的开端，制订周密的学期初工作计划是班主任能力的体现，也是对其能力的考验。班级工作计划的制订必须目标明确，表述清晰，切忌说大话、空话。

[1] 王守恒，但柳松. 班主任班级管理实务[M]. 芜湖：安徽师范大学出版社，2013：105.

1. 全面了解学生现状

新建立或者新接手的班级，班主任必须对全体学生的档案进行整理阅读，确认每位同学的家庭联系方式以及家庭情况，对每位学生的性格、特长和成绩有初步的了解。对于已经管理多年的班级，班主任要重新确认学生的联系方式变化情况以及家庭现状，对学生可能会出现的问题及时进行分析。

🔖 阅读链接 4-2

新班主任开学前准备

班主任拨通电话后，首先自报家门，表达自己的诚意，可以简单地问问孩子的情况，如性格、爱好、特长等，最后表示感谢与愿望。在电话中，语速不要过快，过快会给家长一种慌慌张张的印象。

学校在新生入学登记时，常常会请家长填写一张内容详细的学籍卡，上面的许多信息会帮助你了解学生。可以从学籍室或者家长服务中心借取相关资料阅读，同时记下学生的特殊情况，例如单亲家庭、留守儿童等，以便日后给予关照。

[附：电话内容举例]

您好，请问是××同学的家长吗？家长，您好，很高兴和您电话沟通。我是×××老师，是您孩子新学年的班主任。非常有缘我们将陪孩子一起开启新的学习生活。您的孩子平时有什么爱好和特长？……感谢您详细的介绍，我将随时协同您解决在孩子教育过程中遇到的问题。咱们开学见！

如果中途接班，一定要想办法和原班主任进行一次深入访谈，而且应该是促膝长谈。因为每位认真的班主任都会对自己的学生了如指掌，性格急躁或温文尔雅，多才多艺或闷不作声，甚至每个孩子的家庭情况，"老班"都已烂熟于心。唯独要提醒的是，许多"老班"在介绍学生情况的同时，也难免会传递一些令人不安的信息，如哪个孩子特别讨厌，难以管教，不要因此给孩子贴标签，更不必因这些印象毁掉想在你面前精彩亮相的孩子。

(资料来源：熊华生. 做一个老练的新班主任[M]. 北京：中国人民大学出版社，2007：2.)

2. 制定班级公约

对于新建立的班级，班主任要指导学生制定班级公约，对于已经存在班级公约的班级，班主任要在学期初带领学生回顾以及修改其中陈旧不合时宜的条款，增加新条款，与时俱进，让学生充分参与，体现班级主人翁地位。

🔖 阅读链接 4-3

远航班班级公约

勤奋好学争分秒，贵在自觉效率高。
铃声一响教室静，专心听讲勤思考。
课间休息讲文明，教室整洁要做到。

互帮互学又互助，友好相处懂礼貌。

班级公约牢记心，行为习惯常对照。

德智体美劳全发展，争创先进我自豪。

(资料来源：刘成伦. 一线优秀班主任成长秘诀[M]. 北京：北京时代华文书局，2016：106.)

3. 指导学生做好个人计划

个人计划对于每一位学生来说都有着重要意义，在班主任确立的目标指导下，学生必须做好自己的个人计划。个人计划制订要目标明确，计划详细，踏实可行，不可有不切实际的言辞和意愿。

4. 班委会的维持与变更

学期初，班主任要做好班委会的维持与变更，对上学期做得好、有贡献的班委会成员进行嘉奖；对做的不完善、同学意见较大的班委会成员应采取鼓励为主、言教为辅的方式予以指导；对于办事不力、做事乖张的班委会成员，应做好推举新成员来替换的准备。

(二)学期中的工作

学期中的工作，主要是指各项具体活动的执行计划，是开展每一项教育活动而制订的具体计划。例如：组织主题班会(见表 4-1 所示)，开展一次文体活动等，这些计划要十分具体，各种准备工作都应作详细的考虑，这样开展工作才会做到胸有成竹、有条不紊。制订计划要注意征求任课教师、班干部和学生的意见。计划制订好交给学校领导批准后要认真执行，如果客观情况发生了变化则应及时作出相应的修改和调整。除此之外，还应随时检查计划的执行情况，计划执行完后，还要做认真的总结。[①]

阅读链接 4-4

表 4-1 九月班会主题

九月班会主题	第一周	"我的快乐暑假生活"展示会
	第二周	"今天我做主，老师您休息"教师节互换角色活动
	第三周	制作主题手工墙报(第一学月)
	第四周	"我爱你，中国"主题班会

(资料来源：熊华生. 做一个老练的新班主任[M]. 北京：中国人民大学出版社，2007：5.)

(三)学期末的工作

学期末是一个学期工作的完成与总结阶段，而总结性的工作往往特别烦琐细致，因此，做好学期末工作与学期初的工作同样重要。它主要包括下述几点。

[①] 李素敏. 新时期班主任工作技能强化训练[M]. 北京：中国林业出版社，2011：45.

1. 班主任工作小结

班主任的工作小结是班主任每学期结束时必须做好的一项工作，包括整理本学期的工作成果，总结本学期的经验，分析存在的问题，查看学期初的班级工作计划是否得以实施等，这些该留档记录的资料要注意保存好。

🐾 阅读链接 4-5

八(1)班 班主任工作总结

现在学校教育教学工作接近尾声，我感慨岁月匆匆，回想这一学期以来开展的各项工作。班主任工作是复杂的、细致的，下面我谈谈我的工作经验。

一、分析班情，制定目标

进入八年级下学期，只有对学生们的基本情况进一步了解，并作一个初步的分析，才能有的放矢、因材施教。我对八年级一班情况分析如下。

(1) 学生学习基础相对较差，有2/3的学生没有养成良好的学习习惯。也有部分学生，上课总是讲话、捣乱、不写作业等，他们的学习习惯有待进一步培养。

(2) 整个班集体比较活跃，班干部队伍有明显的号召力。

(3) 具有表现欲望的学生不是很多，很多学生的性格较为内向。

(4) 动手能力不强，不积极参加劳动，有的学生甚至斤斤计较。

根据以上情况，我制定了本学期的总目标：继续培养学生养成良好的日常生活习惯、学习习惯；掌握正确的学习方法；形成积极向上的班级整体风貌；促进学生的个性发展。

二、营造氛围，促进班风建设

狠抓日常行为规范和养成教育，做到"抓反复、反复抓"。我一开学就组织学生重新学习《中小学生日常行为规范》，在此基础上，制定出切实可行、绝大部分学生都能遵守的《八年级一班班级量化考核管理办法》，尽可能贴近学生的生活。所出台的惩罚条例更人性化，更容易为学生所接受。比如要求违反课堂纪律的学生写说明书和批评扣分，让违者明白做错事要付出代价。严格落实《中小学生日常行为规范》的要求，特别是学习态度、身心健康、生活习惯、规则意识、个人品德等方面。

三、任用人才，放手管理

开学初期，我结合本班学生在过去一年的表现，通过各种渠道了解他们成长变化的详细情况，本着用人唯贤的原则，选出得力班干部，组成班委。李君龙同学原是我班的双科差生，但是他具有很强的组织能力和领导能力，这学期我大胆任用他当班长，专管纪律。果然，他一上任，就积极发挥才能，把调皮捣蛋的学生管理得服服帖帖。一个班的管理是否好，关键还要看班干部的素质。我本着"用人不疑，疑人不用"的原则，选好班干部，安排好职务，下放权力，大胆地放手让他们去管理班级，效果不错。

四、因材施教，关心后进

考核评价学生不能一刀切，要承认个体差异，给予多元化的评价，公平地评价学生，激励他们进步。后进生的改变，更渗透了班主任的心血。本班后进生比较多。我一开始就制定好后进生的花名册。通过各方面了解他们的详细情况，从他们感兴趣的事情或话题入手，与他们交流，渐渐地打开他们的心扉，会诊"顽疾"，对症下药，药到病除。不得不承认，每一个学生，包括后进生都有他们的闪光点。经过努力，有号召力的李君龙担任了班长，学习差又内向的蔡永医在班级篮球赛上表现优异，自卑的刘刚在小型运动会上获得跳远冠军。八年级一班在多次集体活动中团结一心，获得了第一。

本学期我们班虽然有了很大进步，但仍然存在许多不足，如学习成绩还不能令人满意、个别同学纪律差等。但是我相信我自己，也相信我的学生们，下学期我们会更努力，我们一定会不断进步。

(资料来源：李素敏. 新时期班主任工作技能强化训练[M]. 北京：中国林业出版社，2011: 48-49.)

2. 学生评比工作

每到学期末，班主任都会组织进行班级"三好"学生、优秀学生干部、文明班级等先进个人与先进集体的评比工作，让学生在评选过程中充分体会竞争的教育作用。

3. 档案袋的填写工作

对每位学生进行分析并做好学期末的个人成绩、评语的填写工作。

4. 班级财务工作

在学期末，班主任要清算班级在一个学期内各项费用的收支，并及时向全班公布结算结果。有条件的班级也可以让学生来帮助处理清算工作，使学生认识到公平、公正、公开的重要性。

第二节 班主任日常工作的实施

一个班级的正常运作，离不开班主任对班级的日常管理。班级的日常管理是班主任的工作重点之一，但班级日常管理工作比较繁杂，常规的班级日常管理涉及教学、生活、思想等方面，非常规的班级管理主要是指偶发事件的处理。如何管理好一个班级，让学生在其中认真学习、快乐成长，是班主任的首要任务。班级日常管理的实施不但是班主任日常的工作、任务，更是职业生涯中需要持续不断完成的使命。

一、教学常规管理

教学是以课程内容为中介的师生双方教和学的共同活动，是学校工作的中心任务。通过教学，教师把人类长期积累的科学文化知识传授给学生，使他们迅速成长为德智体美劳全面发展的人才。教学常规管理是指在日常教学活动中必须遵守的行为规范，教学常规管理的内容主要有建立教学正常秩序、班级制度和纪律管理、教学活动的合理安排、班级活动管理四个方面。

(一)建立教学正常秩序

建立稳定正常的教学秩序，是提高教育质量的重要环节，是班级日常管理的重要内容。

班主任对建立一种稳定、和谐的教学秩序负有主要责任。因此，班主任应该加强班级教学管理，为学生营造一个好的学习环境。建立正常的教学秩序，主要体现在制订学习计划、做好课前预习和准备、保证良好的课堂秩序、指导学生课后复习和完成教师布置的作业等几个方面。

1. 制订学习计划

班主任要根据学生的实际情况制订学习计划。对于接受能力较强的学生，要侧重帮助其总结并自觉运用学习方法，指导其通过教学之外的多种途径去学习；对于虽然学习态度认真，但方法不得要领的学生，应主要解决学习方法问题；对于智力较差，学习基础又不好的学生，应主要解决其兴趣、自信心和具体方法问题；对条件好的学生要激励他们珍惜优越条件，对条件差的学生要鼓励他们克服困难前进。同时，要注意学习计划适中、得当，不能好高骛远，超出学生的水平。

2. 做好课前预习和准备

"凡事预则立，不预则废"，课前预习是上好一节课的开始，班主任要向学生强调预习的重要性，鼓励学生做好预习笔记，教会学生预习的方法，要求学生根据自己的实际情况进行预习，如果是数学学科较薄弱，那么要花更多的时间在数学上。在预习时，一旦发现疑难，做好笔记，从而可以在课堂内提出问题重点解决。课前要做好准备，包括思想准备、物质准备和生理准备：预备铃响之后，要调整心态，做好上课准备；收拾好课桌，准备好书写工具、书本、笔记本等，除了与本节课有关的物品外，其他都应放进抽屉；解决好个人生理问题，提前上好厕所。

3. 保证良好的课堂秩序

课堂是进行教学的主要场所，良好的课堂秩序是保证教学正常进行的前提条件。通常课堂的良好秩序包括：上课坐姿端正，课上专心听讲，不随意走动；遇到问题应举手向老师示意，未得到许可前不得发出噪声；上课非讨论时间，不交头接耳、东张西望，按照老师指示行动；积极思考，主动地回答老师提出的问题，也要有发问意识，举手提出自己的疑问；小组合作讨论时，不谈闲话，围绕主题进行讨论，努力吸取别人的优点，弥补自己的不足；认真做好课堂笔记，课堂笔记应记录三点，即重点(重点知识、重要方法)、难点、疑点(疑惑之处、易错之处)，多记模型、思维方法，少记题目。

4. 指导学生课后复习

学生每天要接受很多新知识，而有的知识无法及时消化。因此，课后及时复习便显得十分重要。复习不是一味地做习题，而是需要根据每门学科的特点进行有针对性的复习。首先，复习时要依据课本，对基础知识进行复习，不能一味地钻入各种复习资料中，要发现自己还有哪些基础问题没有解决、哪些概念比较模糊、哪些规律的应用方法没有掌握，以便在老师讲解时重点突破。其次，复习是通过对知识，对解决问题的方法进行归纳整理，从而将知识系统化。再次，复习必须及时，要有计划地不间断复习，每天都应把当天所学的东西复习一遍，每周再做总结，一单元学完后再进行总复习。最后，对记忆性知识的复习，每一次的用时不需多，但是反复的次数要多，课后必须有小结归纳，抓住应掌握的重点和关键，对比理解易混淆的概念。

5. 完成教师布置的作业

完成教师布置的作业是学生学习的最后一个环节，对学生的学习具有十分重要的作用。班主任也要对学生的课后作业进行管理和指导。首先，作业要按时完成，并及时上交给课代表；其次，作业要字体端正，纸面清洁；再次，学会先复习后完成作业，先审题再解答的技巧，写作业时做到独立、耐心；最后，当遇到不会写的作业时，不要轻易放弃，可以通过询问教师、家长或同学寻求答案，直到自己清楚明白为止。还要养成题后总结反思的习惯，将不同的习题加以比较、归纳，找出同类问题的解题方法。当教师批改完的作业返还时，注意查看教师批语并正确对待，然后进行订正和反思总结。

📖 阅读链接 4-6

班主任对课后作业完成情况的管理

分析原因。

(1) 不会做。

(2) 忘记做。

(3) 不知道这一课有作业。

(4) 忘在家里。

其中，第四种情况是最多的，但往往是中间两种情况的推托。

落实做法：在班上指定小先生，公布他们的联系方式，如有不会做的题可请小先生帮忙。对学业有困难的同学，让他们自己选同桌，组成"一帮一"小组。请同桌帮助他学习，包括提醒他做作业。对于忘了带作业的同学，班主任晚上亲自打电话提醒他第二天记得带作业。通过这些方法，帮助学生逐渐养成按时交作业的好习惯。

(资料来源：湛启标，王晔. 班级管理与班主任工作[M]. 福州：福建教育出版社，2007：108.)

(二)班级制度和纪律管理

"没有规矩不成方圆"，制定明确的班级制度和纪律要求是班级日常管理的重要内容，班主任对建立班规班约具有指导作用。班主任要为学生营造一种宽松、和谐的学习环境，这种环境需要强有力的纪律来做保证，并对维持良好的班级纪律起监督作用。在教学常规管理方面，班级的管理制度和纪律要求，重点包括请假制度、考勤制度、自习纪律、考试纪律。

1. 请假制度

《中小学生守则》中明确规定，"按时上学，不随便缺课"，这是中小学生的基本行为准则，也是维护学校正常教学，建立良好校风、班风的必备条件。任何计划的实施，都需要有一定的准则来约束，班主任应明确请假制度。关于学生请假制度的执行，必须注意下述几点。

(1) 请假应事先办好请假手续。学生因病、因事必须请假者，必须写好请假条，写明请假时间和请假事由，并且请假条应带有家长或医疗单位证明。

(2) 请假条的审批。按请假的时间长短分别交由班主任、教导主任、校长或学校规定的相关部门审批，一般一天以内由班主任审批；一天以上三天以内由教导主任审批；三天以上由校长审批。

(3) 因故不能事先请假者，必须事后说明情况，再按程序补请假条，否则按无故旷课处理。

(4) 对全勤的同学要给予表扬，对无故迟到、旷课者要给予批评教育或纪律处分，具体的处分方法及轻重程度，可根据国家教育部及学校制定的条例进行。[①]

2. 考勤制度

《中小学生守则》规定，学生要"按时到校，不迟到，不早退，不无故旷课"，班主任要严格考勤制度，加强对学生日常出勤情况的管理与统计，做好各科教学课的考勤。这是加强班级管理、督促学生自觉遵守纪律的重要措施。一天之内的考勤用学生点名册，一周考勤用学生考勤统计表。

考勤可分为全勤、病假、事假、旷课、迟到、早退等。每次上课前的考勤应由任课教师或班干部负责；自习课，早、晚自习的考勤由班长或其他班干部负责；广播(课间)操、课外体育活动由体育委员或体育锻炼小组负责。每周由班长将出勤情况汇总交班主任或教导处，然后由班主任或教导处公布相应的处分决定。一个学期结束时，要对每个学生全学期的考勤情况进行统计，并将其填写在学生学籍卡和成绩报告单上。

值得注意的是，考勤不是目的，只是监督教学出勤情况的一种手段。班主任应及时掌握全体同学的出勤情况，分析学生迟到旷课的原因，并针对具体原因进行教育，防止学生不良行为的发生。

阅读链接 4-7

新街镇中学生考勤和请假制度

(一)考勤规定

学生考勤工作由值周老师、值周班勤学岗、所在班班主任和班长组成。考勤内容分为迟到、早退、事假、病假、旷课五项。每天由勤学岗同学在早读或午休铃响后到各班检查出勤情况。各班班主任或班长应如实告之出勤情况并在记录表上签名。每天由岗长汇总各班的考勤结果报值周老师。

(二)迟到规定

早读铃响后到校或午休铃响后到校属于迟到，由勤学岗和班长负责记录，迟到者需在勤学岗记录表上签名。住校生在晚自修铃响后到教室属于迟到，由班长记录。是否迟到均以铃响时有无进教室门为准。如因搞卫生或交作业等原因未在教室，由班长如实报告检查者。

(三)早退规定

上午第四节下课前离校或提前去食堂吃中午饭属早退，下午第四节课下课前离校属于

---

① 王鹰. 班主任工作技能训练[M]. 北京：人民教育出版社，2001：109.

早退。住校生在上午、下午第四节课下课前去寝室均属于早退。早退由班长负责记录。

(四)请假程序

因病因事不能来校上学或不能到教室上课的，须凭家长签名的请假条请假。一天内向班主任请假，三天内向班主任和年级组长请假。一周内向班主任、年级组长和政教处请假。超过一周的向班主任、年级组长、政教处和校长室请假。因特殊原因事先来不及或不能当面请假的，必须电话请假或在一天内补假。请(补)假条需经相关教师签名后交班长保管并记录。

(五)请假原因

经常迟到、早退的，必须向班主任说明原因。无特殊原因的，一周内迟到或早退共计四次及以上由政教处予以公开点名批评，一月内迟到或早退共计十次以上予以警告处分。

(六)请假处理

没有办理请假手续(事后又不及时补假)的，或者请假条上冒充家长签字的，或者相关教师没有准假的，擅自不来校上课的按旷课论处。旷课半天(或一周内旷课 1~4 节)的将公开点名批评；旷课半天以上一天以内(或一周内旷课 5~8 节)的，给予警告处分；旷课一天以上一周以内(或一周内旷课 8 节以上)的，给予严重警告处分；一学期内连续旷课一周以上(或旷课共计超过 5 天，或旷课共计超过 40 节)的视情节予以记过及以上处分。因病或因事连续请假一个月以上的，按教育局有关规定处理，可建议休学。

(七)请假管理

各班班长应及时如实地将学生出勤情况记录在教室日志和点名册上，每周五放学前将出勤情况汇总后填入出勤周报表，将点名册和出勤周报表附有关请假条一并交政教处。

(八)考勤评比

各班的考勤结果列入"四项红旗竞赛"勤学项目。由值周教师和政教处负责统计汇总。如班长在周五放学前未及时将出勤周报表等交政教处。则取消该班勤学红旗评比资格。考勤工作应认真严格地按规定操作，如实地反映出勤情况。如在考勤工作中差错严重或者弄虚作假，将对有关班级和个人予以批评。性质特别严重或者造成不良后果的，将予以必要的纪律处分。

(资料来源：李素敏. 新时期班主任工作技能强化训练[M]. 北京：中国林业出版社，2011: 58-59.)

3. 自习纪律

自习课是学生自主进行预习、复习和完成作业的课，一般有早自习、晚自习(对于住宿制学校)和平时的自习课。这是学生培养和提高自主学习能力的重要时机。自习课一般由学生自行安排，必要时教师也会在自习课上给予学生辅导。

首先，自习课必须保持安静，即使没有教师在场，学生也不能大声喧哗或随意走动。安静的学习环境对学生的学习至关重要。其次，自习课应该有具体负责纪律管理的同学，为了不打扰别人的学习，最好是每小组一个小负责人，并由班长或纪律委员负总责。再次，对学生进行一些学法指导，让学生明确自习课可以做哪些事，除了预习、复习和完成任课教师布置的任务外，还可以自主阅读、进行反思总结，在教师在场的情况下，有不懂的还可以请教师进行辅导。学生应该充分利用好自习课这宝贵又自主的时间来提升自己。

4. 考试纪律

考试是对教师的教和学生的学习效果比较客观的反映，是教师检验自己的教学效果、促进学生全面发展的有效手段。考试作为教学的有效补充和延伸，考试的纪律历来受到相关部门和教师以及学生的重视。因此，班主任要注重班级的考试纪律管理，严格考试纪律，对于营造良好班风和提高学生素质都有积极影响。考试纪律的一般要求如下所述。

(1) 学生要提前 10 分钟进入考场，按指定位置入座，安静地等待考试。

(2) 学生进入考场只能携带规定的文具用品，随带的书籍和有关的学习材料统一集中放在指定位置。

(3) 考试中不准交头接耳、左顾右盼、打手势、做暗号；不准夹带、偷看、抄袭或有意让他人抄袭；不准将答卷带出考场。

(4) 考试结束铃响，立即停止答卷，交卷后有秩序地退出考场；不准乘交卷之机相互交流、涂改；不准将答卷带出考场。

(5) 考试中如有作弊行为，该学科考试成绩作零分，品德评分降一级，必须作出书面检查，并视情节轻重和认错态度给予警告以上纪律处分。

只有严格考试纪律，才能充分发挥考试用以检查教与学效果的作用，准确地了解、评定学生掌握知识、能力的程度和水平。平时进行各科测试或随堂练习，纪律要求也一样。无论是学校举行的阶段、期中、期末考试，还是省市、国家举行的升学考试，都强调学生要遵守考试纪律，不得用任何方式、手段作弊。因此，班主任必须加强考试管理，严明考试纪律，维护考试的严肃性。倘若班级中出现作弊的学生，应当及时分析学生考试作弊的心理动机，采取有针对性的教育措施。

首先，要加强对学生的学习目的性、学习态度的教育，强调考试的意义、目的；淡化分数观念，纠正纯粹以分数衡量教学质量高低、决定奖罚的不正确做法；同时，教育学生懂得分数不是一切，学习最终不是为了考试，而是要学会学习，掌握学习方法，只有会学习，能创造，才能终身受益。

其次，培养正确的是非观，杜绝作弊行为。学生作弊是因为认知失调、是非不清而造成的，这就要引导其认清所谓的"哥们义气"和"姐妹情谊"，这些不是真正的友谊，作弊更是不光彩的弄虚作假行为，从而帮助其自觉地纠正作弊行为。[①]

(三)教学活动的合理安排

教学活动的合理安排是促进教师教学有序进行的重要环节，是提高教学质量的重要措施之一，班主任作为班级的组织者和领导者，必须协同学校与教师来营造更好的学习环境，对学生的教学进行合理的安排。

1. 合理安排授课时间

每门课程都有其特点，班主任要根据课程特点和学校制定课程时间的部门进行协商，

---

① 李素敏. 新时期班主任工作技能强化训练[M]. 北京：中国林业出版社，2011：41.

争取将课程安排在合适的时间内。比如语文课需要发挥学生的感性思考，需要情感丰富、细腻，因此，语文课最好不要安排在下午第一节课，因为这时候的学生刚午休睡醒，还处于比较迷糊的状态，对课程的接受程度比较低；而且，不宜长时间上同一门课，各个学科的性质和上课方式不同，可以有效地利用它们之间的互补性，比如，语文课、数学课交叉安排，充分调动学生的左右脑。

2. 给任课教师提供协助

班主任平时与学生接触的时间最多，对学生的学习状况比较了解，因此，班主任需要给任课教师提供必要的帮助。首先，协助授课教师一起制订教学计划，教学计划应该从学生的实际出发，根据学生的学习水平与学习状态来制订。其次，协调任课教师之间的时间，当有些教师因临时有事不能按时上课时，班主任要做好协商、调配工作，确保学生的正常上课。最后，协助任课教师做好考试安排，每门学科都需要有适时、适量的考试，遇上大型考试，班主任要及时告知任课教师。

3. 教会学生劳逸结合

学生在校学习是非常紧张的，尤其是面临升学考试的学生。因此，班主任在日常的教学管理中还要注意让学生劳逸结合。一味地投入学习而不放松并不能提高学习成绩，学习要讲究方法，学习一段时间之后要让大脑放松，有的学生非常努力，但是成绩不好，这可能和他的学习方法和学习效率有关。好的学习方法会让学习效率大大提高，不好的学习方法则会起到相反的作用。[①]

(四)班级活动管理

班级活动主要是在班主任组织领导下，由学生自己组织的为实现班级教育目标而举行的各种教育活动，它在青少年全面发展的教育中起着非常重要的作用。班主任在班级活动的管理中起引导作用，主要表现在以下几个方面。

1. 引导教育式的组织

班级活动的组织与领导区别于课堂教学，班级活动更多地体现学生的主动性。对于校内的一些活动，虽然以学生自己活动为主，但班主任对学生也必须进行适当的指导和辅导。首先，尊重学生的主动性、独立性和创造性，遵循学生自愿的原则。其次，要教育引导学生努力学好功课，打好基础，以免影响基础知识的学习和掌握。最后，指导和总结，不断改进和完善活动的内容形式和方法，吸引更多的学生参加到有关活动中去，提高各种教育活动的教育效果。

2. 丰富全面的内容

班级活动的内容要全面而丰富，主要应包括德智体美劳五个方面。德育可以通过日常班会等来对学生进行价值观的熏陶，或者从身边的小事入手，让学生接受心灵的洗涤；智育可以通过组织各种知识竞赛、演讲和辩论赛等文化活动；体育可以组织学生进行体育锻炼，强身健体；美育则可以通过组织学生参观美术馆、艺术馆，欣赏歌话剧表演等校外活

---

① 王守恒，但柳松. 班主任班级管理实务[M]. 芜湖：安徽师范大学出版社，2013：112.

动；劳动教育班主任主要通过讲座、班会、劳动实践课等培养学生的劳动精神。作为班主任，还应具有组织和指导中小学生参加课外活动、社会实践以及校内外其他集体活动的技能。

3. 灵活多样的设计

班级活动是一种有计划、有目的、有组织的教育活动。班主任在设计一项班级活动时，应选择恰当的活动课题；明确活动目的；根据班级学生的特点、知识水平、学校总体安排及教学日历等确定时间、地点和人员构成；活动的内容要精简、突出主题，要明确活动的形式是集体活动、小组活动还是个人活动，确定活动的人数和组织领导；须对开展活动的场地、所用器材及工具设备作周密考虑，以确保活动的顺利进行；活动结束后，还要有相应的评价与总结。

二、日常生活管理

学生的日常生活是学习的前提和保障，班主任应加强对学生日常生活的关注，制定相应的日常生活管理制度，让学生的日常生活有章可循，学生的日常生活主要包括衣、食、住、活动四个方面。

(一)规范学生的仪容仪表

仪容仪表能体现一个人的气质，对学生的仪容仪表进行管理有助于培养学生正确的审美观念，提升学生自身修养，有助于消除学生中相互攀比的不良习气。学校的校服是学生身份和集体精神的双重表达，规范着装是学生健康形象的必备条件。

首先，面部保持整洁自然。女生不化妆，男生不留胡须；发型符合学生身份，男生不留长发，男女生不烫发、不染发，不留怪异发型，不剃光头；男女生不佩戴首饰，如戒指、手链、脚链、耳环、十字架等饰物。

其次，服装整洁，朴素大方。提倡穿校服，禁止穿紧身衣、透明装、无袖衫、超短裙、露脐装，不得披挂衣服，禁止穿高跟鞋、拖鞋和其他怪异的鞋等。学生参加活动时，穿着统一服装，如校服或运动服；体育课要穿运动鞋，男生在操场内运动时，不得袒胸露背。

(二)学生宿舍的管理

学生宿舍管理是班主任日常管理的一项重要工作，特别是一些寄宿学校，学生宿舍管理是一个重点和难点。通用的学生宿舍管理规则有下述几个方面。

1. 宿舍公物管理

爱护宿舍的一切公物，不得随意搬动公共设备，如有损坏或丢失，应予以赔偿。

2. 宿舍卫生管理

保持室内卫生整洁，生活用品存放要整齐，生活区要建立轮流值日制度。

3. 宿舍就寝管理

凡住宿同学，都应在指定的房间、铺位就寝，未经班主任允许，任何人不得随意调换床位或宿舍。严格遵守作息制度，不准在室内开夜车学习或游戏、谈话等，以免影响他人休息。

4. 宿舍安全管理

宿舍区内外不准存放易燃、易爆、有毒等物品；严禁私接学校配备之外的电器；严禁在宿舍内从事剧烈的体育活动；严禁在室内停放自行车；严禁在室内私养宠物；禁止亲友来访时私自留宿于宿舍内；外出时一定要熄灯、关窗、锁门。

5. 宿舍监督检查

每个宿舍房间内设室长一人或几人，由本寝室学生选出，负责本室的日常管理工作和监督检查工作。班主任可发动学生制定宿舍文明公约，开展文明宿舍评比活动，以促进宿舍管理工作及学生道德品质的形成。①

阅读链接 4-8

某学校宿舍管理条例

(1) 凡需住宿学生经学校批准后按指定宿舍、床位住宿。住宿生在校住宿期间必须严格遵守学校的宿舍卫生制度和纪律要求。

(2) 住宿生不得留宿他处。学校统一放假时方可回家，并于规定返校日的时间内到校。

(3) 住宿生不得擅自留宿他人，如发现留宿他人者，将严肃处理。家长探望必须到管理人员处登记，并在会客室会见，不得擅自进入学生宿舍。

(4) 住宿生在上课、自习、做操及集体活动期间不准在宿舍内逗留、睡觉。

(5) 主动搞好寝室卫生，每天起床后值日生要打扫宿舍内卫生，人人整理内务，保持室内外整洁，走廊上不得乱放、乱挂物品，不乱倒污水。

(6) 爱护公共财物。室内不准乱拉铁丝或尼龙绳，墙上不准乱贴、乱涂、乱挂，宿舍门锁不得擅自换配，寝室内物具不得随意搬离。

(7) 注意安全，严防事故发生，不准私自安装高支灯泡。提高警惕。人人重视并积极做好宿舍的安全保卫工作，离开时关窗、锁门。宿舍定时上锁。落锁期间，不准采用任何形式非法入内，有事可向德育处及总务处报告。

(8) 住宿同学之间要团结友爱、互相帮助、互相关心。

(9) 严禁在宿舍吸烟、喝酒、赌博、看不健康书籍、使用电器烧煮食物等。一经发现按学校有关规定予以严肃处罚。发现有违纪现象应及时向班主任、教导处或校长室等有关部门反映。如学校在处理学生违纪情况时，发现有学生隐瞒实情，没有如实汇报者，学校将给予纪律处分。

(资料来源：李素敏. 新时期班主任工作技能强化训练[M]. 北京：中国林业出版社，2011：62.)

(三)完善学生就餐制度

学生就餐制度主要是针对那些设有学生食堂，为学生提供餐饮服务的学校而言的。学

---

① 王鹰. 班主任工作技能训练[M]. 北京：人民教育出版社，2001：117.

生就餐时应遵守学校后勤部门的管理规定，但作为班主任也不能袖手旁观。班主任通过对学生就餐制度的管理，可使学生养成良好的就餐习惯。

首先，学生要按时就餐，买饭时，按指定地点自觉排队；进入餐厅时，不敲碗筷，不大声喧哗，不拥挤起哄，不随地泼水、吐痰，保持饭堂地面清洁。

其次，就餐时要珍惜粮食，吃剩的饭菜要倒在指定的容器内，不得随意乱倒；注意用餐卫生，饭前要洗手，清洗餐具既要干净又要节约用水。

最后，尊重后厨人员，对伙食如有意见，可向学校有关领导反映，不得与炊事人员发生冲突。

(四)日常活动

学生除了在课堂学习的时间外，其他大部分时间都在进行各种活动。这些活动可分为课后娱乐性活动和课间集会活动。

1. 课后娱乐性活动

学生大多精力充沛，贪玩好动，在青春洋溢的青少年时代，为了缓解学习的烦闷，他们学习、发明了许多课后放松娱乐的游戏和活动，比如在教室内可以进行的各种棋类活动——五子棋、跳棋、围棋，考验注意力的挑小棒等；在室外进行的跳皮筋、跳绳、搭房子、木头人、捉迷藏、丢手绢等。一下课，校园里经常能看见学生玩耍打闹的场景，这是青春活力的表现，但也存在安全隐患，班主任需对学生的课后娱乐活动进行管理，制定出相应的管理条例。

(1) 教室置放了许多桌椅，不应在教室中追逐、打闹和游戏，防止磕碰受伤。

(2) 在校园里不追打嬉闹，防止摔倒受伤；不做"山羊跳"等危险游戏。

(3) 不在楼梯、台阶上玩游戏，要选择平坦的地方，上下楼梯时都要靠右走，放慢速度，不在楼梯上勾肩搭背、嬉笑打闹。

(4) 玩游戏时，要遵守规则，愿赌服输，不耍赖。

(5) 进行剧烈的运动后，比如跳绳、跑步等，不能立即坐下或躺倒，要注意及时散热，更换衣物，以防感冒。

(6) 进行娱乐时，要注意卫生，同时注意娱乐工具的选择，尽量不选择尖锐物品，防止伤害他人。

(7) 游戏时，不能孤立同学，不搞校园霸凌和歧视，大家应该平等地参与游戏。

2. 课间集会活动

集会活动是班级学生经常参与的全校性活动，例如广播体操、国旗下的讲话等，这些活动已成为日常生活的一部分，这种集会是最能体现班级团队精神的活动，班主任要好好进行管理。

(1) 集会前，各班应整理队伍，清点人数，不准无故缺席。

(2) 进场时，要秩序井然，按指定地点和要求迅速整齐地入座。

(3) 开会时，要保持安静，做好笔记，做到不谈笑、不打逗、不瞌睡、不吃东西、不丢纸屑、不看其他书报、不中途离场，禁止任何形式的起哄和喝倒彩。

(4) 散会时，各班应按顺序列队依次出场，不得拥挤。[①]

📖 阅读链接 4-9

陶行知先生对学校"会场"的 14 条规定

我国历来就有学规、学则，用以规范学生的日常行为，著名教育家陶行知先生十分注重发展学生的个性、培养学生的创造意识和能力，但他并未忽视对学生进行日常行为规范的培育。例如，他对"会场"提了十余条规定，认为学生应学习运用民权的基本原则，现摘录如下。

(1) 一切集会，都要迅速、整齐、安静。

(2) 集合预备钟响，立即把坐凳送到会场摆好。

(3) 分队长检查人数后，后来者即算迟到。

(4) 集合时，精神集中，注意口令，口令后即不得说话。

(5) 遇友来，注目点头，无声招呼。

(6) 开会前，休息时，邻座可以低声说话。

(7) 检点仪容。

(8) 轻步进出。

(9) 会未毕，不退；离开会场，必得值日分队长允许。

(10) 不大声咳嗽、随地吐痰、瞌睡。

(11) 端正而坐。

(12) 不看书报。

(13) 有意见发表，先举手，得到主席允许而后发言。

(14) 值日中队长、干事负责布置会场，维持会场秩序。

(资料来源：湛启标，王晞. 班级管理与班主任工作[M]. 福州：福建教育出版社，2007：44.)

三、贯彻落实思想教育

思想教育是学校教育的重要组成部分，也是班主任班级日常管理工作中的重点之一。学校的思想教育是在掌握文化知识的基础上，对学生进行思想上的教育。贯彻落实思想教育主要包括思想教育、政治教育、心理健康教育和道德伦理教育四个方面。

贯彻落实思想教育.mp4

(一)思想教育

学生不仅应学习知识和技能，思想也应受到熏陶。每个人的世界观、人生观、价值观都不一样，班主任应该根据学生的实际情况，采用针对不同情况的教育方法，引导学生树立正确的三观。

[①] 李素敏. 新时期班主任工作技能强化训练[M]. 北京：中国林业出版社，2011：65.

1. 人生观教育

人生观是指对人生的看法，也就是对人存在的价值、存在的意义的思考。其具体表现为：苦乐观、荣辱观、生死观等。是否有正确的人生观不仅关系到学生在学校的成长，还关系到他们未来的发展。影响学生人生观的因素主要是环境，当然也有个人经历、感情、知识水平等因素。青少年时期，因为知识储备不足、个人经历较少、心理不够成熟，学生的人生观、世界观还不够稳定，所以这个时期的教育对他们的影响是巨大的。班主任需要特别重视青少年学生的人生观教育。

2. 社会责任感教育

社会责任感是每个人对待其他人或者其他事的伦理关怀和义务。社会由个体组成，是一个不可分割、相辅相成的整体。怎么样才能让学生正确处理好自身与社会的关系，这是班主任需要思考的问题。为社会服务，社会才会给你带来便利。有的学生社会责任感薄弱，认为自己没有为社会服务的义务，这种思想产生在学生身上是非常危险的。班主任要让学生认识自己在社会中的地位和作用，从而为祖国和社会的发展贡献力量。

3. 理想教育

理想是人们在实践中形成的，有可能实现的对未来社会和自身发展的向往与追求，是世界观、人生观和价值观在奋斗目标上的集中体现。理想需要根据实际情况来确定，过高的理想和过低的理想都不利于学生的发展。有时候"理想"和"梦想"只是一线之隔，过高的理想非常难以实现，一旦实现不了自己的理想，学生就会产生消极情绪，这会对学生的发展产生不利影响。过低的理想非常容易实现，产生不了满足感，同样不利于学生的成长。班主任要扮演好咨询师的角色，积极地去了解学生的心理状态和学生的理想，根据自己的经验帮助学生树立适合他们自己的理想。

(二)政治教育

政治与我们的关系十分密切，但是我们对待政治的态度以及政治信仰并不是生来就有的，它是我们在生活中逐渐产生和形成的。有些学生认为政治离我们十分遥远，似乎不是我们需要关心的事情，其实政治教育在学生接受教育的过程中具有承上启下的作用，占有举足轻重的地位。政治教育是学生能够全面发展的重要前提和保障，班主任在对学生进行政治教育时应该注意下述几点。

1. 厘清政治教育的目的

学校教育要促进学生的全面发展，教师在注重分数的同时，也要加强学生的政治教育。尤其在义务教育阶段，学生的思想具有可塑性，班主任要对其进行适当的社会主义核心价值观教育，让学生更好地了解自己的祖国，激发他们的爱国之情。但由于学生年龄小，思想不成熟，在对他们进行教育的时候，应尽量浅显易懂，结合生活实际和身边事例，让学生对社会目标有清楚的了解，并且认同社会目标，形成积极向上的政治意识。

2. 引导学生遵守法律法规

法治教育的根本是尊重宪法，宪法是我国的根本大法，在做任何事前都要明确是否触犯宪法和其他法律法规。我们要让学生了解宪法，了解我国的基本政策和基本制度，让学生了解什么是权利和义务，作为公民有哪些权利与义务，如何行使和履行等，引导他们从小树立法律意识，保障自身的权利不受侵犯，同时也要积极履行好读书的义务。

3. 帮助学生认清当前政治现状

义务教育阶段的学生理解能力还有待提高，班主任在对学生进行政治教育时要注意学生的特点，要帮助不同阶段的学生对当前的政治现状有大概了解。对于小学生，通常只要求其能知道普遍性的政治问题，例如他是生活在中国，我们是社会主义国家等。青少年学习政治是大有好处的，能够增强学生分辨是非的能力，同时为以后行使公民权利打下坚实的基础。[1]初中阶段的学生要对我国的政治形态、政治特点等基础性问题有所了解，还要养成观看新闻，了解国家大事的习惯，为开拓国际视野打下基础。

(三)心理健康教育

心理健康教育是素质教育的重要组成部分，提高学生心理素质和心理健康水平是素质教育重要的培养目标之一，加强中小学心理健康教育是全面推进素质教育的迫切需要。学生在青少年时期心理健康的表现有下述几点。

(1) 有积极的心态，面对困难不退缩，不产生畏惧情绪，能够积极地面对困难，并且找出战胜困难的方法。

(2) 能坚持正常的学习、锻炼和社会交往，行为举止正常，正确地处理人际关系，与朋友、同学关系良好，对陌生人不产生恐惧感。

(3) 能够正确地认识自己、认识社会、认识学校等，根据自身情况安排自己的生活和学习。

但随着社会经济的发展，社会竞争也越来越激烈，受到各种社会因素和个人因素的影响，学生出现心理问题的概率越来越大，班主任对此应该引起重视，在日常生活中注重对学生进行心理健康教育。

1. 尊重理解学生

教师理解和尊重学生，可以拉近师生之间的距离，调动学生自我改变的积极性。"爱"是打开学生心灵的钥匙，要注重师生之间的平等沟通，让学生"亲其师，信其道"。

2. 建立学生心理档案

根据中小学生生理、心理及学习特点，定期进行心理健康调查，建立学生心理档案，只有这样，才能及时发现问题并及时处理。

3. 开设心理健康讲座

通过中小学心理健康讲座和课程，构建学生心理健康教育立体网络。为学生营造良好的学习环境，以培养学生良好的心理品质为主，辅以矫治个别心理障碍患者。心理辅导教师、班主任应起带头作用，各任课教师及学生家长应加以配合。

---

① 王守恒，但柳松. 班主任班级管理实务[M]. 芜湖：安徽师范大学出版社，2013：115.

4. 开展心理健康活动

心理素质培养应贯穿于各种活动之中。例如小班讲授、大班讲座或出黑板报，学校可探索"个案研究""优点卡""心理自助手册"等校本教育措施的研究和使用，使学生在活动中经受磨炼，进行自我约束和调节。一些公益劳动、冬夏令营活动、社会考察活动、春秋季运动会等都可以培养学生良好的心理素质。只要有利于学生的心理健康，有利于学生的潜能开发，有利于学生的全面发展的活动，都可以尝试。

阅读链接 4-10

她增强了自制力

案例

马某，女，14 岁，安庆市某中学初一(4)班学生。她大胆泼辣，关心集体，情绪稳定，自信心强，不喜与别人计较，但上课不专心，爱讲话，好出头露面，驾驭别人的欲望强，成绩在班上属于中等水平。家长要求较高较严，孩子达不到要求便给予处罚，致使她从小就养成了说谎话的坏毛病。无论上正课还是上自习，她都要管别人，老师课堂提问她很少能答出，上课若无人讲话，她自己就耐不住要讲。她当值日班干时，会肆无忌惮地到同学位置去打闹、逗笑，对老师和同学的批评听不进，经常因此与老师、同学顶撞，爱吹牛，在手册上涂改成绩骗家长高兴。好出风头，为了引起全班同学的注意，她宁可迟到也要等同学们坐好了才进教室。

对策

(1) 启发自我认识。要求别人做到的，自己要做到，否则永远不能服人。

(2) 要求增强自律性。通过操行分评定，使她意识到，自己与一个班干的要求相差甚远。

(3) 设置挫折。根据她承受力较强的性格特征，在第二个学期一开学便民主选举班干，结果如事前预料的一样，她仅得一票，是前任班干唯一落选者。抓住这个机会在班上全面总结了她的工作，肯定成绩后着重指出不足，使她经受挫折的考验。

(4) 家访。希望家长正确对待孩子，并有意让孩子知道教师与家长联系密切，防止其两头欺骗，慢慢纠正她吹牛说谎的坏毛病。

(5) 调整座位。把她的座位调整到最后一排与一位上课认真学习好的同学同坐，减少她与同学讲话的机会。并让她多观察同桌同学是怎样上课学习的，找出自身不足。

经过反复做工作和本人的努力及家长的大力配合，马某的行为特征有了较大的转变，说话办事都能注意影响，上课能专心听讲，举手发言，学习成绩有了较大的进步，与同学的关系也逐步好转，有事能主动与老师交谈。

(资料来源：王芳，唐和英. 优秀班集体的建设与维护[M]. 芜湖：安徽师范大学出版社，2013：194.)

(四)道德伦理教育

道德是人与人、人与社会能够和谐相处的前提，是人们完善自己的基本准则，对社会的发展、国家的未来有重要影响，是学生全面发展的重要组成部分。对青少年进行道德教育，是为了让他们形成良好的道德观念和道德行为，帮助他们认清什么行为是不道德的，什么是不能做的。班主任可以通过道德伦理谈话来对学生进行教育。谈话是班主任通过各种形式对学生说理，使他们明辨是非，解除疑惑，提高认识，保持健康的心理，加强道德修养的教育活动方式。[①]班级管理离不开伦理谈话，它是班主任在班级日常管理中非常重要的一个环节。班主任在伦理谈话中要注意以下几点。

1. 向学生传授正确的思想

学生是从班主任及其他授课教师不断灌输的道理中提高认识、学会明辨是非的，虽然通过其他途径学生也能够学到这些，但是在日常教学中，班主任与学生的关系最亲密，对学生的了解更深，对学生的影响更大。因此，班主任更应该注重向学生灌输正确的思想，让其学会明辨是非。

2. 让学生学会分析问题

学生要学会分析问题，在学校教学中学生接触的大多是书本知识，这对提高学生分析问题能力的作用有限。因此，班主任应该发挥关键作用，通过言传身教让学生在不知不觉中学会分析事物的本领，提高分析事物的能力。

3. 提高学生解决问题的能力

班主任的伦理谈话灵活性很强，需要根据不同学生的实际情况确定谈话内容。在谈话中，班主任要明确指出学生哪里有错误，并帮助学生分析错误产生的原因，使学生在一次次伦理谈话中成长起来，发挥伦理谈话对学生成长的重要作用。

4. 多采用鼓励的方式

伦理谈话不仅作用于发现了学生的问题时，还应该贯穿于学校教学的全过程。班主任找学生谈话并不代表学生出现了错误，当学生表现优异的时候班主任也可以找学生谈话。在这种情况下谈话内容更多的是表扬，当学生在学习中遇到困难的时候，也可以主动找班主任谈话。这样伦理谈话还能够加深班主任与学生之间的感情，使班主任与学生不再局限于师生关系，而是逐渐发展为朋友关系。

四、突发事件

突发事件是指在教育过程中遇到的难预料、出现频率低但必须迅速作出反应的事件。突发事件的主要成因有天灾人祸、外来干扰、人际关系冲突、恶作剧、违法行为、感情障碍、性格异常等。[②]

(一)突发事件的类型

1. 自然灾害类

自然灾害类突发事件一般指暴雨、冰雹、雷击、洪涝、泥石流、山体塌方、台风、海

---

① 白铭欣. 实用班主任学[M]. 南京：江苏教育出版社，2007：365-366.

② 齐学红，袁子意. 新编班主任工作技能训练[M]. 上海：华东师范大学出版社，2007：44.

啸、地震、火灾等。自然灾害的类型多种多样，近年来，我国自然灾害发生的频率有所增加，几乎所有的自然灾害都有发生，给人民的生命财产造成了巨大损失。这就要求班主任平时要增强学生的危机意识，注意对学生进行训练。

📖 阅读链接 4-11

何梅"逆行的乡村教师"

2020 年 7 月 2 日 11 时 11 分，贵州省毕节市赫章县发生 4.5 级地震。赫章县城关镇中心幼儿园大二班在 17 秒内 32 名孩子安全撤离教室，1 分钟内完成全部躲避和撤离工作，孩子们在大灾来临时安然无恙。这得益于教师何梅的急速反应和平时对学生的训练到位。

（资料来源：中国青年网. 何梅"逆行的乡村教师".）

2. 安全类

1) 车祸事故类

班主任要向学生普及交通安全知识，让学生在校内外时恪守交通规则，对有事请假外出或者放假离校的学生，班干部要做好教育与记录，需外出的学生可由班主任带领，避免学生在校外发生意外。

2) 拥挤踩踏类

学校组织一些大型体育比赛、文娱活动时，会出现聚集性活动，但由于学校的设施质量可能不符合要求，容易在楼道、台阶、厕所、校门口发生骚乱和踩踏事故。班主任在平时要教导学生安全撤离的方法，避免到人群聚集的地方，在发生拥挤踩踏时该如何做，防止发生危机事故时出现手忙脚乱的现象，同时应训练学生互帮互助。

3. 运动伤害类

班主任应该向学生强调运动时的安全注意事项。学生在跑、跳、投的过程中极易产生意外伤害，或因运动器械管理不善造成伤害。体育活动中，学生踢足球踢坏了眼睛，玩"山羊跳"摔断了胳膊，甚至突发疾病被夺去生命的意外事故，令人防不胜防。

4. 校内外暴力类

校园暴力事件也是班主任需要处理的突发事件，校园存在暴力欺骗和恐吓、群体暴力、勒索、诱拐及其他各种方式的胁迫行为，威胁着中小学生的人身安全。班主任一方面要教会学生如何抵制校园暴力，在受到侵害时应该及时向教师和家长报告，另一方面，班主任要教导学生不能参与校园暴力或者校园暴力组织，加强学生思想道德观念建设。

5. 教师伤害类

因教师体罚或变相惩罚学生而造成的人身伤害突发事件也不少，班主任要注意教师对学生造成的突发伤害事件。首先，班主任要以身作则，不以任何理由体罚学生，在教育学生时，要注意分寸；其次，教师要与任课教师进行沟通，交流讨论教育学生的方法，为营造一个良好有爱的班集体奠定基础；最后，班主任要教育学生保护自己，受到不公正对待时，要及时向班主任报告，从而减少伤害事故的发生。

突发事件具有偶然性，事情往往出人意料，出现的频率比常规管理中遇到的问题低得多；突发事件更具有爆炸性，其一旦发生，往往会在班集体和学生个体中造成爆炸性效应；突发事件还具有紧迫性，这要求班主任必须当机立断，抓住时机，妥善解决。

(二)处理突发事件的策略

1. 沉着冷静分析

突发事件经常是在人们不知情的情况下突然爆发的，如一些突发的自然灾害等，班主任必须保持冷静，认真分析当前形势。突发事件爆发的初始阶段，形势往往比较混乱，但也是控制事态进一步恶化的最佳时机。为了避免突发事件因事态蔓延造成更大的损失，这时班主任必须审时度势、快速地作出决策，不能因犹豫不定、优柔寡断而丧失机会。班主任应针对突发事件类型以及级别的不同，需要采取不同的策略。如果是在学生情绪波动，头脑发胀的情况下发生的突发事件，班主任在处理时必须控制感情，要注意调查研究，了解事件发生原因，然后再审时度势，采取灵活的教育方式。

2. 及时进行求助

根据突发事件类型以及影响程度的不同，有时需要借助学校相关部门来处理解决。有些突发事件远远超出了班主任的管理范围，比如学校发生的踩踏事件、食物中毒或火灾等。班主任就必须及时联系学校相关的部门，请示统一指挥协调和依法处理事项，班主任可以通过电话等快捷方式，向上级部门简单汇报事件的爆发情况，要说明学校采取的应对措施并提出援助要求。

3. 发挥突发事件教育价值

突发事件若造成了学生伤害的后果，班主任应当与学生家长沟通，在沟通过程中要主动告知所发生的事件，让家长有所了解，并与家长一起采取措施。若班级平时发生的突发事件，班主任处理好之后，应该引以为戒，对学生进行思想教育，以突发事件为契机，让学生能够通过一次次非常规事件吸取教训，不断成长。

📖 阅读链接 4-12

爬上攀登架的学生

还记得那是一个初冬的下午，当我开会回来刚刚走进校门时，远远就看到小花园的攀登架最高一层上伏着一个瘦小的身影。攀登架将近 2 米高，从上面摔下来肯定会受伤的，学校无论集会还是广播已经说了不知道多少次，可是总是有个别学生去冒险。本想直接喊他下来，又担心吓到他反而发生危险，于是我急忙向小花园走去。边走边观察这名学生，从身形上看应该是一年级的学生，别看年龄不大，胆子可真不小！只见他拿着一张皱皱巴巴的纸，爬到攀登架的最高处，把它扔下来，再迅速下来捡起纸，再爬上去扔，如此循环往复，玩得不亦乐乎。虽然有几次差点踩空发生危险，但他却毫不在乎。

我趁他下来捡纸的时候，拉住了他："这么冷的天，怎么一个人在这儿玩呢？你看你爬到上面那么高，多危险啊！万一掉下来……"我话还没说完，他已经挣脱了我，又爬了上去，还一边爬一边回头跟我说："我才没那么笨呢，摔不着的！"

他这一回头，我才看清楚，原来是他！我们班的天瑞！一个以自我为中心的学生，只要自己想干的事情，从来不分时间、场合，领导、教师、家长谁也阻止不了他，我也就他的问题和他的家长、心理教师交谈过。但是对于一个小学生来说，无论是成长还是改变都需要一个过程。"天瑞，你这要是摔下来，可得去医院缝针，可疼了。""你自己玩多没意思啊！要不你下来，咱们找同学玩去。"无论我说什么，他就好像没有听见一样，我真有些急了，"天瑞，你再不下来，以后课间活动你哪儿都别去，就在我办公室站着。"他还是无动于衷。于是我开始伸手抓他，想把他抱下来。他不但不害怕，还觉得挺有意思，左躲一下，右闪一下，我意识到这样更加危险，只好停了下来。

僵持了足足10分钟，我的教育一点效果都没有。我就真的拿他没有办法吗？这个攀登架有什么好玩的呢？他到底在干什么呢？我开始观察他的行为。仔细看他手里的那张纸，好像是被故意折成了什么，但实在看不出是什么，联想到他的动作，我猜测着说："天瑞，你手里拿的是纸飞机吗？"

"是！"终于有回应了。

"你是在试飞吗？"我进一步试探道。

"是啊！"

"你看，飞机都是从地上往天上起飞，哪有你这样从天上往地上起飞的呢？快下来，咱们站地上试飞吧！"我急忙引导他。

"我的飞机从地上飞不起来。"他不好意思地看了我一眼。

"其实，我也不会折飞机，但是我认识一个折飞机折得特好的老师，他折的飞机能飞很远。我带你找他，让他教你，好不好？这样你的飞机就能从地上起飞了！"

"行！"他爽快地答应了，急忙从攀登架上下来，举着他的纸飞机站到我身边。

"天瑞，你抬头看看攀登架多高啊，你刚才那么爬上去，太危险了！不过，鉴于你是为了试飞，我就先原谅你了！下次有什么自己解决不了的困难，要先找老师帮忙，好吗？"

"行！咱们快去找那个老师吧！"

于是，我把他带到了科学办公室，张老师很热情地接待了这个"好学"的小朋友。

(资料来源：李秀萍. 班主任工作的30个典型案例(小学篇)[M]. 上海：华东师范大学出版社，2014：75-76.)

【本章小结】

班级日常管理工作是一项非常烦琐复杂的工作，也是中小学班主任最头疼的工作，本章通过制订班主任日常管理工作计划，旨在为班主任的日常管理工作厘清头绪，了解班级日常管理工作计划之制订的意义、依据和原则，以及从哪些方面来制订班主任工作计划。用以更好地指导班主任日常管理的实施，从教学、生活、思想以及一些突发事件入手，具体阐述了班主任日常管理应该如何实施，能给中小学班主任提供一个管理的蓝图，更好地指导实践。

通过本章的学习，中小学班主任能对班级的日常管理工作有较清晰的认知，同时，能够根据本班的实际情况，从中找到一些切实可行的日常管理办法，把班级管理得井井有条、井然有序。

【思考题】

1. 简要说明制订班主任日常管理工作计划的依据。
2. 如何制订一个完整的班主任工作计划。
3. 如何在日常生活中对学生的教学进行管理。
4. 班主任应如何应对突发事件。

第五章　班级文化的营造和建设

重点难点

教学重点：了解班级文化的结构、功能与特征。
教学难点：学会班级物质文化、精神文化和制度文化的营造与建设。

案例导入

团结进取的班级文化

某校有一个初中班级，学生是随机抽取组成的，该班的起点在全年级中居后。一方面，多门课程成绩比较落后，语文学科成绩更是居于平行班的末位；另一方面，整个班级的精神状态显得比较散漫，缺乏一种积极进取的学习精神。在开始成为实验班时，同学们都觉得很光荣，也很认真努力，但没过多久，新鲜感没有了，问题就出现了。尽管在开始的一年多时间里，采用过"岗位轮换制、一日班主任制"等做法，也有过"班级群星栏、每日一评、生物角"等安排，但最初出现的一些现象尚未得到根本改变，同学们对于班级事务比较麻木，对于教师要求他们主动参与学习、参与班级活动的希望缺乏呼应……在换了新班主任之后，班级建设逐步得到加强，班主任尤其注重打造班级文化。其后，在师生共同努力下，越来越多的同学开始展现出蓬勃的活力，逐步形成了主动学习的氛围和团结进取的班级形象，也在学业及诸多教育活动中取得了显著进步。初中毕业时，同学们带着优秀的成绩，迈着矫健的步伐，走向新的生活，并在新的环境中有了更多令人欣喜的表现。

（资料来源：王芳，唐和英. 优秀班集体的建设与维护[M]. 芜湖：安徽师范大学出版社，2013：146. ）

【案例思考】

在这个班级中，一开始，学生个体主动发展的意识和能力较为缺乏，集体意识也不够强，缺乏有主导价值和有吸引力的班级文化，同学们对班级事务的参与表现出较明显的程式化，整个班级气氛不活跃。但是换了新班主任后，加强了班级文化建设，班级的文化生活内容渐趋丰富，学生们的思维也日趋活跃，精神生活也丰富起来。班级文化建设是一个班级的灵魂，体现着一个班级的精气神，班主任要注意班级文化软实力的建设。

第一节　班级文化概述

一、什么是班级文化

　　人总是生活在一定的文化环境中，文化无时无刻不对人产生影响。广义上的文化是指人类社会历史实践过程中所创造的物质财富和精神财富的总和；狭义的文化是指社会的精神文化，即包括社会的思想道德、科技、教育、艺术、宗教、传统习俗等的一种复合体。[①]与文化概念相对应，班级文化也有广义与狭义两种定义：广义的班级文化，是指班级生活中的一切文化要素。狭义的班级文化是指班级全体成员创造出来的独特的文化。这里我们所说的独特文化，是指班级成员(包括教师和学生)在班级活动中所创造的物质财富和精神财富的总和，是班级成员共同创造的群体文化，它包括以信念、价值观、习惯、态度为主要内容的班级精神文化，以教室内外环境为主要内容的班级物质文化，以班级组织与规章制度为主要内容的班级制度文化。班级物质文化是基础，精神文化是灵魂，制度文化是保障。[②]

二、班级文化的功能

　　班级文化是一个班级的灵魂，具有无形的教育熏陶、导向激励、规范制约、心理调节等功能。这些功能一旦形成，就会产生巨大的力量，加速班级的发展。加强班级文化建设，努力营造积极进取、健康向上的班级文化氛围，是班主任提高班级管理水平和促进学生发展的重要内容。

(一)教育熏陶功能

　　教育功能是班级文化的首要功能，也是区别于其他组织文化的最主要特征。班级文化作为一种隐性的教育力量，表现了一个班级独特的价值观，是一个班级的灵魂所在。它作为一种特有的教育力量，贯穿于一切活动中，对每个学生都起着潜移默化的教育作用。班级文化以班风、学风、价值观念、人际关系和舆论等方式表现出来的观念文化和与之相应的精神文化和物质文化被绝大多数班级成员所认同，在行为层面上表现为具有正确的价值观和舆论导向、良好的班风和人际关系、向上的学风以及良好的物质环境等。

　　班级文化还具有美育熏陶的功能。首先，陶冶学生鉴赏美的情操。良好的班级物质文化，不仅可以使生活在其中的学生得到美的享受，还可以培养他们的审美能力，让孩子们渐渐懂得热爱美、追求美，继而创造美。其次，开拓学生的视野，丰富其知识领域。丰富多彩的班级文化，可以使置身于其中的学生受到文化的熏陶，汲取中华文化中的精髓，获得丰富的知识。最后，发展学生健全的人格。班级的班风、学风、各种规范，可使学生的身心受到潜移默化的影响；班级中各种各样的活动，给学生提供了融会交流的机会，可以

---

① 鲁洁. 教育社会学[M]. 北京：人民教育出版社，1997：124.

② 湛启标，王晞. 班级管理与班主任工作[M]：福州，福建教育出版社，2007：65.

使学生学会与别人友好相处，形成高尚的道德情操，从而促使其良好人格的形成。[①]

(二)导向激励功能

班集体的目标是班级团结的思想基础与前进方向，它对学生的个性倾向具有导向作用。班级文化可以在各种班级活动中逐步把学生的心理发展引导到班级奋斗目标所确定的方向上。现代教育将心理素质放到人的素质结构中的重要位置，认为人的身心潜能的开发程度和班级文化在人的身心结构中的内化程度，都在人的心理素质水平上得到综合反映。班级文化对学生心理发展的导向作用具体表现为：对学生心理发展的目标和方向有积极的宣传解释作用；对有悖于学生心理发展的观念和行为有转化和改变作用。

班级文化是班级师生长期选择和创造的结果。班级文化中形成共同的思想理念、价值观念和行为态度，对每个学生具有心理上和感情上的凝聚力，从而形成团结友爱、互助互帮的群体意识，从而激发每个学生的潜力和集体智慧。因此，班级文化是学生心理发展的激励因素，是一种"润物细无声"的教育力量。此外，这种激励作用还表现在班级文化的形成过程中，表现在班级文化的各个方面。例如，班级根据实际开展丰富多彩的文体活动，可以使学生愉悦身心、磨砺意志，从而营造民主的心理气氛；还可以帮助学生增强学习信心等，起到一定的激励作用。

(三)规范制约功能

班级文化所形成的规范体系，制约着学生的言行。这种规范一旦形成，就会成为一种强大的力量，使班级成员都能自觉地约束自己，让自己的行为符合班级规范。班级文化的制约功能是指班级成文的班规、班纪和约定俗成的班风等对学生言行的约束作用。它主要包括以下三条途径，即氛围制约(环境、关系、风气等)、制度制约(规章、纪律、守则等)、观念制约(理念、道德、舆论等)。班级文化是班级成员价值取向的反映，它代表了大多数人的观点，它所反映出来的行为模式是大多数人所认同的。全班成员个人的思想、行为方式都和班集体的目标、理念、思想、行为方式相一致，当师生个人的言行与班级文化价值取向发生矛盾和冲突时，迫于舆论和群体气氛的压力，不得不约束自己的言行，使自己的言行自觉服从班级文化的价值取向。在长时间的班级生活中，班级文化往往可以形成强大的心理制约力量，使班级成员自觉地约束自己，让自己的言行符合班级规范。[②]

(四)协调凝聚功能

班级文化的协调功能主要体现在对外协调和对内协调两个方面：对外班级文化可以协调班级与学校之间的关系，使班级的发展目标、行为模式和价值观念与学校宏观的发展目标、行为模式以及价值观念保持方向上的一致；对内班级文化可以协调班级成员之间的关系，使班级内部的各种资源都能得到有效的配置。

班级文化能使班级成员形成大致相同的价值观念、思维方式和行为方式。在班级活动中，学生在文化氛围的引导下互相交流、共同生活，彼此实现包括沟通、互助等在内的各种精神需求，并由此而产生亲密感和依赖感。这种构成班级成员之间的吸引力也会进一步

① 杨欣. 小学班级文化建设的问题与对策研究[D]. 广州大学，2013：9.
② 湛启标，王晞. 班级管理与班主任工作[M]. 福州：福建教育出版社，2007：68.

引发班级成员相互形成相似的价值观念、思维方式和行为方式。这些特点会激发学生对班级的归属感和认同感。团结友爱、积极健康的班级文化会使班级成员心情愉快、精神振奋，形成一股催人向上的凝聚力。班级凝聚力一旦形成，就会潜移默化地增强学生的团队意识和合作精神，使师生共同为班级的发展而努力。[①]

(五)心理调节功能

班级的文化环境对学生的心理健康发展有着积极的促进作用。首先，班级文化建设以优雅的环境，生动形象地对学生进行潜在的、润物细无声的影响和暗示。德国著名的演讲家海因·雷曼迈说过："用暗示的方式说出严肃的道理，比直截了当提出更容易被人接受。"学生从班级良好的文化氛围中得到的暗示，能使学生在不需任何外来压力的情况下，进行自主教育、自我调适，从而形成积极稳定的心理品质。其次，良好的文化环境带给学生的是清新愉悦、和谐和自由。不仅可使学生在更广泛的时间、空间上了解社会、理解人生，而且可为学生提供情感上的寄托，它无时无刻不在净化着学生的心灵。这有助于学生开阔思路、形成乐观向上的个性。另外，健康有益的班级文化，也是青年学生适度地自我表现和合理地进行心理宣泄的良好形式，对排解学生因学习压力过大而产生的紧张、忧郁等不良情绪起到积极作用。[②]

三、班级文化的构成

班级文化的构成从不同的角度可以分为不同的构成要素：从班级的成员角度出发，可分为教师文化和学生文化；[③]从班级文化的结构层次出发，可分成显性层面的班级文化和隐性层面的班级文化；从班级内部构成出发，可以分为观念文化、行为文化和环境文化；[④]从社会学角度出发，可以把班级文化分为制度文化与素质文化、综合型文化与离散型文化两大部分；从教育社会学的角度出发，可把班级文化分为教师文化和学生文化、个体文化和群体文化、制度文化和素质文化、综合型文化和离散型文化。本书主要从组织文化构成角度来探讨班级的物质文化、精神文化和制度文化。

(一)物质文化

班级物质文化是班级文化的物质层面，是由班级成员在文化思想的指导下，在日常学习生活中创造出的各种实物成果以及物质设施所构成。这些硬件设施是看得见摸得着的，它们能够迅速地为师生提供感觉刺激，给人一种有意义的感情熏陶和启迪，是一种以物质形态为主要研究对象的表层班级文化。班级物质文化包括班级教室的设计、布置以及班级的教育设施等，是班级文化最直观的外在表现形式，具有"桃李不言"的隐性教育功能与效果。教室是学生学习、生活、交际的主要场所，是教师授业、育人的阵地，是师生情感交流的地方。整洁、明丽、温馨的教室环境可以激发性情、陶冶情操，给人以启迪。苏霍

---

① 邓翊. 班级文化对中学班级管理的影响研究[D]. 湖南师范大学，2012：28.

② 潘丽珊. 班级文化建设中的问题与对策研究[D]. 东北师范大学，2005：9.

③ 李文萍. 班级文化建设的内容及其特征[J]. 教学与管理，2004：23.

④ 李学农. 中学班级文化建设[M]. 南京：南京师范大学出版社，1999：13.

姆林斯基曾经说："无论是种植花草树木，还是悬挂图片标语，或是利用墙报，我们都将从审美的高度深入规划，以便挖掘其潜移默化的育人功能，并最终连教室的墙壁都在说话。"

(二)精神文化

班级精神文化是班级文化的深层表现形式，是指班级在长期的教育教学实践过程中，受一定的学校文化、社会文化等因素的影响而形成的为班级全体成员所认同和遵循的精神成果与文化观念。它不像物质文化那样看得见摸得着，它主要体现在班级成员的核心价值观、行为规范、学习态度、班级精神、教育管理哲学以及思想道德建设等方面。它是一个班级的本质体现，根植于班级成员的群体意识组合，是由精神力量构成的文化优势，充分展示了一个班级的精神风貌，是班级文化的核心。班级的精神文化一旦形成，就会成为一种无形的力量引导学生树立奋斗目标，同时也将影响班级物质文化和制度文化的建设与发展。

(三)制度文化

班级文化在制度层面的体现又叫班级制度文化，即班级成员在共同学习生活中应当遵守的行为准则，主要包括班级组织结构和班级管理制度两个方面。班级组织结构是班级管理者为了实现班级管理目标而筹划设置的班级内部各个职能岗位，以及岗位责任和相互关系，其中包括正式组织结构和非正式群体组织，是班级文化的载体。班级管理制度是班级在教育实践过程中所制定的、起规范作用的各项规章或条例。制度既具备管理约束的强制性，也具备引导帮助的教育性。虽然制度的教育性构筑在制度的强制性之上，并通过制度的强制性起作用，但班级制度同样拥有教育性。通过制度一样能够启迪、激发学生的集体感、创造力和主人翁意识，培养学生树立正确的三观。

🌐 阅读链接 5-1

杨万英与她的博爱园

1. 班级物质文化——爱的熏陶

教室环境的布置，杨万英与孩子们紧密结合"爱"之主题，围绕"和谐人小，快乐成长"的理念精心设计，无论是墙面的图画还是文字，紧紧围绕主题，巧妙布局，使整个教室弥漫着爱的气息，散发着快乐向上的味道。

醒目的班名"博爱园"贴于教室正门的上方，让孩子们每天一跨入教室就能感受到博爱园里的浓浓爱意；班训、班风、学风、班级口号、班干部职责等装饰新贴在教室门口的宣传栏内，随时提醒孩子们的言行；教室后墙丰富多彩的壁报记录了孩子们丰富多彩的课余生活；旁边的评比栏让孩子们在爱的沐浴下快乐成长；左边的爱心树贴满了孩子们的爱心事迹；教室左墙"楚楚可爱的作品展"栏里时时展示着孩子们各方面的成果；右墙的荣誉台张贴着一张张孩子们在爱的滋润下收获的各种荣誉。最具特色的莫过于我们的爱心小书屋，它坐落在讲台左边，整齐摆放着孩子们自愿带来的各类书籍。一到休息时间，这里就成了一道最美的风景线。孩子们手捧图书，或站，或坐，或蹲，在爱心小书屋自由阅读，放飞心灵……

2. 班级精神文化——爱的升华

苏霍姆林斯基说过："集体是教育的工具，精神文化是班级的灵魂，是沉淀于班级学生心中的意识形态和行为方式的综合。"相较于物质文化，它是隐形的软文化，它是班级文化建设的核心，它有着强大的熏陶功能，时时处处对周围的人产生着影响，使个性各异的学生个体联合成一个有机整体，并且产生强大的合力。围绕"博爱"教育的核心，我与孩子们一起商讨决定了我们的班名、班训、班风、学风……

3. 班级制度文化——爱的保障

班级制度文化是指班级中以规章制度、公约、规范等为内容的，班级成员认同并自觉遵守的行为准则和道德规范所表现出来的文化形态，是营造班级博爱氛围的有力保障。我们所有的制度都是通过共同讨论、民主表决而产生的，因而具有强大的公信力。

为了加强班级管理，建立良好的班风班貌，培养同学热爱集体、关心集体、团结互助的良好品质，我们共同拟定"班级公约、日常行为规范"，以便互相督促，共同遵守。

班级公约如下所述：

铃声响，进课堂，学习用品放桌上。

晨会早练和集队，静快齐来要记牢。

课间休息不打闹，安全第一最重要。

上课听讲要专心，积极发言先举手。

老师叫我大声讲，同学发言仔细听。

勤动脑筋用心想，作业按时来完成。

班级就是我的家，不丢垃圾不乱画。

清洁卫生靠大家，做好值日人人夸。

学习生活多快乐，学校就是我的家。

（资料来源：刘成伦. 一线优秀班主任成长秘诀[M]. 北京：北京时代华文书局，2016：43.）

四、班级文化的特征

班级文化作为一种集体共同的价值观念和审美趋向，具有下述各种特点。

(一)学生主体性

班级的主体是学生，这决定了集体中的任何意识形态都必须以学生为主体，班级文化也是如此。一种不被大多数学生接受的班级文化是不可能在集体中立足的，鉴于这一点，教师必须针对学生的具体情况，选择一种能为大多数学生所接受的班级文化模式。比如，小学的班级文化应该是充满了童趣和想象力的，要保持和发扬儿童文化中自然天成的东西和富有生机的童趣；中学的班级文化就更多体现在规则与理性上，让学生能在班级的氛围中去感受生活。这就意味着即使是同一位教师，在面对不同的学生时，他所选择的班级文化模式也有可能不同甚至差别很大。因此，在建立班级文化时，教师必须在充分了解学生情况的基础上调动学生的积极性，使尽量多的学生能自动地接受班级文化的理念，从而使班级文化能真正发挥其在班级教育中的主导作用。

(二)集体趋同性

著名教育家陶行知先生曾提出"自觉觉人、自警警人、自立立人、自治治人"的"自治"德育理论，即自我教育——让教育的主体在教育的影响下，为实现特定的教育目标而把自己当作教育的客体所进行的教育活动。如上所述，因为班级文化是必须被全班绝大部分成员认同的一种价值观，这种观念一旦形成，集体的绝大部分成员能自觉地按照它来安排自己的学习和生活而不需要教师强制性地命令和干预。当一个班级建立了健康向上的班级文化后，在很大程度上，就可以使学生做到自觉自愿地认真学习，使集体充满积极向上的风气，从而使班级管理进入良性循环的轨道，提高集体凝聚力。

(三)独特性

班级文化要想真正在学生中立足，必须为学生所认同，让学生为"我们班的风气"而感到骄傲，要想做到这一点，班级文化就必须有其独特性。例如，有的教师组织学生排练小话剧或者组织演唱在学校演出，提高了学生的艺术素养，使本班具有了别班所没有的独特性，使大多数学生从本班的班级文化中体会到了自豪，从而使班级文化能够更加健康地发展。还可以通过定期举行各种活动强化本班的班级文化特色，不仅使学生在艺术鉴赏方面得到较大提高，还可使学生在与其他班的对比中产生身为本班学生的自豪感，从而提高集体凝聚力，对各科教学工作的顺利开展发挥良好的促进作用。

(四)动态开放性

学生生活在同一个班级，这一群体在感情及情绪相互交流、相互感染中形成了心理上的认同，深深地影响着各自的思想、观念和行为，从而形成自己的判断；同时学生容易受社会上各种文化与价值观念的影响，在心理、情绪等方面易变。如兴奋点经常转移、思维跳跃跨度大、涉及领域广、转换节奏快，这些都使学生班级文化处于一种不稳定的状态。班级文化是一种以群体活动的方式来选择、传递、积淀文化传统的。离开了群体相互之间的活动就失去了班级文化自下而上发展的土壤，只有在开放的系统中，在与环境的相互交流、相互作用过程中，才能完成文化的选择、传递和积淀。[1]

(五)潜隐性和长久性

班级文化具有外显的特点，但更多的是内隐的特点。班级文化主要以价值观念的形式出现，潜藏在班级成员的思想观念、行为习惯中，对学生的影响是潜移默化的。学生在班级文化中受到感染和同化，也是在不知不觉、无意识的过程中实现的，然而这种影响一旦产生，其效果又是显著和久远的，有的甚至会影响学生的一生。

第二节　班级物质文化的建设

班级物质文化是指班级成员所创造或使用的，能体现班级成员共同价值、信念并为班级成员感官所直接触及的客观存在物，是班级文化中看得见、摸得着的东西。班主任要对

---

① 潘丽珊. 班级文化建设中的问题与对策研究[D]. 东北师范大学，2005.

教室进行精心包装，营造一种人性化、温馨的教室环境，让教室每面墙、每个角落都有教育内容，都富有教育意义。

一、精心布置教室，打造特色班级

(一)教室两门的布置

班级物质文化建设.mp4

走进一个班级，最先看到的是教室的门，教室的门是班级文化的"脸面"，一扇装饰得体、大方又有特色的门会给人留下深刻印象，人们可以从教室门的装饰中感受到班级文化的品位。为了通风和便于行走，一般教室都有两个门，教室前门(也就是悬挂班牌的门)的装饰要简洁，不可纷繁复杂，可以贴上班名或精心设计的班级标志(班徽)；可以充分利用教室后门来展示班级的个性和特色，比如可以把全体同学和教师的照片设计成某种图案贴在上面，或者在门上用材料圈出一些有趣的形状，里面可以贴上班级同学的励志话语。

(二)教室四墙的利用

1. 教室前墙

教室前墙是指讲台面除了黑板空出的墙的位置，也是学生关注最多的位置。黑板的正上方中央一般用于张贴国旗，国旗的左右两边可以贴上"班训"、四字格言或八字格言。如果是班训，班主任一定要利用班会或德育课时间向学生阐释班训的内涵，让学生领会班训的精神意义。也可以挂奖状、锦旗，这些是一种荣誉，也代表一个班的历史，是一个班集体共同奋斗的结晶，将它悬挂在教室固定位置，学生经常注目，会产生强烈的班级荣誉感，增强爱护这个班集体的责任感。黑板右侧(靠近前门的一侧)可开辟成"班级管理园地"，主要用于张贴课程表、时间表、班干名单、值日生安排表等。黑板左侧的墙壁可以张贴《学生守则》《班级公约》《班干部职责》等。

2. 教室后墙

教室后墙通常也有一块黑板，黑板的上方可以整齐地张贴班级荣获的奖状、奖牌；黑板的左侧(靠近后门)一般不作另外布置，右侧可以开辟成学习园地，用来展示学生的优秀作业或作品，如硬笔书法、学生习作、手工艺术制品等，或者用作宣传栏，让学生们更好地了解班级的动态，以便于交流。宣传栏里面可以张贴《班级公约》，让全班学生明确具体的行为规范；公布学校和班级中各项活动获奖的名单，鼓励更多的学生争取进步；发布学校和班级近期开展的主题活动信息，组织学生积极参与。

3. 教室侧墙

对于左右采光的教室，一般都把窗户面积做得比较大，中间没有多大的空间，但窗户的上面还是有一些空间，这些空间可以用来张贴：①名人画像。如将一些杰出人物的画像及其生平事迹悬挂于上，用以激发学生的敬仰之情。②名言警句。教室墙壁上挂一些名言警句，并请擅长书法的学生书写，同时可请爱好美术的学生配图，还可以轮流挂出每位学生自己的座右铭或喜爱的一句话。这将会使教室四壁生辉，并对学生的心灵产生陶冶作用。

(三)教室角落的安排

教室除了摆放课桌椅外，还剩下不少空间，都应该充分利用起来。教室里有四个角落，进门的角落应该保持宽敞、整洁，不做安排，剩余的三个角落，可以根据教室和班级的实际情况，做下述各种设计安排。

1. 图书角

高尔基说："我读的书越多，我对世界越加感到亲切，生活对我越加变得明亮和有意义。"班主任要充分发挥图书角在班级文化建设中的作用，引导和鼓励每一个学生把自己最喜爱看的书和报刊拿出来与他人分享，既可以培养学生的奉献精神，又是对他们进行集体主义教育的有效举措。还可以举行一些读书活动，如定期评选图书角的热心读者、每学期举办一次好书推荐会、举行介绍好书的征文比赛等。这些活动可以充分调动学生的读书积极性，使图书角发挥其文化源的作用。

2. 生物角

学生都是充满好奇的，教室也可以设置一个生物角，生物角可放置花盆和鱼缸，让学生养一些金鱼、乌龟或者易成活的植物，供学生观察，使学生亲近自然、热爱生物，激发他们的好奇心和求知欲，且能增加教室环境的生机。

3. 绿化和生态角

教室的绿化也要搞好，这能让学生更加亲近、热爱自然，也有益于学生身心健康发展。放置盆景等绿色植物能够调节教室的气氛。这些植物或动物可以由学生从家里带来，也可以凑零用钱买来。在管理上，可以安排学生轮流负责照看，也可以安排专人负责，从而培养学生的爱心和责任心。

4. 班级橱窗

教室的角落还可以设计班级橱窗。班级橱窗内可以有以下几个栏目：班级精神或奋斗目标；班主任、任科教师一览表；课程表、班队干部分工、班级值日生、班级常规管理成绩统计等。班级橱窗的设立，便于学校的常规检查，它可成为一个班级文明建设的窗口，对规范学生的言行能起到积极的作用，同时也便于班级作业、试卷、书籍、报纸的存放，不易丢失。

(四)板报的设计

黑板报是教室布置的主要内容，是班级文化建设的一个重要窗口，是班级的"眼睛"。办好黑板报或墙报，不仅可以使整个教室更加美观，还可以让学生从中吸收知识、获取良好教益。因此，班主任要认真规划、加强引导，努力办好每一期黑板报或墙报。黑板报的设计，既要注意与教室环境匹配，又要精心选择内容。鲜艳的颜色、合理的布局、新颖的内容会激发学生的兴趣。黑板报要每月更换，可以按照时事的主题，也可以根据班级具体情况来自定主题。每期都要有学生的习作和学生感兴趣的话题，并且由学生轮流来制作。

(五)课桌椅的美化

课桌是学生接触最多的物品，是学生最亲密的伙伴，为了避免部分学生整天用小刀把它"修理"得伤痕累累，可以在课桌上套一块精美的桌套，在桌面上贴上用美丽的卡片制成的座右铭，让它不断地鼓励和教育学生。学生在学习过程中总会产生一些废弃物，比如废纸、铅笔屑，随意丢在地上影响班级卫生，可以在桌子腿上粘上一个挂钩，挂上小塑料袋临时存放垃圾。另外，课桌也要摆放整齐。物品摆放整齐是很有必要的，这样既可使学生养成良好的习惯，又能使教室总体看起来更加美观、整洁。

阅读链接 5-2

远航班的教室布置

1. 教室内

(1) 前黑板正上方悬挂远航班班旗、班徽和口号。

(2) 教室后为远航园地，上面内容结合实际分别设置为梦想、启航、扬帆、拼搏四个小板块，以此增强学生小组团结互助、共同学习、友好相处的意识。

(3) 后黑板的右侧为卫生角，写有清洁卫生的宣传标语。

2. 设置远航文化角

在室内墙壁开辟出四个特殊宣传栏，专门展示学生的优秀作品，以发挥榜样和示范作用。

(1) 位于教室左侧的前墙面是固定框栏：快乐大比拼。在学习上、生活上有些许进步都能通过这个栏目表现出来，让学生们受到激励。

(2) 左侧后墙面是展示台，用以定期展示学生的优秀作业。

(3) 右侧前墙面是固定框栏：远航小队。上面贴有学生们的相片，是学生们快乐、幸福生活的写照。

(4) 右侧后墙面是栏目《小画笔》：表现了儿童眼中的快乐世界。

(5) 前黑板右侧通过学生喜闻乐见的卡通形式，宣传节约用水和爱护眼睛的知识。

(6) 前黑板左侧是课程表、作息时间表及值日表。

3. 设置扬帆图书角

现有书籍 150 多本，基本上可以满足班内同学的读书需求。这里是学生们快乐的读书乐园，他们在这里可以尽情地沐浴书香、放飞梦想。课余时间，同学们在这里遨游知识的海洋，吸收知识营养。扬帆图书角每天都由三个小小图书管理员来管理，他们分工明确，记借书人、借书名称，对号入座，还有专人整理书籍，检查还书时是否有损坏，以增强大家爱护书籍、爱护他人物品的意识，养成良好的习惯。

4. 开辟追梦荣誉堂

张贴班级获得的各种荣誉奖状，凝聚班级向心力、增强集体荣誉感，同时给全班同学精神激励，高扬全班荣誉盛况，并以此为动力，溯源而上，追逐梦想。

在教室布置的过程中，该班紧紧围绕"远航班"这一文化内涵，遵循简洁、大方、美观的教室文化布置原则。据此，几经修改最终尘埃落定，确定了教室布置的几大板块的主题及标语，布置过程中注意颜色的搭配和整体的协调。整个教室环境设计都是由学生自己创作、修改、布置完成的。

(资料来源：刘成伦. 一线优秀班主任成长秘诀[M]. 北京：北京时代华文书局，2016：100-101.)

(六)班级网站的建设

随着信息技术的迅速发展，网络已经成为人们交往和获取信息的主要渠道。当前，许多学生天天上网，成为"网虫"，甚至是"网迷"。班主任应以积极的态度看待网络的发展，占领网络这块教育阵地。制作班级网站(或网页)，不仅能发挥学生的积极性和创造性，而且还能把班级文化展示在网络平台上。因此，建议那些有条件的班级积极地建设班级网站。班级网站的首页可以显示班训、班级标志、班级动态信息等，在网站中开设班级论坛、班主任信箱等，这样不仅拓宽了师生交流的渠道，而且有利于提高班级的管理效率和水平。[①]

二、班级物质文化建设的基本要求

优美的班级环境有利于陶冶情操，美化心灵。苏霍姆林斯基说："只有创造一个教育人的环境，教育才能收到预期的效果。"教室的布置，是班级文化的重要组成部分。教室整齐、美观、清洁的布局，会给人赏心悦目之感，从而让学生在课堂上保持饱满的情绪。因此，班主任要有班级经营的理念，要善于营造一个人性化的、温馨的教室环境。[②]

(一)重视教室环境的设计和布局

教室的布置应根据学生们的年龄特点，在整洁、美观、大方的基础上，力求知识性、趣味性和艺术性。教室布置的色调要和谐统一，颜色不宜过多、过于繁杂。教室布置物的制作以及摆放必须讲究艺术性，总体上要符合心理学和环境学的要求。例如，班级中的标语、图画、图书资料、教具用品等这些物品会对学生产生经常性的影响，要充分利用好这些物品，在进行环境创设时既要考虑时代气息，又要考虑学生的发展水平，并结合班级的发展情况分段进行。

(二)重视发挥学生的主体性

在实践中，班级一般由教师当主角，学生常常处于被动接受的地位，教师发布命令，学生去执行，但其实这是错误的。在班级文化建设中，不能只满足于简单地为学生提供物质环境，而应该重视学生，让学生去参与，让他们做主角，充分发挥他们的主动性和创造性，班主任应该充分调动每位同学的积极性，带领全班同学用自己的智慧和双手来美化教室环境，使他们在建设班级文化中得到锻炼和教育，培养自治精神。

(三)注重突出班级精神

每个班级要设法使自己的教室独具特色，班级的个性不仅表现为外在的标志、文字等，还需要班主任发挥引领作用，发掘内涵，形成真正的个性。

(四)注重发挥激励作用

班级环境的布置，不仅要给学生以美的感受，更要具有直接激励作用。班级的布置，

---

① 湛启标，王晞. 班级管理与班主任工作[M]. 福州：福建教育出版社，2007：79.
② 齐学红. 新编班主任工作技能训练[M]. 上海：华东师范大学出版社，2007：107.

墙壁上贴的书画，必须是积极向上的，具有感召力和鼓动性，要能体现班级精神、班级特色和奋斗目标。应尽量选用一些能催人上进的名言警句，或学生所敬仰的名人的画像和富有哲理的格言等。

📖 阅读链接 5-3

我们理想中的教室

理想的教室应该充满书香，让教室有一个藏书丰富的图书角。图书角里的书，应该有学生阅读推荐书目系列读物，能为学生提供良好的精神食粮；应该有优秀的少儿报纸、杂志，能让学生及时了解不同地区同龄人的生活与学习情况，促进其社会交往意识的形成。课余时间，学生可以在图书角这个广阔的知识海洋中遨游，使他们从小学会阅读，养成良好的阅读习惯，为终身学习、可持续发展奠定基础。

理想的教室是学生个性放飞的天地，教室里应该有一个学生作品的展示角。在这样的教室里，学生自己满意的作业、试卷，学生自己的美术、书法作品，学生自己喜欢的图片等，都可以得到展示。在这样的教室里，每一个学生的特长都能得到充分发挥，每一个学生的个性都能得到充分的彰显，每一个学生都是成功者。

理想的教室应该充满生命活力，可在教室里开辟一个生物角。"生命诚可贵"，但生命又是脆弱的。据了解，近年来，意外伤害已成为影响儿童生命安全、生活质量和身体健康的重要因素。之所以如此，与忽视对学生进行生命教育有关。我们可以在教室里的生物角，种植一些室内花草，让学生感知植物春意盎然的生命张力；可以养一些小动物，让学生在饲养过程中感受生命的脆弱，感悟生命的可贵。福建省一位特级教师曾经指导开展过一场小白兔的特殊"葬礼"，效果甚好。在这场特殊的"葬礼"中，哀乐响起，有的学生检讨，是因为自己的粗心，对小白兔照顾不周而导致小白兔死亡；有的学生说："小白兔，你给我们带来多大的欢乐呀！但愿你在天堂里过得快快乐乐"；有的学生说："生命是脆弱的，我们一定会珍惜时间，珍惜生命，认真学习，长大后去开创美好的明天"。当学生们泪眼汪汪地和这只小白兔告别时，生命在这里震撼！

理想的教室应该向世界延伸，让教室有一个网络角。在这样的教室里，有电视机、VCD机，学生可以看新闻，看动画片，看自己喜欢的节目，听自己喜欢的音乐；有多媒体展示平台，可以展示学生习作、精美图片，可以运用多媒体课件突破学习难点，促使学生乐意学习。在这样的教室里，还应该有互联网通道；我所在学校的学生，就可以和清华附中的学生同步上课，交流学习情况，还可以和外国的学生交流学习困惑与心得。这样，真正让教室向世界延伸，为学生成为未来合格的地球村村民打下坚实的基础。

当然，理想的教室还应该成为健康之园。在这样的教室里，学生口渴了，可以随时喝到纯净的水；学生得病了，有应急药品可供使用……

（资料来源：中国教育报 2007-3-27 叶建云.）

第三节　班级精神文化的建设

班级精神文化属于观念形态层面，是班级文化的核心内容，包括班级价值观、班级目标、班级精神、集体舆论、人际关系等内容。它是班级文化的核心与灵魂，是一个班级的本质、个性和精神面貌的集中反映。在班级精神文化建设中，班主任应该积极引导与精心打造，使正确的价值观念、共同的班级奋斗目标、团结的班级精神、健康的班级舆论、和谐的人际关系在班级中形成。

班级精神文化建设.mp4

一、铸造班级精神文化，营造良好成长环境

(一)树立正确班级价值观

班级价值观是指班级全体成员在教育实践过程中所推崇的基本信念和奉行的目标，是班级全体或大部分成员所一致赞同的关于班级意义的终极判断。班主任如果在日常教学中经常按照班级的价值观启发和引导学生，就容易使自己的决策被学生所接受、认可，并能够使学生自觉地按照班级的整体目标规范自己的言行。

1. 班级价值观建构

班级全体成员，包括班主任、任课教师和学生应共同参与班级价值观的构建过程。班主任可以通过开展一些主题讨论会、班队会、交流会等引导学生就一些大家所共同关心的问题展开讨论，例如"如何建设好班级"和"班干部的职责有哪些"；也可以就学生成长中的一些疑惑或者存在模糊认识的一些问题来引导他们进行探讨，例如"如何处理集体利益和个人利益之间的关系"；还可以就一些社会热点问题组织讨论，讨论时必须要求全体学生在场，有条件可以邀请任课教师参与其中，共同参与班级价值观的建构。

2. 榜样示范

树立班级价值观除了构建良好班级价值观之外，还要靠榜样的力量让思想观念落到实处，直击人心。对学生来说，深奥的道理他们很难理解，通过榜样的示范作用，树立简单易懂而又能激励人心的价值观显得更形象。当班级中存在主动为其他同学提供帮助，在同学身体不适时嘘寒问暖等助人为乐的行为时，班主任可以把他们树立为"爱心小天使"榜样，提出表扬，让其他同学学习这种乐于助人的做法，培养学生的爱心和责任感。这就要求班主任有双善于发现的眼睛，发现好风气的带头者，大力给予培养、教育、引导并不断提高其认识，增强其行为稳定性，使之成为班集体的骨干与榜样。

(二)确立班级共同目标

班级精神文化的打造关键在于让全体学生具有共同的奋斗目标、信念与追求。有了它班级就有了明确的发展方向，班级文化就有了立足点，就能发挥积极的教育作用。按时间来划分，班级目标可分为长期目标、中期目标和短期目标三种。一般来讲，长期目标指三到五个学年或更长时间要实现的目标，中期目标通常是一个学年要实现的目标，短期目标通常是一个学期或更短时间要实现的目标。

1. 长期目标的确定

班级的长期目标应着眼于学生的终身发展，应该符合党的教育方针和素质教育的要求。当前，新课程提出的基础教育阶段的培养目标是要使学生具有爱国主义、集体主义精神，热爱社会主义，继承和发扬中华民族的优秀传统和革命传统；具有社会主义民主法制意识，具有适应终身学习的基础知识、基本技能和方法；具有健壮的体魄和良好的心理素质，养成健康的审美情趣和生活方式，成为有理想、有道德、有文化、有纪律的一代新人。这些是从大的方面来论述学生在学习的过程中要实现的目标，太过于空泛，班主任可以根据本班学生的年龄特点把以上目标转化为较具体的班级目标。例如培养学生的"爱国主义、集体主义精神"这一目标，对于小学生来说，可以转化为"能够关爱自己、关爱他人"，对于中学生来说可以转化成"善待自己、热心帮助他人、与班级共荣辱"等。把"具有法制意识"转化为遵守班级规章制度这样贴合实际的小目标，更具有可操作性。

2. 中期目标的确定

班级的中期目标应该着力于建设优秀的班集体或形成班级特色。结合班级成员的实际情况，在班主任引导、班干部管理、全体学生参与的通力合作下，根据实际来确立班级的中期目标，对这一学年将班级建设成什么样子，每个学生取得多大进步，班级特色是什么等都要作出明确规划。

3. 短期目标的确定

班级短期目标应该是班级长期目标和中期目标的具体化，制定时可以与学校或班级的阶段性任务结合起来，例如，一个月要实现什么目标，一个学期要实现什么目标都体现在每次精心设计的教育活动之中。由于班级目标是促进学生发展的一种规划，它应遵循教育的基本规律和学生的身心特点。[①]

(三)培养团结进取班级精神

班级精神是班级在长期的教育实践活动中形成的与班级个性相结合的一种班级主导意识。每个班级都有独具特色的班级精神，它通常借助简洁而又富有哲理的语言形式来概括，并借助班徽、班训、班歌等形式来形象地表达。

1. 班徽

作为班级的象征，班徽对班级宣传和培养学生的集体荣誉感有重要作用。班徽是班级文化的一种标志(见图5-1)，班徽的设计需要全体师生的共同努力。首先，师生应一起商量探讨班徽中包含的要素；其次，学生开始组合有意义的元素，进行心中的班徽设计；最后，进行不断的筛选和比对，选出最具有代表性的班徽。

图5-1 班徽

① 湛启标，王晞. 班级管理与班主任工作[M]. 福州：福建教育出版社，2007：71.

阅读链接 5-4

"彩蝶" 班徽

南京市 24 中学初(一)班的班徽是这样的：班徽的主体由 "3" 变形而成，是展翅飞舞的彩蝶造型，彩蝶身上迸发的每一个光点，是一张张开心的笑脸、一份份涌动的活力。其主要颜色是深蓝和明快的紫，体现沉稳中迸发出的热情和激情。班徽的寓意：希望三班每个学生都能破茧而出，变成美丽的蝴蝶，在人生道路上展翅高飞。我们不一定飞得最高，但一定飞得最漂亮。

(资料来源：齐学红. 新编班主任工作技能训练[M]. 上海：华东师范大学出版社，2007：113.)

2. 班训

班级精神一旦确定，就应该用个性化的语言简洁、明确地加以概括，这就是班训，其特点是简单易懂，朗朗上口。班主任在确定班训时要从班级的实际出发，充分发扬民主，让班干部和同学一起参与班训的确定，必要时可以召开一次专题班会来讨论。这样确定的班训才能得到全班同学的认可，才能成为共同奋斗的目标。一般来说，班训应不拘形式，以简洁、有特色为好。例如某小学班级的班训为 "文明高雅、乐学善思"，可以为我们所借鉴和参考。班训应该充分体现班级的个性，班主任在确定班训时要集思广益，结合本班的特点，体现出个性化的班级精神，例如有班级的班训为 "一帆风顺、勇往直前"。其中蕴含着学生对未来的向往和坚定不移、不怕困难的信念。班训还应该体现强大的导向和激励作用。例如，可以借鉴 "志存高远、恒者能胜" 等词汇确立班训，给学生以人生的启迪。

3. 班歌

苏霍姆林斯基曾说过："没有丰富书籍的学校不能算学校。" 班歌是班级精神风貌和班级特色文化的标志，它的思想内容就代表着班集体的精神，这种精神会给班级每一位成员以力量、勇气、责任感、荣誉感、自豪感的体验。[①] 班歌的创作要根据班级的具体情况而定，有条件的班级可由班主任或学生自己作词作曲，班歌的旋律应该是活泼、奋进、欢快的，歌词应能集中表达班级成员整体的精神风貌、理想和追求，并得到班级成员的一致认可。没有条件的可以选择学生耳熟能详的，特别喜欢唱的歌曲为蓝本，让学生自己来编歌词；也可以直接选用现成的能反映班级成员心声的、积极向上的歌曲作为班歌，如《爱拼才会赢》《真心英雄》《让世界充满爱》等。

阅读链接 5-5

艾远琴老师和她的远航班

(1) 班级精神：自信、阳光、友爱、快乐。
(2) 班级目标：学做真人，学求真知。
(3) 班名：远航班(我是一名船长，带着全班的 43 名船员，驶过急流险滩，穿过惊涛骇

---

① 戴联荣，薛晓阳. 小学班级文化建设[M]. 南京：南京师范大学出版社，1999.

浪，乘风破浪，扬帆远航，到太阳升起的地方追寻梦想)。

(4) 班徽：在这间温馨的港湾中，我们这叶小舟扬起了风帆，那飘扬的风帆上，映衬着我们自信的笑脸。在辽阔的海面上追波逐浪，在喷薄的朝阳下拥抱梦想。

(5) 班级名言：用微笑征服一切。

(6) 班级口号：我们努力，我们成功，我们收获。

(7) 班歌：《扬帆远航》

有一个班级/团结友爱在一起/一起欢乐/一起哭泣/追逐梦想/永不放弃

有一个班级/互帮互助在一起/迎着朝阳/沐浴生机/勤奋学习/努力争取

远航班同学人人最棒/我们把天空捧在手心/把海洋装进胸膛

哪怕遇见再大的风雨/再大的海浪/我们也将奋力远航

(资料来源：刘成伦. 一线优秀班主任成长秘诀[M]. 北京：北京时代华文书局，2016：98.)

(四)引导正确班级舆论

班级舆论是在班集体中占优势的、为多数人所赞同的议论和意见。马卡连科认为："儿童集体里的舆论力量完全是一种物质的、实际可以感受到的教育因素。"要形成正确的班级舆论，要做好下述几个方面的工作。

1. 形成正确的认识

教师应经常对学生进行思想政治教育，为了避免教育的纯粹说理，教师要通过多样化的教育方式来调动学生的积极性，例如通过主题班会的开展、通过知识竞赛、通过课外的实践活动等，使学生在参与中深化认知。同时这样也有利于学生将理论应用于实践，真正发挥理论的作用。

2. 发挥干部的作用

班干部作为学生群体的一分子，他们在舆论引导中起着更有效的作用。所谓"言为心声"，班干部通过班级日常生活中与其他同学的对话、交流，可以引导正确的舆论方向。对好人好事给予表扬，对违反纪律者及时进行批评教育，以理服人。这对形成健康的班级舆论具有重要作用。

3. 要充分发挥舆论工具的作用

班级中的主要舆论工具是黑板报、墙报、油印小报、值日生讲评、班委会讲评、小型展览等。它们是集体利益的代言者，它们真实、及时的宣传，会在班上引起震动，激起浪花，发挥导向作用和激励作用。

(五)建立和谐班级关系

1. 和谐师生关系的建立

班主任首先是一名教师，师生关系是班级生活中重要的人际关系，"亲其师，信其道"，只有建立良好和谐的师生关系，才能取得最佳的教育效果。要创造和谐的师生关系，关键在于班主任。

1) 深入了解和研究学生

班主任应多与学生交流沟通，深入学生的内心世界，经常深入学生群体，尊重学生。在教育教学中，注重培养和保护学生的自尊心，多给学生鼓励，尊重学生自己的选择。在批评学生时，也要注意场合，把握分寸，掌握方法。

2) 关心热爱学生

班主任应本着爱学生的宗旨，为学生着想，对学生充满爱心。正如冰心所说，有了爱，便有了一切。对于班主任来说，爱是师生关系的润滑剂，如果班主任能够真诚地关心、热爱学生，他对学生的关心和期望就会产生"罗森塔尔效应"，从而使学生受到班主任的积极影响。只有对学生怀有真诚的感情，尊重学生，关心、体贴学生，学生才会自觉愉快地接受教诲。

3) 公正无私对待学生

平等地对待每一个学生，给每个学生以同样的发展机会和空间，满足学生自我发展的需要，对班级里不管是聪明或听话，还是愚笨或调皮的学生，都要一视同仁，不能厚此薄彼。这样才能使学生心悦诚服，对教师产生由衷的信任感。

2. 和谐学生人际关系的建立

在一个班集体里，由于各种原因，集体成员在学习和生活中会产生摩擦、矛盾和冲突，容易出现不协调、不和谐的问题。

1) 加强学生之间的交往与沟通

只有加强学生之间的沟通，才能促进学生们思想与感情的接近与理解，才能进一步密切联系，增进友谊，加强团结。在多样化的班集体活动中分配任务时，应充分考虑每个学生的兴趣、爱好和特长，给个性不同的学生提供较多的选择和实现自我价值的机会。通过这些活动引导集体成员自觉克服消极的个性行为，形成积极的个性品质，使各自的心理需求和创造欲望得到满足，充分发挥和发展各自的智力和能力优势。

2) 培养学生的合作意识

现在学生不擅长与他人合作，学校成了竞争场所，班级成了竞争的角斗场，这样容易导致班级氛围割裂，班风不良。要增强学生的合作意识，班主任必须为学生营造合作的氛围。要真诚地尊重学生、信赖学生，平等地对待学生，切忌歧视学生。除此之外，班主任应以身作则，向学生示范怎么才算适当的竞争行为，为学生提供学习的范本，合理竞争。

二、班级精神文化建设的基本要求

(一)突出个性化

班级精神文化反映出班集体精神、审美情趣和师生个性人格，也是班级整体精神风貌的体现。班级精神文化建设可以充分利用校园文化环境及其资源乃至社区的人文资源，但是要有个性，不能完全模仿校园文化，否则就会千篇一律。在班级精神文化建设过程中，班主任应把握整体格调、核心价值、审美倾向和道德价值倾向等，再结合实际的班级情况，从实际出发，彰显个性和特色。同时，班主任要放手让学生积极主动地参与，充分发挥少年儿童思维、性格中的长处和特色，鼓励他们积极创造，争做主人。

(二)饱含情感化

班级精神文化建设，班主任不能太过于制度化和规范化，不要把学生当作下级，自己是管理者，把教室和班集体当作说教和训话的场所，而要有意识创设形成一些类似于家庭的温馨气氛，让学生从中感受到爱和包容。学校教育总是过于理性化，而家庭教育是情感型的。学生与班主任之间，除了师生的正式关系以外，还应该有一些家庭情感色彩，这样，学生才能更好地得到发展，才会与老师讲真心话。

(三)符合素质教育的要求

班级精神所体现出来的文化必须是积极向上的。从根本上说，班级文化的建设和营造是为了学生能够在班级中受到良好班级氛围的熏陶和感染，树立正确的人生观和世界观，培养和发展能力。在建立班级文化时，必须发挥班主任的主导作用，引导学生向上发展，向符合社会主义核心价值观和素质教育提出的要求发展。

第四节 班级制度文化的建设

班级制度文化是指班级全体成员共同认可并自觉遵守的行为准则和规范，以及监督执行机制所表现出来的文化形态。班级制度可分为外部制度和内部制度，外部制度是指国家、各级教育主管部门、学校制定的各个班级学生都必须遵守的制度；内部制度是指由本班全体成员针对本班实际情况而制定的本班成员共同遵守的制度，如班级公约、班级管理制度和奖惩制度等。

一、构建班级制度文化，展现良好班风

(一)班级公约

班级公约是班级每位成员都必须遵守的行为规范和准则，目的是使全班同学形成良好的学习、生活习惯，提高遵守纪律的自觉性。

1. 发现问题，提出规范

班级公约的制定可以从组织班级成员寻找"影响大家生活和学习的问题"入手，通过全体成员的推举、讨论把本班级中存在的所有问题罗列出来，然后从大家的意见中筛选出"主要问题"，把这些问题逐条对照检查梳理，再进一步确定"非解决不可的问题"。班级成员通过对这些问题的深度挖掘，明确其危害，找出避免这些问题出现的方法，这就形成了本班成员应该共同遵守的规范，这些规范一旦得到了绝大多数成员的认可，就可以认定为班级公约。

2. 发扬民主，师生合作制定

班级公约的形成与确立是一项庞大的系统工程，绝对不是单靠班主任个人或者少数班干部就能够完成的。一套班级公约的最终确定，一般要经历一个月左右的时间，这其中需要举行 3～5 次主题班会、主题辩论会、主题论证会，学生的角色体验也会涉及议案征集员、草案起草员、书记员等。班主任要大胆地放手让学生去做，把这些活动尽量交给学生

去策划和组织实施，师生共同参与制定。[①]

🎯 **阅读链接 5-6**

某学校的班级公约

一、遵守学校作息制度，按时到校，不迟到，不早退，认真做"两操"。

二、遵守课堂纪律，认真听课，做好笔记，并按时完成作业。

三、自习课自觉学习各门课程。

四、爱护公共环境和公共财物，不乱抛垃圾，不乱涂乱划(画)。

五、不在教室内追跑打闹或进行其他影响他人正常活动的行为。

六、用语文明，举止、发言有分寸，尊重和维护他人的正当权益。

七、劳动积极，各自依照安排完成应尽义务。

八、自觉维护班集体利益，离开教室时注意关闭门窗。

九、依照学校规定穿着，注意仪表的整洁大方；朴素节约，不攀比。

十、阅读健康有益的课外书籍，不去网吧和其他娱乐场所。

(资料来源：湛启标，王晞. 班级管理与班主任工作[M]. 福州：福建教育出版社，2007：82.)

(二)班干部的管理

1. 确立班干部的结构与分工

班主任可以根据工作的需要，以提高班级工作和学习效率为前提，结合本班的特点具体拟定班干部的岗位。班干部岗位如下所述。

(1) 班长(正、副班长各一名)，作为班级管理的高层人物，对整个班级建设起到统筹和带头作用，也是连接班主任和班级学生的纽带。

(2) 学习委员，主要负责班级学生的学习情况，比如作业的完成情况、学生的缺课情况、考试成绩等。

(3) 生活委员，主要负责班级的日常生活工作，安排值日生制度，了解班级学生的健康状况，及时征集学生对班级日常生活的意见和建议，并向班主任老师汇报等。

(4) 宣传委员，主要负责班级的墙上文化工作，例如班报的评选工作、对墙上文化的修复工作、对同学意见的汇报工作，并及时提醒班主任老师对墙上文化进行修改等。

(5) 文艺委员，主要负责班级的文艺活动，组织同学进行各种文艺训练，并向班主任提出各种文艺表演建议等。

(6) 体育委员，负责班级的体育活动，组织学生做好体育锻炼，上好"两操"，在运动会前夕能够组织班级学生进行赛前训练。

(7) 各组组长，负责日常的作业收发工作，小组成员如果对班级建设有意见或建议也可以向组长反映，组长再反映给班长或班主任老师。除此之外，还可以根据本班的具体情况设置课代表、图书管理员、生物养殖员等职位。[②]

---

① 王维审. 班级公约的建立与执行[J]. 教学与管理，2014(34)：25-26.
② 杨欣. 小学班级文化建设的问题与对策研究[D]. 广州大学，2013：24.

📖 阅读链接 5–7

班干部的职责

为加强班级建设，发挥班委会及班委的核心领导作用，各负其责、各尽所能，调动工作的积极性，使班级工作有条不紊地进行，特制定以下工作职责。

班长

(1) 全面负责班级工作，并指导和协助其他班委开展工作。

(2) 负责召开班委会会议，研究、讨论班级工作，处理各种突发事件，并采取措施。及时向班主任汇报班级情况，提出建议和意见。

(3) 负责组织开好主题班会。

(4) 认真填写《班级日志》，严格把好"考勤"关。

(5) 负责"班级荣辱记载本"的记录以及"量化考核积分"的周结和月结。

学习委员

(1) 记录好每日各科作业完成、上交情况，及时发现问题，并向班主任汇报。

(2) 掌握全班同学的学习情况，及时向班主任和科任教师反映学习中遇到的问题。

(3) 组织交流学习经验，帮助同学们解决学习中的困难。

(4) 负责"量化考核积分"中"学习"指标的记录。

生活委员

(1) 负责班级财物管理、修缮。

(2) 组织并检查每天清洁小组教室内外清洁。

(3) 组织和安排同学们参加大扫除劳动。

(4) 负责"量化考核积分"中"劳动"指标的记录。

体育委员

(1) 按安静有序的要求，组织同学们准时参加大课间及全校集会。

(2) 体育课负责整队，协助体育老师上好体育课及体育达标检查。

(3) 组织同学参加学校组织的体育比赛活动。

文娱委员

(1) 组织班级文艺活动，参加学校文艺节目汇演。

(2) 开展班级文娱活动，丰富同学们的课余生活。

(3) 组织好每日读报，并配合班长开展主题班会。

(4) 做好"量化考核积分"中"课外活动"指标的记录

（资料来源：李素敏. 新时期班主任工作技能强化训练[M]. 北京：中国林业出版社，2011: 59-60. ）

2. 班干部的选拔

班干部的选拔是班干部管理制度民主化的集中体现，也是建立班干部威信的渠道。班主任要把班干部的选举权交给学生。班主任可以利用班会时间进行班干部选拔工作，在拟定班干部的职位后要求竞选学生写出竞选稿，以不记名投票的方式集中进行选举。班主任在竞选过程中，要本着公平、公正、公开的原则，不可偏袒学习好的学生，在选举结束后，还要把班级干部名单张贴在教室墙上，对新一轮的班干部进行培训和辅导，让他们能够充分了解工作岗位的任务与分工，积极配合老师管理好班级。此外，班干部要实行轮换制，要定期重新选举，但也不宜过于频繁，以免造成班级管理制度混乱。轮换周期以一个学期为宜，个别岗位根据班级需要也可进行临时更换。总之，班干部管理制度，不是静态不变的，而是动态的发展过程。①

(三)奖惩制度

奖励与惩罚是指用语言或其他方式对学生的行为做肯定或否定的评价，它可以控制班级组织成员的行为，促进良好行为的形成，也可激发良好动机，促进学生发展。

1. 奖励要公平合理、实事求是

奖励要体现民主化，只有当学生的某种行为符合要求时，才能进行奖励，而不是凭借班主任的喜好。班主任可以多设置奖项，从不同角度激发学生的学习热情和积极性，比如进步奖、互助奖、卫生奖、书写奖、全勤奖等。班主任设制的奖项要有针对性，多而不杂，让每一个奖项都能充分发挥作用，建立符合本班特色、个性化的奖励制度。

此外，相对于奖励，班级也要建立一定的惩罚制度，惩罚是对学生不正确的行为的否定，一般可分为口头批评和处罚。惩罚是一种艺术，班主任在实施惩罚制度时要本着适度、公正、委婉的原则。

2. 惩罚要尊重学生的人格

不损害学生的自尊心，教师要尽量避免当众严厉训斥学生，要讲究语言艺术，以道理来说服学生，对于情节较严重的，教师要及时与家长取得联系，达成共识，避免对学生造成心理伤害。

3. 惩罚要公平合理

在班级里要用统一的标准去评价学生的行为，但也要注重学生的个体差异。班级成员的行为按照一定的规章制度通过反复的约束和调整之后，会成为一种习惯。例如班级中的班干部管理制度和奖惩制度，当这些制度被大多数成员所认可时，他们就会按照特定的标准长期遵守这种制度，进而形成一种习惯，这种习惯便会升华为班级制度文化，为学生提供有序的生活空间。

二、班级制度文化建设的基本要求

班级制度要力求完善和要求严格，班级各项行为规范一旦实施，务必严格遵守。对于违反制度的班干部和普通同学，都要一视同仁，做到奖罚分明，绝不姑息迁就。严格本身就能形成一股无形的力量，使其从最初的外部控制转向最终的自我约束。

(一)要坚持正确的政治方向

班级规章制度在内容上要与班级精神文化所倡导的价值观一致，尤其要以《中小学生

---

① 金岚. 小学班级文化建设中存在的问题及对策研究[D]. 东北师范大学，2009：27.

守则》、《中小学生日常行为规范》以及学校的校规校纪为依据，不能违反国家的教育政策、法律法规。

(二)内容力求完善全面

班级制度建设应当是全面的、科学的、完善的，覆盖班级建设的方方面面，如班级公约、课堂常规、学习纪律、卫生公约等，以引导和规范集体成员的日常道德和学习等行为习惯。

(三)要发扬民主精神

班级的规章制度是用来规范全班同学的，只有得到全班同学的认可，才能被有效地执行。因此，该不该制定制度、制定怎样的制度、怎么保证制度的执行等问题，都要在广泛征求全体同学意见的基础上来确定，而不能由班主任单人或者班委会几个人来定。只有在民主基础上制定的规章制度，才会得到班级全体成员的认可并自觉维护与执行。

(四)要体现人文关怀

在班级规章制度中不要出现冰冷强硬的字眼，如"禁止、不准、不要"等，而应该把一些充满温情、关爱、希望的字眼运用到制度条文中来。例如，用"保持自己桌椅的洁净"来代替"禁止在桌椅上乱写乱画"，用"上课积极发言，营造活跃课堂气氛"代替"不要破坏课堂纪律"等。

(五)要突出本班特色

不同的学生有不同的个性，不同的班级也有不同的特点，即使是同一个班级在不同的时期也会出现不同的问题。班主任要结合本班实际情况，以促进学生思想、学习和生活各方面的进步为着眼点，制定出切实可行的班级规章制度。

🌐 阅读链接 5-8

远航班的制度文化建设

班级文化作为一种隐性的教育力量，表现出一个班级独特的风貌和精神，是一个班级的灵魂所在，具有凝聚、约束、鼓舞、同化的作用。我班的学生，每个人都算得上有自己的特长，人人都有争做全学校最棒最有特色班级的渴望。

1. 建设目标

(1) 建设一个"环境高雅、举止文明、学风浓厚"的班级。

(2) 每个学生：品行端正，学习优良，特长鲜明，技能卓著。

(3) 学习优良：学会学习，学会负责，学会合作，学会助人为乐。

(4) 学会学习：掌握自主自发、互助合作、实践探究的学习方式。

(5) 学会合作：平等、民主、互助、少数服从多数。

2. 基本目标

(1) 以学校的班级管理目标为基准，力争达标并超越一个百分点。

(2) 力争成为常规先进班级、卫生先进班级、文明班级。

(3) 制定公正、公平的考核、奖惩制度，建立完善的班级管理档案。

3. 组织建设

(1) 组织原则：先平等后合作、先服务后互助、先民主后集中。成员协助班委工作，少数服从多数。

(2) 班干部品德：办事公正、以身作则、真诚坦率、关心同学、善于沟通、具有民主和奉献精神。

(3) 班干部选举办法：班主任宣讲班干部的品德与职责、条件和要求、班干部人数；全班民主测评，学生撰写自荐信并演讲；根据测评结果，按得分高低顺序确定；班主任根据学生性格和特征安排担任的职务。

4. 学生塑造

(1) 卫生习惯的补充规定：衣着、手脚、脸面干净，书包、课桌的内外干净整齐；自由活动时手不得触摸地面；不带有皮、壳、核、渣的食品到校，饮水从自家带来，不得乱扔废物。地面全天干净无杂物；值日，清洁无灰尘；大扫除，光亮无斑痕。墙壁(含门窗)全天无斑痕；值日，无灰尘；大扫除，光新、透亮。

(2) 制定相应的加分、减分细则。

(3) 奖励办法：优秀班干部；优秀学生；亮点学生；星级文明学生。

(4) 制定相应的惩罚办法(对症下药，适可而止)。

(资料来源：刘成伦. 一线优秀班主任成长秘诀[M]. 北京：北京时代华文书局，2016：104-105.)

【本章小结】

本章主要介绍了班级文化的功能、结构和特征。班级文化是班级成员共同创造的群体文化，它包括以信念、价值观、习惯、态度为主要内容的班级精神文化，以教室内外环境为主要内容的班级物质文化，以班级组织与规章制度为主要内容的班级制度文化。班级物质文化是基础，精神文化是灵魂，制度文化是保障。了解了作为班级的管理者，班主任应该如何去建设班级的物质文化、精神文化和制度文化，以及其基本要求。

通过本章的学习，旨在让学生对于班级文化有清晰的认识，同时，学会班主任应该如何去建设班级的物质、精神、制度文化，并最终运用于实践。

【思考题】

1. 你是如何理解班级文化的？班级文化的核心是什么？
2. 班级文化的功能有哪些？
3. 班级物质文化建设有哪些基本要求？
4. 建设班级精神文化的途径有哪些？
5. 班主任应如何进行班级制度文化建设？

第六章　班级活动的组织

学习目标

➢ 了解什么是班级活动及其类型。
➢ 把握开展课内活动的基本要求，掌握组织课内活动的具体方法。
➢ 把握开展课外活动的基本要求，掌握组织课外活动的具体方法。

重点难点

教学重点：重点把握组织班级活动的意义及班级活动的类型。
教学难点：掌握如何组织课内外班级活动的具体方法，学会如何熟练地开展班级活动。

案例导入

班主任日记

一位刚上任不久的班主任这样描述一次失败的班级活动："在一次活动中，按照学校要求，每班要有两个集体节目参加比赛。一小部分普通话较好的同学组织了诗朗诵这一节目，全班同学又准备了一支合唱歌曲《红旗飘飘》。因为对文艺活动不重视，所以我一开始就未积极地投身到这一活动的组织中去，以致在节目的排演上班长与团支书之间产生了严重的分歧，甚至发生了不愉快的小摩擦。此时，我方知问题的严重性，可由于自身缺乏组织文艺活动的经验，最终导致班级在最后的比赛中惨遭失败。这一事件严重地影响了班干之间的团结与协作，也极大地削弱了学生的热情与士气。"

针对这种情况，这位教师吸取教训，进行总结反思："我未能组织有效的动员工作，以致学生对这一活动缺乏兴趣，未能全身心地投入到这次活动中。"

在第二年的合唱活动中，"我按照学校的要求，事先在班级进行了活动的宣传和发动工作，要求全体同学积极参加这次活动，争取取得好成绩。在本次活动中，我与同学及音乐老师精心选择了适合同学们演唱的合唱歌曲《走进新时代》及集体朗诵的诗歌。由全班同学推选了两个普通话较好的同学领读。全班同学积极配合，不厌其烦地进行了一遍又一遍的练习，我则在一旁负责监督指导，同时还特地请来了专门教普通话的老师对同学们进行了专业的辅导和指点。果然，经过老师的悉心指点和同学们的刻苦训练，同学们的朗诵水平有了显著提高。同学们也看到了自己的进步，从中获得了成功的喜悦，训练起来更加认真、刻苦。经过同学们的共同努力，我班最后以绝对性的优势取得了第一名的好成绩。听到比赛结果后，全班同学欢欣鼓舞，热情高涨"。

(资料来源：徐群，朱通玉. 班级活动的设计与实施[M]. 芜湖：安徽师范大学出版社，2013：49.)

【案例思考】

通过这位班主任的反思我们可以看到，前后两次活动反差极大，教师本人也认识到了班级活动应让学生主动参与。班级授课制是现代教育最常见的形式，班级作为班级授课制的主要载体，可将教师、学生直接联系起来。活动是人类存在的基本方式，教师和学生通过在班级中开展一系列的班级活动，来达到促进学生全面健康成长的目的。在活动中，学生可以得到锻炼和成长，班级活动的组织需要班主任审慎思考、精心组织，才能发挥它的最大作用。

第一节 班级活动的类型

一、什么是班级活动

班级活动是指为实现班级教育目标，在班主任和任课教师的指导下，师生共同参与的，以坚持爱国主义、集体主义教育为价值原则，以学生为主体，以培养实践能力、创新精神为向导，有目的、有计划、有组织的各种教育教学活动。班级活动是学生学校活动的基本形式，也是班级文化建设的重要内容。[①]是学生认识客观世界、认识他人与自我、适应学校生活与社会生活的重要途径，也是建设良好班集体的重要组成部分。

教育的基本功能之一就是要促进个体的社会化和个体的个性化，班级作为培养"社会人"的最小载体，对于促进个体的社会化发展具有重要意义。丰富多彩的班级活动，能促进学生个体不同能力、不同兴趣爱好的发展；同时，各种形式的人际交往能够促进学生自我意识的发展和健康个性品质的形成，从而形成个体的独特个性。因此，除了教学计划中规定的政治理论课、时事学习和思想品德教育课以外，班主任要尽可能多地组织一些课余活动，对学生进行生动、形象、具体的教育。班级活动要不拘形式，活动规模可大可小，内容丰富多彩，紧贴学生生活实际，从学生个性发展需要出发。[②]

二、开展班级活动的意义

(一)有利于建设良好班集体

首先，班级活动的有效开展，可以促使班级目标的实现。班级目标要靠每个成员参与共同的活动来实现，在班级活动中，学生不断明确并实现班级的奋斗目标，每开展一次活动，就向班级奋斗目标迈进一步，将班级的整体目标内化为每个学生的具体目标。

其次，班级活动的有效开展，可以增强班级凝聚力。如果学生都能融入到班集体生活，参与班级活动，在活动中付出自己的热情，就会感受到班集体活动的教育力和感染力。同时受到集体的鼓舞，感受到自己是集体的一分子，集体荣誉感就会不断增强。例如，在体育比赛中，作为运动员的学生奋力拼搏，心里想着要为班级增添荣誉；看台上的同学摇旗呐喊，为本班的运动员加油；从事后勤服务的学习倒茶递水，关怀备至。这都是班级凝聚

---

① 晏燕. 班级活动的类型和实施原则探析[J]. 成功(教育版)，2010：273.

② 徐群，朱通玉. 班级活动的设计与实施[M]. 芜湖：安徽师范大学出版社，2013：4.

力的体现。

最后，在班级活动中，班干部的工作能力可以得到不断提高。创建班集体，要重视培养班干部，通过班级活动，发现学生的才干，有利于挑选和培养一个卓越的班级干部群体。

(二)有利于提高学生的自我认知能力

班级活动可使学生在掌握书本知识的基础上，感受书本知识之外的世界和生活，在明确的教育目标和具体的教育内容的影响下，学生能够不断提高自己的认识，通过活动对学生进行情感态度、思想道德、人生观和价值观的教育，培养学生的创新能力和创新精神，学生"动口，动眼，动手，动脑，动心"，通过外在的"动"，促进内在情感和思想的变化。例如班集体通过开展老共青团员作报告、重温入团誓词、祭扫烈士墓、社会实践和"文明礼仪伴我行"等系列活动，使学生的心灵受到震撼，思想得到升华，认识产生飞跃。

(三)有利于提高学生的心理素质

目前，对学生心理素质的研究，已被提上学校教育的议事日程。个体在学习上是有差异的，而教师表扬的往往是少数尖子生，久而久之，普通学生容易产生心理挫伤。通过开展班级活动，从不同角度让每个学生都有机会表现自己，发挥自己的才能，对改善学生的心理素质大有裨益。学生在班级活动中获得的满意评价，又能"迁移"到学习上，激发其学习潜能，取得较大进步。因此，班主任必须根据具体情况，随时发现问题，随时解决问题，深入了解每一个学生，让每一个学生都能在班级的活动中展现自我。

(四)有利于提高学生的综合素质

学生的综合素质差，"高分低能"是当前教育中常见的现象。通过开展丰富多彩的班级活动，可使学生的综合能力得到明显的提高。学生在活动中不仅要看、听、想，还要说、做和创新，如此，学生的个性品质和兴趣等才能得到表现、发展和调整。即使是准备一次班级活动的发言，也要认真构思，收集资料。班主任通过组织开展多种班集体活动，学生不仅可以锻炼身体增强体质，增长知识，提高认知能力和交际能力，还能通过各种感官去感受事物，接触各种人与事，开阔视野，增强思考能力。班主任还可以根据班级活动的特点，为学生营造创新的氛围和一定的空间，鼓励和引导学生在各种班级活动中思索、探求、创造，从而培养学生的创新精神和实践能力。

(五)有利于培养学生的良好个性[①]

教育的基本功能就是要促进个体的个性化，这也是素质教育所倡导的理念。教育家蔡元培先生曾经说："教育者，与其守成法，毋宁尚自然；与其求划一，毋宁展个性。"这表明在教育学生的过程中应追求个体的心灵和谐，尊重个性，发展个性，班级活动可为学生个性的发展提供良好的机会。擅长美术的同学可在活动场所布置时大显身手；爱好文娱的同学可在联欢会上载歌载舞；口齿伶俐的同学可在演讲、辩论活动中磨炼口才……班级活动是一种导向，可以鼓励同学们各展其才，形成良好的个性。

总之，班级活动的教育意义是多方面的，开展班级活动有利于培养学生良好的品德，

---

① 徐群，朱通玉. 班级活动的设计与实施[M]. 芜湖：安徽师范大学出版社，2013：15.

发展个性特长，锻炼意志品质，养成良好的行为习惯。"没有活动，就没有教育。"一次精心组织的班级活动，能让学生充分受益、终生难忘。在提倡素质教育的今天，教师可以通过班级活动使全班学生在政治思想、道德品质、文化素养、心理机能、审美情趣、体能训练和个性特征等方面都得到提高，使学生身心得到和谐、健康的发展。

三、班级活动的类型

班级活动丰富多彩，对其进行科学分类，一方面可以加深对班级活动的认识，另一方面可以为班主任有针对性地进行班级活动方案的设计与组织实施提供参考。根据不同的标准，可以对班级活动进行不同的分类。

(一)按活动性质分：日常活动和主题活动

1. 日常活动

班级日常活动也称班级常规活动，主要包括晨会、课间活动和班级例会等。

1）晨会

晨会是班主任利用上课前的短暂时间，查看学生到校情况、与学生相互问候、交流沟通信息、安排一天的工作任务等的简短班级管理活动。

2）课间活动

课间活动是学生在校可进行的各种娱乐活动。学生下课后的玩耍、休息等都属于课间活动，可以是学生之间自由进行的，也可以是在班主任或教师的指导下进行的。

📖 阅读链接 6-1

肖书惠老师的五指活动

午会课，我出了一个谜语：一棵树，五根叉，不长叶，不开花，做事情，全靠它。学生们大呼：手，五指！

我又问：五指能够做哪些事情？

学生们七嘴八舌：写字、拿书、擦桌子、梳头、穿衣服……

我在黑板上板书四个大字：心灵手巧。我告诉学生：事情做得越多，五指越灵巧，大脑就越灵活、越聪明。你想让自己变得更聪明、更优秀，那就得多做事，多锻炼自己的五指。我看到学生们的眼里闪烁着希望的光芒。顺势，我隆重推出一系列五指游戏，如五指操、爬楼梯、手影游戏、翻花绳等，学生们兴趣盎然。

与此同时，我在班级开展"创意手工会""画青花瓷""做五指树"三大活动。"创意手工会"要求学生用灵巧的五指制作出手工作品，如种子粘贴画、树叶贴画、彩泥塑造、废物利用制作等。结合学校创一校一品活动，指导学生绘制青花瓷作品，并展览参观。在班级开展"做五指树"的活动，动员每一个学生用自己独特的方式制作自己的五指树，共同完成教室墙壁上巨大的五指树。孩子们有的利用毛线，有的利用种子，有的利用彩色纸等一切可以利用的东西来装饰美化自己的五指，然后郑重地在上面写上自己的名字。当班级每一个学生的五指贴上五指树时，学生们欢呼雀跃起来："真美！"

我对学生们说："这棵五指树就代表着我们的五指班，每一个写上名字的五指就代表我们五指班的一个同学。虽然每一个五指都各不相同，但每一个五指都是同样的美丽……我们每一个同学都要努力，用我们的五指共同来把我们的五指班建设得美好幸福，就像这棵五指树一样枝繁叶茂、绚丽多彩！"教室里响起热烈的掌声。

一系列游戏与活动，让学生们的五指灵巧起来，每个学生为自己拥有一双灵巧的手而自豪。

学生们骄傲地说："我爱我的五指！"

（资料来源：刘成伦. 一线优秀班主任成长秘诀[M]. 北京：北京时代华文书局，2016：14.）

3) 班级例会

班级例会是指在班主任的指导下，全体学生参与的讨论班级事务、进行班级建设的活动，一般会有固定的时间，例如在周一下午的某个时间段。

2. 主题活动

班会是班级主题活动的常见形式，由于班会时间的限制，有很多主题无法在一节课内充分完成，所以可以把一个主题分成若干次来进行。根据活动的主题不同，可以把主题教育活动分为德育、智育、心理健康教育和法制安全教育等类型。

在小学低年级阶段的纪律教育和安全教育，例如，"我会过马路"和"防溺水安全教育"；小学中年级阶段的"诚信教育"和"友谊教育"，例如，"诚信伴我成长"；小学高年级阶段的"爱国教育"和"读书教育"，例如，"我读书，我快乐"等。初一的情感系列教育，开展"妈妈，请原谅您不懂事的孩子吧，我对不起您！"和"理解是双向的"等主题班会，让学生了解母亲，热爱家庭，尊重长辈，然后上升到"了解同学、热爱集体、尊重师长"，再上升到"了解社会、热爱祖国、尊重人民"。在初二的时候配合人生观教育，要抓住是非观、苦乐观和价值观等系列来突破青春期判逆的过程，开展"新的起步"等系列教育活动。初三抓理想教育，根据学生发展阶段和自身思想矛盾转化的特点，要抓住远大理想和现实可能性的矛盾，开展系列理想教育活动——"昨天我立志，今天又达标，明天再追求"主题班会，设计理想的同时还要听别人对自己的评价，充分认识自己、认识别人。

(二)按活动地点分：校内班级活动和校外班级活动

1. 校内班级活动

校内班级活动是指在学校组织进行的班级活动，包括例行性班级活动、专题性班级活动和综合性班级活动。

1) 例行性班级活动

例行性班级活动主要是班会，处理一些班务，引导全班同学对班级进行民主管理。在新学期开始时，班级需要通过班会制定或修改班级活动、工作计划、规章制度等；在遇到重大决定和行动时，召开班会，让全班同学讨论，统一他们的思想和认识；在班委会轮换时，也要召开班会。

2) 专题性班级活动

专题性班级活动是指根据学校的统一安排，或者学生的实际需要，以中心议题的形式开展的班级活动。其中的议题可以是针对某一普遍问题而对集体进行教育的活动。

3) 综合性班级活动

综合性班级活动形式多样、内容丰富、娱乐性强且深受学生喜爱，而且寓教于乐、潜移默化。这样的活动不仅能取得很好的教育效果，还会促进集体成员之间的情感交融，促使集体形成积极向上的力量。

2. 校外班级活动

校外班级活动是指组织班级学生走出校门，为接触社会、了解社会和服务社会而开展的活动。组织校外班级活动，可以让学生更好地了解社会，接受思想品德教育，丰富健康情感，增强社会适应能力，促进学生的社会性发展。校外班级活动形式多样，可以开发各种社会资源，进行不同的活动，例如：以了解社会为目的的社会调查和社会考察；以培养学生的劳动观为目的的勤工俭学和支农、支工活动；以培养学生道德品质为目的的社区义务劳动和敬老爱幼等活动；各种参观活动、瞻仰活动等。[①]

(三)按活动内容分：政治性活动、知识性活动、娱乐性活动、社会实践活动和心理健康活动

1. 政治性活动

政治性活动是以思想品德教育和行为规范训练为主要内容的班级活动。这是贯穿于始终的一种活动，由学生一入学到学业的结束都得接受思想品德和社会主义核心价值观的熏陶。政治性活动一般通过常规的课堂教学、班会、团队活动、传统文化教育等展开，使学生受到政治思想教育和社会公德教育，养成良好的行为习惯。课堂教学中，教师将思想道德教育渗透其中，班会时班主任捕捉教育时机，为辨明事理而召开的一些与当代时事相适应的主题性会议。

2. 知识性活动

知识性活动是以培养对基础学科的兴趣、扩展并运用学科知识、加强技能和智能训练为主要内容的班级活动，主要通过组织课外兴趣小组、举行班级知识竞赛和学习操作微机等各项活动，吸引广大学生积极参与。各项活动都要体现知识性与趣味性，使知识性活动成为开阔学生知识视野、提高学生智力水平、发展学生能力特长的摇篮。

3. 娱乐性活动

娱乐性活动是以培养学生在文艺、体育方面的兴趣、技能为主要内容的班级活动。娱乐性活动通过组织演唱会、艺术品欣赏等来培养学生健康的审美情趣，形成高雅的情操，发展学生对艺术的爱好与特长。通过开展田径、球类、棋类等体育竞赛活动，使学生养成自觉锻炼的习惯，从而不断增强体质。

4. 社会实践活动

社会实践活动旨在沟通学校、社会、家庭之间的联系，把学校教育同社会教育紧密结合起来，进而提高学生的社会实践能力。实践性活动通过组织学生参观访问、实地考察、

---

① 徐群，朱通玉. 班级活动的设计与实[M]. 芜湖：安徽师范大学出版社，2013：5.

写调查报告以及参加公益劳动和社会服务等活动，可以引导学生接触工农，了解社会，增强热爱劳动人民的感情和社会责任感。开展实践性活动是避免"死读书"的最佳途径。在组织进行这些活动时能启发学生在活动中去探求真、善、美。

5. 心理健康活动

心理健康活动是以促进学生心理健康发展为目的的一系列活动，主要是帮助学生形成积极健康的精神面貌、积极的思想感情和健康的心理素质。学生这个群体具有特殊性，他们在不同的年龄阶段，容易出现不同的心理问题，例如，叛逆、不服输、缺乏自信、焦虑和困惑等，适时地开展一些心理辅导活动，可以让学生在活动中利用他助、自助、互助相结合的方法，达到自我教育的目的。[①]

(四)根据活动功能分类：个性发展类活动和社会适应类活动

1. 个性发展类活动

个性发展类活动主要是为了让每个学生充分展示自己的特长，挖掘自己潜力，发展自己优势而开展的活动。学生在这类活动中可以充分表现自己，发出自己的"光亮"。不同的个体具有不同的特点和不同的优势，学生在展示自己的优势时，会体验到成功的喜悦，看到其他同学的长处时，会自觉地向他们学习。学生在活动中加深了对自己、对同伴的认识，也为教师了解他们打开了一扇"窗口"。例如在一次题为"爱要怎么说出口"的主题班会上，当进行到"我为父母做什么"这一环节时，学生们说出了自己内心的想法：倒一杯热茶、捶一捶肩膀、问候一声、少惹大人生气、做一次饭、做一次家务、节日里送上祝福……班级活动为学生情感打开"出口"的同时，也可促进学生个性的发展。

2. 社会适应类活动

社会适应类活动着重让学生学习社会生活必要的规范、技巧，以及生活所需的基本智慧，让学生能够掌握生活智慧。这类活动既包括学生基本的生活习惯的养成，也包括社会实践能力的提高，还包括介入社会政治、经济、文化所需的基本素质的形成。学生是在社会中生活着的人，必需的生活技巧、生存技能、权利意识和义务观念是美好生活的重要保障。开展社会适应类活动，可以帮助学生很好地总结和掌握一些社会规范、生存技巧，了解社会与人生，训练并生成生活智慧，为以后步入社会做好准备。

第二节 课内活动的组织

班级是学校教育的细胞，班级活动是学校教育的重要组成部分。班级活动作为班级功能的主要载体，对学生的成长生活具有重要意义，班级活动根据不同的划分标准有不同的类型，不同的班级活动的设计与组织表现出不同的特点和方法。对于班主任来说，其工作的基本内容包括组织班会活动和课外活动，班会活动是班主任进行课内活动的重要手段。

---

① 齐学红. 新编班主任工作技能训练[M]. 上海：华东师范大学出版社，2007：85.

一、班会活动的内容

班会是在班主任的指导下，以班级为单位组织的全班学生的会议和活动，是班主任对学生、班级进行组织管理、指导和教育的重要途径，也是学生民主生活的一种重要形式。在班会上，班级的每个学生都可以充分发表自己的意见，共同研讨解决班级中的各种问题。举行班会是最普遍、最有价值的教育方式。班主任可以从以下几个方面开展班会活动。

(一)班级工作方面

宣传学校各项规章制度和纪律，教育学生严格遵守，引导学生分析研究班集体中的问题，提出巩固和发展班集体的措施；引导学生讨论集体工作任务，不断提出新的奋斗目标；选举班干部，审议班级工作计划，总结班级工作，确定与班集体建设有关的具体内容。

(二)个人行为方面

宣传"学生守则"，检查"学生守则"的执行情况，表彰先进行为，批评错误言行；帮助学生分析和总结自己的情况，提高他们自我道德评价的能力和刻苦锻炼自己的毅力，帮助他们巩固优良行为和克服不良行为。

(三)其他方面

组织讨论班级成员共同关心的问题；定期的时事教育；处理偶发事件，开展对学生成长有益的主题教育活动。

二、班会活动的类型

(一)临时性班会

临时性班会一般因班级突发事件或特别的社会时事而开展，具有突发性、偶然性和重大性等特点。临时性班会要求在较短的时间内产生教育效果。它的目的是让学生能够迅速地接收到教师传递的信息，较快地处理好班级的一些突发事件。

(二)例行班会

例行班会主要解决班级常规工作问题，是班级定期举行的以对学生进行常规教育为主的班级学生会议。班级例会具有实效性和灵活性等特点，它的主要目的是使学生通过接受常规教育，做到自觉遵守学生守则，自觉维护集体荣誉，以保证班级正常秩序和学生健康成长。

(三)主题班会

主题班会是以特定主题为中心形式开展的班会活动，它的结构完整、目的明确，形式多样，具有思想性和教育性、主体性和参与性、时代性和针对性、活动性和互动性等特点。其重点在于提高全班同学的思想道德水平，是一种更高层次的班会形式。

三、开展班会活动的要求

(一)活动的主题要符合时代

开展班会活动时，要让学生触摸时代脉搏，紧跟时代潮流，了解时代信息，选择有时代感的活动主题。首先，可以从时事中抓题材。开展班级活动，要善于从时事中抓住有教育意义的题材；其次，可以从生产、科技发展中抓题材；再次，可以从身边的新鲜事中抓题材；最后，还要善于从发生在学生身边的事情抓题材，身边的事例能对学生产生榜样的作用。

(二)活动内容的设计要符合学生实际

班主任设计的活动应该是受学生欢迎的，它能以深刻的立意影响学生，以新颖的形式吸引学生，以出色的成果激励学生。除了爱国、励志、诚信、勤学、文明习惯和感恩等必选题材外，还可以设计一些如走访青春偶像、郊游、家务劳动比赛、教室微型运动会等活动。学生受欢迎的活动蕴藏着班主任的智慧和经验，在工作中，班主任应研究学生的心理、生理、年级特点，研究班级情况，积极实践，使活动不断创新。

(三)充分发挥学生的主体作用

班会活动要尽可能让每个学生都参与，例如"交流我的理想"和"与校友通信"这些活动，每个学生都能参加，并且可以激发学生的活力。但像辩论活动，由于时间、辩论规则等原因，只能由部分学生参加。对此，我们要采取措施让每位学生都参与活动、关注活动，在活动中成长。班主任可以这样设计：以小组为代表队，每位同学都要为本代表队收集"弹药"捆绑成绩，共担责任，同时在辩论时允许台下同学"助辩"，这样尽可能调动学生参与活动的积极性。

(四)活动的组织形式多样化

班会活动要达到理想的教育目的，必须注意活动内容和活动形式的多样性。开展活动时要兼顾学生德智体美劳各方面的素质，使活动既有教育性又有趣味性，多种活动能让所有的学生都有施展才华的机会。中小学生喜欢求知、求新、求实和求乐，活动形式必须丰富多彩，变化新奇，这样才能吸引学生的注意力。

(五)活动的组织要整体连贯

整体性是指班级活动的内容、过程和教育力量成为一个系统，也就是用整体的教育思想指导活动，达到教育目标的整体性和学生身心发展的整体性。活动内容要有整体教育的考虑，要包含德智体美劳等方面，使学生得到多方面的教育和发展。在一次班会活动中，从酝酿、设计、准备阶段发动学生全身心地投入进来，实施时才会有激情，才能富含教育性。此外，活动之间应有系统性和连贯性的安排，还要尽可能地发挥学校、家庭、社会的整体性教育功能，可以请家长参加班级活动，作报告，给学生写信等。[①]

---

① 齐学红．新编班主任工作技能训练[M]．上海：华东师范大学出版社，2007：90.

四、班会活动的组织与实施

(一)活动前准备

1. 时间和结构准备

班会活动的组织与实施.mp4

班会的结构是指班会的基本组成成分，包括基本环节、阶段或步骤。班会实施的效果如何，取决于结构是否合理、时间分配是否恰当，优秀的班会应符合学生的认知规律，由浅入深、由表及里、由知到行，逐步推进。例如：在举行"相信自己，我能行"主题班会时，以学生骑车的经历为切入点，带学生走进一种愉快、轻松的情境，自然而然地揭示了班会主题；接着在主体环节上通过听读故事、游戏活动、采集格言的方式，引导学生一步步感悟自信、理解自信；最后以富有哲理的教师寄语升华主题，并鼓励学生到生活中去践行。

2. 场所和工具的准备

环境的布置关系到活动的气氛，黑板是会场布置的"主景"，黑板上应写上会标，可用彩色粉笔写，可用金纸剪成的字帖，可写成仿宋体、楷体、草体等。为了使班级活动生动有趣，还可制作一些活动教具，在小木牌上绘上"主持、正方、反方、计时、记分、主讲人、特邀嘉宾"等字样，可在论辩、竞赛、讲座等多种活动中使用。

3. 角色分工准备

在主题班会中，因班主任和学生分别扮演不同的角色，所以要明确各自的任务。学生是班会现场的主角，班主任自始至终都参与到班会中。作为班主任，课前是编剧和导演，指导学生确立主题，构思选材；班会进行中，班主任还要出演，担任主持人，发表讲话，把握班会进展情况；同时，班主任还要当好观众，一次班会的召开，并不是这一教育内容的结束，还需要进一步巩固成果，落实到行动中。班主任一定要做一个细心的观众，理智地指出此次活动的成功与不足之处，并指出今后努力的方向。

(二)活动中实施

1. 班主任主导

班主任是班级活动的主导者，要设计具体的实施步骤，尽力为学生出谋划策，当好导演，就活动中出现的问题提出自己的见解与看法，做好后勤工作。班主任要充分调动学生的积极性，在活动过程中，有些同学因为胆小或害羞，参与活动的热情不高，班主任老师要及时加入，帮助他们树立信心，鼓励他们积极参与，也可以直接拉他们融入活动。

2. 学生主体

活动实施时，全班同学全身心地投入是关键。开班会前的一至两天时间，班上要营造一种准备积极投入活动的氛围，发出具有鼓励性和号召力的信息，班级骨干和每个成员都要表现出积极的姿态。活动进行时，班主任只是起引导、带动作用，当班级活动面临难题时，班主任只根据问题需要做适当指导，不包办一切，要给学生解决问题的机会，集体提出对策，决定解决方案，集体监督实施，并进行相应的表扬和惩罚。在集体自主解决问题的情况下，学生会自觉遵守新规定。

3. 注意突发事件

班会活动是一个动态的、变化的过程，即使班主任考虑得再周密、学生准备得再充分，也可能会有什么意想不到的事发生。例如邀请的学生胡乱提问，扰乱秩序，电源插头不灵，准备好的材料找不到，有关同学生病等。班主任要处乱不惊，随机应变，发现问题及时解决，针对突发事件，要能准确地作出判断，及时采取合理的对策，化不利因素为有利因素，保证班会的顺利进行。班会是学生共同成长的舞台，但不一定每个学生在这个舞台上都能热情大方地展示自我，在班会上，班主任要以一颗真挚的爱学生的心，呵护学生、关爱学生。

(三)活动后总结和反馈

1. 总结

一次成功的班会活动，其内容广泛，形式多样，方法灵活，教育总目标是它的"神"，最主要的是必须能通过活动打动学生的心灵，使学生完成从外向内的转化。活动结束前后，应适时做小结，小结者可以是主持人或班主任，也可以是校领导或来宾。小结要切合实际，既肯定同学们的优点，又指出活动中的不足，还可以指出改进的方法。活动的开展要有效地帮助学生提升自身素质，纠正班级不良风气，在活动的过程中尽可能地要求学生以书面的形式完成各类总结。

2. 反馈

班会活动结束后，应进行及时的反馈，反馈的渠道有下述几种。

(1) 值日生及时记录班级活动，要真实、具体。

(2) 学生执写活动纪实。事先确定执笔者(可由主持人担任)，让他多了解、多留心、多观察本次活动的情况，班主任应注意提供有关资料，如活动准备过程中的好事、趣事，活动结束后学生的反映，定稿后可复印，每个同学一份。

(3) 规模较大、时间较长的班会活动可写活动总结。由主持人或班长根据班委会讨论记录整理，主要内容为活动的经验和改进意见。

(4) 还可以开展座谈会听取同学们的意见，向学生发放调查表，了解学生对活动的评价和建议。[①]

总之，精心选择、科学设计、积极实施的班会活动可以寓教育于活动之中。成功的班会活动，能使学生充分受益，终生难忘，得到学生欢迎的班级活动是有魅力的教育方式，注重学生发展的班级活动是促进学生成长的良好途径。

阅读链接 6-2

团结合作才能成功

1. 活动目的

(1) 以"合作精神"为主线，通过表演不同的活动内容，让学生充分体验到合作的重

---

① 王芳，唐和英. 优秀班集体的建设与维护[M]. 芜湖：安徽师范大学出版社，2013：167-168.

要性。

(2) 帮助学生确立正确的人际协作意识，提高学生的社会适应能力。

(3) 消除以自我为中心的错误心理，形成互助的高尚情操。

2. 活动准备

板书班会主题，筷子一把、空瓶六个、用线拴着的粉笔头二十四个、毛巾三条、绑带六根、球六个，进行课本剧表演。

3. 活动过程

(1) 激发兴趣，导入活动主题。

① 两位主持人介绍自己，并且宣布主题活动《合作才能成功》正式开始。

② 两位主持人列举班级入学以来取得的一些成绩，同时强调这所有的成绩都与大家的团结合作分不开。

(2) 认识合作。

① 学生初步说说自己对团结合作的理解，说说为什么要团结合作。推荐大力士做折筷子游戏，学生谈感受。"一根筷子容易折，一把筷子折不断"，这就是团结的力量。

② 玩游戏《紧急逃生》。介绍游戏规则：每一个小组前面都有一个空瓶子，这个瓶子代表一座"已经着火的房子"，里面用线拴着的粉笔头代表"在房里还没出来的你自己"，用最快的速度从火场顺利逃生。每个小组派四个学生玩游戏。没有脱险的小组，分析原因；顺利脱险的小组，说说怎样做的。小结：越是在有危难的时候，我们就越应该团结起来，相互合作。

(3) 体验合作。

① 激起合作欲望：你能合作吗？点击一下课件，大屏幕显示：要积极参与活动，服从安排，互相配合，并努力地按要求去做。要欣赏别人的优点，包容别人的缺点，善于鼓励同伴。要取人之长、补己之短，虚心接受帮助，这样才能把一件事情做成功。经过亲身体验，学生谈合作时最重要的是什么(服从安排，互相配合)。

② 学生谈谈班级团队精神与合作意识在哪些方面还不够？我们应该怎样改进？

③ 班主任老师小结：人在集体中，力量才会更大。

④ 主持人宣布活动结束。

(资料来源：王芳，唐和英. 优秀班集体的建设与维护[M]. 芜湖：安徽师范大学出版社，2013：175-176.)

第三节　课外活动的组织

课外活动是指在课堂教学之外，用以补充课堂教学、实现教育方针要求的一种教育活动，是根据受教育者的需要以及教育教学的需要，在教育者的直接或间接指导下，实现教育目标的活动。随着素质教育的实施，人们越来越重视学生全面素质的提升，课外活动作为培养学生全面发展的重要途径之一，极大地适应了儿童身心发展的需要。

一、课外活动的基本内容

(一)学科活动

学科活动是课外活动的主体部分，是以让学生学习和研讨某一学科的知识或培养某一方面的能力为主要目的的活动。学生可以按学科组成不同的小组，如数学活动小组、语文活动小组等；也可以依据某一专题成立小组，如以化学实验为专题的小组、以外语会话为专题的小组等。

(二)科技活动

科技活动是学习现代科学技术知识，进行各种科技实践性活动作业的。例如：学习无线电知识、制作科技小模型、观测气象，以及举办科技知识讲座和科学家故事会、科技表演、竞赛等。

(三)文学艺术活动

开展文学艺术活动的主要目的是培养学生的兴趣爱好，发展他们鉴赏美、表现美、创造美的能力，丰富他们的精神生活。文学艺术活动可以围绕朗诵、舞蹈、戏剧、创作表演等活动开展，还可以成立美术、音乐、摄影等文艺小组，以生动活泼和富有感染力的形式来吸引学生。

🔖 阅读链接 6-3

快乐童年，我心飞扬

——"知书苑"学生才艺展演活动方案

一、活动目的

为充分展示学生的儿童天性，充分挖掘学生的艺术潜能，展现学生的自我表演能力，培养学生自我编排、团结协作的能力，提高学生的综合素质，配合学校的"我的中国梦，最美是童年"的班级才艺展演活动，特组织本班学生排练、展演"快乐童年，我心飞扬"班级活动。

二、活动主题

快乐童年我心飞扬。

三、活动形式

表演说唱、小品、古筝演奏、舞蹈、小合唱、古诗朗诵等。

四、活动准备

学生积极准备节目，教师协助准备剧本、音乐、编排、审查等。

五、活动时间及地点

时间：第十四周星期三中午 12:20—14:00。

地点：学校篮球场。

六、人员安排

1. 总负责人：潘哲胤。
2. 主持人：邵植然、李思琪、潘哲胤、焦兴莲。
3. 节目审查：黄芳、王红。
4. 音控：王文、雨轩。

七、节目串词

男一：亲爱的同学们，

女一：热情地欢迎你们的光临。

男二：辛勤工作的老师们，

女二：真诚地感谢你们的付出。

男合：在这浪漫的初夏时节，让我们相约在这里；

女合：在这迷人的方寸舞台，让我们欢度这一刻。

合：　"快乐童年，我心飞扬"三二班才艺展演现在开始。

男一：童年里总有许多美好的回忆，让我们一起到外婆的澎湖湾去寻找那儿时的阳光、沙滩、海浪、仙人掌和那位老船长。请听歌曲《外婆的澎湖湾》。

女一：大家玩过编花篮的游戏吗？让我们在《编花篮随想曲》中来玩玩有趣的游戏吧。

男二：课间我们可以尽情地玩游戏，那上课应该怎么做呢？我们来看看《如此课堂》要不要得。请欣赏小品《如此课堂》。

女二：这样的学生真是让老师头疼呀！接下来，让我们在轻松愉快的音乐中看看宇宙无敌的《大小姐》。

男一：这样活泼可爱的大小姐真是人见人爱、花见花开、车见车爆胎呀！

女一：要想校园生活好，文明礼仪少不了。请听三句半《校园文明礼仪》。

男一：如有雷同，不胜荣幸！

男二：文明的校园让我们的校园生活更愉快，火辣的拉丁舞让我们的心情更美丽。请欣赏拉丁舞。

女二：有一种古老的乐器，它音色优美，音域宽广。让我们一起凝神静气，感受它的魅力吧！请听古筝《金蛇狂舞》。

女一：太阳每天东升西落，大家想不想太阳永远高挂天空呢？这里就有一群大胆的小精灵，在日不落的世界里放飞心情。请欣赏舞蹈《日不落》。

男一：春夏秋冬，一年四季就这样轮回着。

女二：每个季节都有让我们想念的事情、想念的景物。

男二：中华民族上下五千年，大浪淘沙，留下了不灭的经典。

女一：让我们徜徉在祖国文化的迷人魅力中，感受小古文的文字凝练吧！

男一：这里是我们的舞台！

女一：欢乐在这里飞翔！

男二：这里是我们的童年！

女二：激情在这里开始！

男一： "快乐童年，我心飞扬"，三二班才艺展演将从这里出发，走进我们的生活！

合(弯腰礼)：谢谢大家！

(资料来源：刘成伦. 一线优秀班主任成长秘诀[M]. 北京：北京时代华文书局，2016：73-74.)

(四)体育活动

开展体育活动的主要目的是锻炼学生的体力，增强学生的体质，培养学生对体育活动的兴趣和吃苦耐劳的精神。同时，开展体育活动也有利于提高学生的运动水平，发现和培养有体育特长的学生。体育活动形式多样，如各种球类活动、长短跑、登山、划船、游泳、滑冰、健美运动和各式各样的游戏活动等。[①]

(五)社会活动

社会活动是让学生走出学校，接触社会、了解社会、认识社会和服务社会的教育活动，它是培养学生相互关心、合作精神和社会责任感等素质的重要途径。社会活动一般包括社会调查、参观、考察、访问以及各种无偿的社会服务和公益劳动等。

(六)课外阅读活动

课外阅读活动是指学生在课堂教学范围之外，根据自己的兴趣，爱好或某一方面的需要进行的一种自觉的读书活动。开展课外阅读活动的目的在于开阔学生的知识视野，让学生及时接触和吸收新知识，培养学生的自学能力和思维能力，同时加深学生对课堂知识的理解和掌握程度。

🌐 阅读链接 6-4

搭建阅读大舞台，书香浸润好时光

"给学生一个舞台，还大家一片精彩。"书香班级文化的建设，教师一定要最大限度地为学生搭建各种平台，让每个学生积极置身于良好的发展氛围之中。而丰富多彩的书香活动，就是学生浸润书香文化、融入书香氛围的载体。

(一)每天三分钟，你讲我点评

我既是班主任，又是语文教师，对于书香班级的建设具有独特的优势。我们商定，依照一定的顺序让学生提前做好准备，在每天的语文课前三分钟上台讲故事、读美文、背经典等，其余学生专心听讲，然后进行三五句话的点评，点评包括谈优点和提建议。一个学期下来，每个学生至少都能轮两次。通过这样的形式，提高了学生的口语交际能力，在一定程度上对学生阅读习惯的养成也是一种促进。

(二)晨读时光，读书励志分享

每天晨读，领读员打开计算机大屏幕，带领全班诵读关于读书励志的名言。然后，自读自背，同桌交流自己的体会，分享自己看到的关于名人读书的故事，激励大家积极向上，

---

① 王鹰. 班主任工作技能训练[M]. 北京：人民教育出版社，2001：92.

走近书籍，体验感悟。

(三)每天十分钟，共赏经典文

每天的午会时间，我们师生共同欣赏经典好文章，或一起背诵经典小古文，感受中华文化的博大精深；或分享哲理小故事，领悟深刻道理；或走近精美小散文，游走于名川大山之间；或赏析文字画面兼美的绘本，在想象中驰骋、在沉浸中品味……通过这样的活动，让学生们慢慢感悟：要么读书，要么旅行，身体和灵魂总有一个在路上。

(四)每周一小时，阅读专享课

每周三下午一小时的阅读课，是孩子们非常期盼的阅读时光。在这一小时里，师生共同阅读，或同一个主题，或同一个题材，或同一个作者，或同一本书。在这段时间里，每一个学生都沉浸在静心阅读中。阅读课最后十分钟，在自己的阅读笔记本上，想我所想、写我所写，没有约束、没有要求，围绕所读，畅所欲言，尽情抒发。

(五)每月主题读书活动，评选"知书"小达人

一次主题活动，就是学生们一次能力的大锻炼。从主题策划、稿件撰写、编排练习、交流展示，都是全员参与。课本剧的自编自导、故事演讲会、美文诵读比赛、书名串串烧活动、我手写我心等"书香"活动，让全班每个学生都乐在其中，尽情地绽放自己的最炫光彩。通过活动，让学生们自己评选出心目中的"知书"小达人。

(六)每期一次"好书推荐，分享经典"

通过读书交流、制作阅读小报、写读后感、师生共读一本书等活动，展示了学生们阅读后的脱口秀、简明扼要概括精彩内容的熟练技能、独具个性的推荐理由、行云流水的奇特想象等。学生们在这样的活动中，不知不觉地浸染着书香的味道，散发出优雅的气息。

(七)同写一本日记，记录成长点滴

《知书苑的那些事儿》是我们班的循环日记本，每天一名学生轮流记录，倡导记录班级的美好时刻，尽量避免成为学生发牢骚的地方。第一页写上班名、班级目标、班训等内容，请学生进行精美的妆饰。教师在第二页寄语阅读的相关内容，引导学生以积极健康乐观的心态来书写班级日记。

(资料来源：刘成伦. 一线优秀班主任成长秘诀[M]. 北京：北京时代华文书局，2016：63.)

(七)主题活动

主题活动是就某一特定专题而开展的短期或长期的专门活动。这种活动往往有特定的具体目标，活动内容和形式也具有一定的稳定性，比如学雷锋小组。主题活动既能使学生获得与活动目的相关的知识，也能培养他们相关的情感和态度，长期的主题活动更有助于培养学生做事情持之以恒、有始有终的意志品质。

二、课外活动的基本形式

(一)群众性活动

群众性活动是一种面向多数或全体学生带有普及性质的活动。活动的规模常根据活动

的目的、内容而定。群众性活动参加人数较多，可以在短时间内使较多的学生受到教育，同时对活跃学校生活、创造某种气氛和制造一定的声势有很大作用。群众性活动主要包括：报告和讲座、集会活动、竞赛活动、参观、访问、游览和调查、文体活动、制作墙报和黑板报、社会公益活动等。

(二)小组活动

小组活动是课外活动的基本组织形式。小组活动是以自愿组合为原则，根据学生的兴趣、爱好和学校的具体条件进行有目的、有计划的经常性活动，小组活动的特点是自愿组合、小型分散、灵活机动，主要包括学科小组、劳动技术小组、艺术小组和体育小组等。

(三)个人活动

个人活动是指学生在教师指导下，在课外单独进行的活动。它往往与小组或群众性活动相结合，由小组或集体分配任务，学生根据个人的兴趣和才能单独进行。

三、开展课外活动组织的基本要求

(一)有明确的目的性、计划性

课外教学活动必须具有明确的目的性和计划性，明确的目标，是进行活动的导向和旗帜，是制订方案和评价活动的依据，只有目的明确、有计划，活动才能有条不紊地进行，才能检验活动后是否获得到了应有的效果。

(二)内容、形式多样化

课外活动的内容是由组织者根据教育目的、学校培养目标、学校的具体条件和学生的愿望及要求确定的。课外活动的内容源于各种书籍、报纸、杂志以及广播、电视、录音、录像等现代大众传播媒介。它的形式是多种多样的，可以根据活动的内容、学生的年龄特征、知识水平和设备等具体条件，灵活确定，要用新颖的活动形式来吸引学生的注意力。

(三)教师主导、学生主体

课外活动要发挥学生的主动性、独立性和创造性，学生可以自主地选择课外活动的任务、内容、组织形式、方法、时间、地点、进度；可以自己组织、设计、动手。教师处于指导辅助的地位，学生的主观能动性得到充分的发挥。

(四)与课堂教学相互补充

课外活动是课内活动的补充，在课外教学中，感性知识欠缺的学生，能在运用理论知识于实践活动的过程中，得到丰富的感性知识，在感性知识的基础上获得理性知识，掌握比较全面的知识，锻炼和形成较强的进行各种社会活动的实践能力。课堂教学和课外活动形成良好的互补，相互促进。

(五)因校、因地制宜

组织课外活动时，还要考虑地区和学校的因素，充分利用地方特色，发挥地方优势，让不同的学生能够在不同地域特色的熏陶下茁壮成长，发展学生的个性。

四、课外活动的方案和实施

课外活动具有丰富性和复杂性等特点，因此课外活动的组织需要经过班主任的精心设计，要事先制订好活动的方案，再根据活动方案来进一步组织和实施。课外活动的方案一般包括下述各项内容。

(一)活动主题

活动主题一般通过标题来展现，是对活动内容的实质性反映。撰写方案之初，一般会先确定活动标题，一个好的活动标题，首先要充满学生的成长气息，符合学生发展的实际，如"男生女生不一样"；其次要清晰地反映活动的内容，如在植树节的活动"行动起来，人人都是绿色使者"；最后，活动的标题要尽可能简练醒目。[①]

(二)活动目标

班主任在组织课外班级活动时，要明确活动的具体目标，使学生明确开展该活动所要达到的目的，明确的活动目标，是制订方案和评价活动的依据。不要用"认知、情感、操作"等心理学的分类标准来划分活动目标，而应围绕对学生现状的分析和对活动的理解作出综合的、学生发展意义上的目标表述。例如，在开展"我是地球小卫士"的课外活动时，目的是要学生能够通过参加一些志愿活动，了解到保护环境的重要性，并能在以后的生活中也坚持好习惯，爱护环境。

(三)活动时间、地点、人员

班级课外活动的开展，其基本构成要素是时间、地点和人员。班级活动应根据班级学生特点、知识水平、学校总体安排及教学日历等确定时间、地点和人员的构成。尽可能地保证时间不冲突，地点的选择应与学校的距离适当，最好还能邀请学校领导以及家长参与到活动中。

(四)活动准备

必须对开展活动的场地、所用器材及工具设备做周密考虑，以确保活动的顺利进行，避免使用容易对学生身心健康造成损害的东西，一定要使用时须做好安全防范。

(五)活动内容、形式

班主任无论组织什么活动，都应该根据活动内容选择那些最能实现活动目标的活动形式，以获得最佳的活动效果。选择理想的班级活动形式的依据主要有四点：一是活动内容；二是现实条件；三是本班学生的年龄特点和其他实际情况；四是指导者自身的特长和优势。

(六)活动步骤

在活动实施过程中，每一步都要有目的、规划与预测，预测可能出现的问题及解决方

---

① 齐学红. 新编班主任工作技能训练[M]. 上海：华东师范大学出版社，2007：92.

法，并指明注意事项，以引起学生注意。特别是具有探险性的活动，应做好一切应急准备，确保活动的安全。

(七)活动总结与反思

班级活动开展完以后，并不意味着结束，对活动的总结和反思是班主任必须做到的。通过反思，可以使课外活动的教育效果得以加强，为完美地开展下一次活动打好基础。班级活动的反思主要应从下述三个方面进行。

1. 活动方案的反思

班级活动结束以后，应该对此次活动的方案进行反思，主要包括活动的主体选择是否合理，主题提炼的深度是否得当，活动时间的安排如何，人员挑选落实得如何，活动过程中是否对方案进行了调整，活动汇总是否还有情况是预设时没有考虑到的，活动的过程设计是否恰当，活动规划的撰写是否通俗，有没有表达歧义的地方等。

2. 活动过程的反思

对班级活动过程的反思，主要是过程开展是否按预设顺利进行，如果没有，原因是什么；方案中的每项活动，与实际开展是否有差异，如果有，原因是什么；活动中存在哪些困难，针对这些困难，以后该如何进行调整；有哪些活动在实施中根本就不可能开展，哪些是需要改进的等。

3. 活动效果的反思

班级活动都需要实现一定的预期目标，在活动结束以后，必须对活动的效果予以评价。同时，在活动中还会产生意想不到的效果，有正面的，也有负面的，这些都需要我们认真地总结和反思，以便在以后的班级活动中注意。

阅读链接 6-5

"美的追求"班级主题活动方案

(一)活动名称

"美的追求"。

(二)主题选择过程

该班是一个民工子弟班，所有的学生都来自进城打工的民工家庭，部分学生甚至到上中学时才从家庭所在地的农村小学转到城市读书。这些学生相对于城市里的学生来说，比较朴实。但是，随着时间的推移，他们慢慢也受到城市里部分学生的影响，例如有些学生不顾家庭的经济条件，与其他同学比穿比用。我与班委对这个问题进行了商讨，一致认为，有必要围绕这个问题开一个主题班会。但是，一节主题班会，要想从根本上解决上述问题，比较难。因此，大家最后商定，围绕"美的追求"这个主题开展系列活动。

(三)策划准备过程

主题定好后，交由班委发动学生，讨论开展哪些关于"美的追求"主题系列活动。根据大家的意见和建议，决定围绕主题，开展"发现美、选择美、感受美、认识美"四项系列活动。

(四)主要实施过程

1. 发现美

由班委出面,请负责学校摄影的宋老师,给大家开一个摄影讲座,教大家摄影,然后分小组用相机或DV捕捉美的景物、美的人、美的行为、美的事物等。

2. 选择美

由班委出面,请学校的美术老师袁老师给大家开一个关于"美的画面如何构图"的讲座,教大家选择美,然后请学得好的同学当评委,把各小组拍摄得比较好的图片和画面选出来,展示在班级的《我型我秀》墙报栏中。

3. 感受美

由班委出面,请语文老师给大家开一个"让美在笔下飞扬"的讲座,把前面两个过程的感受以征文的形式写出来。同样,把好的征文展示在班级的《我型我秀》墙报栏中。

4. 认识美

通过前面三项活动作为铺垫,召开关于"美的追求"的主题班会。其具体步骤如下所述。

① 主持人开场白:爱美之心,人皆有之。处于青春期的少男少女的我们,更是美的追求者。那么我们到底应该追求怎样的美呢?下面首先有请我们班在发现美、选择美、感受美活动中的获奖者,介绍他们的获奖作品和感受。

② 获奖者介绍他们的获奖作品和感受;有介绍《美在南湖二中》——反映校园美的;有介绍《美在建邺》——反映城市建设取得成就的;还有介绍班级的《无名英雄》——做好事不留名的孙同学……这些获奖者在谈感受时,有的说,我们的校园很美,有绿化很好的花草树木,有具有艺术美的雕塑,还有经常光顾我们校园的不知名的小鸟。这些说明我们的校园生态环境很美。我们作为校园的主人,应该为创造更加和谐的校园做出自己的贡献。有的说,孙同学心灵很美,要不是报社来我们学校反映情况,我们都不知道他的事迹。他这种乐于助人的精神很值得我们学习。还有的说,人有外在美和内在美之分,外在美固然重要,但人的内在美更重要。

③ 主持人再请其他同学谈看完获奖作品后的感受。

④ 主持人:刚才我们的获奖者马同学,谈到心灵美。如果一个人心灵不美,她还美吗?下面有请我们班的"幽默大师"王同学、李同学,为大家表演小品——《美丽的姑娘》。(大概内容是:一个长得比较美丽的姑娘,坐车时看见一位老人上车,却装作没看见的样子,甚至还有厌恶的表情。)

主持人:这位姑娘美吗?(大家分组交流讨论,并派代表在全班发言。)

⑤ 主持人:既然大家都认为这位姑娘不美,那么,接下来,就请大家欣赏能给我们带来美感的服装秀表演,有请我们班时尚表演队为大家表演。(主要展示一些时尚服饰。)

⑥ 主持人:刚才展示的服饰很时尚,那么,时尚就是美吗?下面请第一组和第二组作为甲方,第三组和第四组作为乙方,对这个话题展开辩论。

⑦ 主持人总结:道理总是越辩越明,问题总是越辩越清。通过今天的活动,我想大家一定会对什么是真正的美有了新的认识,对我们中学生到底应该追求什么样的美有了新的想法。希望拥有青春的我们,能拥有更多的知识、更多的才干。我们不仅要拥有青春的容貌,拥有亮丽的外衣,更要拥有一颗充满爱的金子般的心。愿我们的青春更美丽!

(五)实施效果描述

通过参与发现美、选择美、感受美、认识美这四项活动，多数学生认识到：美的形式是多种多样的，一个人的美不是靠时尚外衣就能代替的，穿上校服的我们，一样拥有青春的美。那股"比穿比用"之风，也就戛然而止了。

（资料来源：徐群，朱通玉. 班级活动的设计与实施[M]. 芜湖：安徽师范大学出版社，2013：55-56.）

活动反思：

这次"美的追求"系列活动，从开始到结束，历经一个月的时间，取得了比预想要好的效果。反思活动的全过程，在班级主题活动开展方面有如下启迪。

在主题选择过程中，对主题活动要解决的问题应作深刻的认识和全面的分析，要以促进学生身心发展为原则来看待问题和处理问题。因为问题总有它的两面性，我们不仅要看到它的负面影响，还要看到它积极向上的一面。就拿案例所提到的问题来说，我们不仅要看到农村学生与城里学生比穿比用，过分追求穿着打扮的不良表现，更要看到他们对美好生活的追求和向往。农村学生的这种变化，有生理变化的原因，也有心理层面变化的因素。从生理上说，初中学生正处在青春萌动期，讲究穿着打扮，这也是成长过程中的必然。再把问题放到社会大环境中去看，从这个层面来看，农村孩子对美好生活的向往和追求应当得到肯定和帮助。教师的责任就是通过活动引导他们摒弃消极因素，倡导积极因素，在正确的教育轨道上健康成长。

【本章小结】

班级活动对学生成长有深远而重大的意义，本章重点阐述了开展班级活动的意义、班级活动的类型，以及课内外具体活动的组织方式和基本要求，力图为中小学班主任在组织与开展班级活动时提供一定的方法与指导。

通过本章的学习，中小学班主任能够掌握和了解开展班级活动的意义，重视对班级活动的组织，在活动中去促进学生的发展，同时，班主任能够对不同类型的班级活动有清晰的了解，掌握组织的方法和基本要求，再结合本班的实际情况以及自身的经验，去更好地组织班级活动，让班级活动有创新性发展。

【思考题】

1. 结合实际，谈谈班级活动对学生成长的意义。
2. 简要说明班级活动的不同类型。
3. 如果你是一名班主任，你该如何组织课外活动。
4. 请以"做一个道德高尚的人"为主题，设计一次主题班会活动。

第七章　班级心理健康教育

学习目标

➤ 了解并掌握心理健康教育的内涵。
➤ 明确青少年心理健康标准和影响青少年心理健康的因素。
➤ 了解青少年不健康心理的表现。
➤ 掌握班主任的心理健康教育策略。

重点难点

教学重点： 清楚心理健康教育的内涵、青少年心理健康标准、青少年不健康心理的表现。
教学难点： 掌握班主任的心理健康教育策略。

案例导入

春风化雨，润物无声

彭艳是一个女孩子，可是脾气暴躁，经常与同学有矛盾，做作业时动作很快，思想很不集中，回家作业片刻就可以解决完(直接抄袭答案)，书写相当潦草。每天不是科任教师就是学生向我告状。因此，我找她谈话，希望她能遵守学校的各项规章制度，以学习为重，按时完成作业，知错就改，争取进步。她开始是一副爱理不理的样子，后来口头上答应了，可她一如既往，毫无长进。此时我的心都快冷了，算了吧，或许她是根"不可雕的朽木"，但又觉得身为班主任，不能因一点困难就退缩，不能因一个后进生无法转化而影响整个班集体，必须面对现实！我内心一横，不转化你，誓不罢休。

有一次在课堂上，我提问别的同学，她在旁边讥笑别人。我立刻请她作答，她当时就一副不屑一顾的样子，回答的还不如别人，这是"百步笑五十步"啊！可是她不服气的神情就没有把我这个班主任放在眼里，我可想象得到，平时为什么老师也不喜欢她，同学们也是敢怒不敢言啊！

我当时就没有和她计较，下午放学，我把她叫到办公室给她讲了一个故事：夜深了，一位巴格达商人走在黑漆漆的山路上，那晚没有月亮也没有星星，年轻人在崎岖漆黑的山路上，看不到前行的方向，也分辨不出南北西北，就在他绝望的时候，一个声音在他身边回响："年轻人捡几颗石子吧，天亮会有用的！""年轻人捡几颗石子吧，天亮会有用的！"他不知道这声音是从哪里来，也不知道是谁在跟他讲话，更不知他重复了多少遍，年轻人非常害怕，加快了脚步，心想，这是什么声音，怎么这么害怕。然而，那个声音仍然在坚持着，最后那声音几乎在哀求着说："年轻人捡几颗石子吧，天亮会有用的！"

年轻人心里忽然觉得似乎是母亲的声音，他心软了，心想：捡几颗吧，也许会有用的。因此，年轻人就弯腰随便捡了几颗石子握在手心，奇怪的是，就在年轻人捡了石子后，前边的路似乎变得明朗了，很快年轻人在黎明前走出了山谷。趁着微微的晨光，年轻人心想，看看手里的石子到底有什么用？当他伸开握着石子的手时，他惊呆了，天哪，竟然是金灿灿的黄金。他忽然明白，原来昨天晚上的那个声音是善意的，那个声音是对我好。他开始后悔，他非常后悔自己为什么没有多捡几颗，当他再次回头时，发现身后黑压压的大山连在一起，根本就找不到那条回去的路了。

她说：这个故事不是真的，很荒诞！

我说："对，也许你觉得这个故事是荒诞的，也许你会说，哪里有这样的事情呢？这个故事的主人公可不是虚拟的，在社会上真实大量地存在着，不知有多少人已经一不小心成了故事的主角。那个在山里迷路的年轻人，依靠弯腰捡起的石子走出了大山，这石子好比就是年轻人应该掌握的知识，当一个人有了知识的时候才能在人生的路上不迷失方向，这握在手中的石子就是黄金，黄金是多么珍贵的东西呀！这黄金就是人生的财富，你掌握知识的多少就好比你拥有财富的多少，当一个人掌握了丰富的知识的时候，就拥有了一生最珍贵的财富！因此，在人生的道路上你还是多弯几次腰，多捡几颗石子吧，明天会有用的！

听到这里她愣住了！她不正是这个故事的主人公！

她说："我爸爸没有多少知识，可是仍然可以当老板，上学到底有什么用呢？"

我说："就像一棵小树苗，如果小树苗生长 3 年就被砍掉，这棵小树苗能做什么？只能做篱笆或者是用去做燃料；如果这颗树苗生长 10 年被砍掉之后能做什么？可以用作檩条或者柱子，木桩；如果这颗树苗生长 20 年，被砍掉之后就可以用来做家具，用作大梁！人也是一样啊，如果你小学毕业就退学能做什么？如果你上学 10 年，就可以学习一些技术；如果你学习 20 年，你就可以设计桥梁工程，甚至可以创造出这个社会需要的工具！你觉得呢？

她沉默许久，下定决心要好好学习，做对社会有用的人才。

（资料来源：搜狐网.）

【案例思考】

在本次事件中，我作为班主任冷静思考，后另寻时机与学生进行谈心交流。对于此事，尽管我很生气，但为了更好地使彭艳转变问题行为，我按捺自身情绪，以温和的口吻、亲切的话语与他交谈，同时，给予充分的时间、付出真心的情感，对彭艳的教育与转变更有成效。

在对"后进生"的教育中，我们要坚定信念，给予充分的时间和精力。无论是对"后进生"，还是对班级学生、家长，耐心，能换来学生对我们的信任，耐心，能把事件妥善地解决，耐心，能让每一次的教育作用发挥到最大化。鲁迅先生曾说过这样一句名言："教育是植根于爱的。"爱是教育的源泉，教师的爱心是成功教育的原动力，对学生的热爱、理解、尊重，是教育成功必不可少的条件。对"后进生"更要讲究爱的情感、爱的行为和爱的艺术。爱学生，就必须善于走进学生的情感世界，就必须把自己当作学生的朋友，去感受他们的喜怒哀乐。有时一个关爱的眼神、一句信任的鼓励，都能赢得问题学生的爱戴和信赖，使他们的潜能发挥出来。

第一节　心理健康教育概述

开展心理健康教育不仅能使青少年有良好的心理状态进行学习和生活，从而很好地适应未来社会的挑战，同时也为实现终身教育提供了一个优良的心理平台，满足现代人对心理健康的需求。为了培养心理素质过硬的建设者，实现素质教育对新时期培养学生的要求，作为班主任，必须学习心理学方面的知识，确立心理健康的理念，掌握心理健康教育的方法。

一、心理健康教育的内涵

心理健康教育是根据学生生理心理发展的规律，运用心理学的教育方法，培养学生良好的心理素质，促进学生整体素质全面提高的教育。心理健康教育是素质教育的重要组成部分，是实施"面向21世纪教育振兴行动计划"、落实"跨世纪素质教育工程"、培养跨世纪高质量人才的重要环节。同时，切实有效地对学生进行心理健康教育也是现代教育的必然要求和广大学校教育工作者所面临的一项共同的紧迫任务。其目标是培育良好的性格品质、开发智力潜能、增强心理适应能力、激发内在动力、维护心理健康、养成良好行为习惯，即育性、启智、强能、激力、健心、导行。心理健康教育主要包括下述两方面内容。

(一)学生心理健康维护

这是以面向全体学生为主，通过常规的教育训练来培养学生心理品质，提高学生基本素质的教育内容。具体而言，它包括智能训练、学习心理辅导、情感教育、人际关系指导、健全人格的培养、自我心理修养的指导、性心理教育等。

(二)学生心理行为问题矫正

这是面向少数具有心理、行为问题的学生开展心理咨询、行为矫正训练的教育内容，多属矫治范畴。具体而言，它包括学习适应问题，如考试焦虑、学习困难、注意力不集中、学校恐惧症、厌学等问题的咨询和调适；情绪问题，如抑郁、恐惧、焦虑、紧张、忧虑等情绪的调节与辅导；常见行为问题，如多动、说谎、打架、胆怯等行为的咨询与矫正；身心疾患，如神经衰弱、失眠、神经性强迫症等身心疾患的治疗和矫正。

二、青少年心理健康标准

一般认为，心理健康就是指心理及行为方面不存在障碍的一种持续的状态。但是，随着人与人关系的复杂化以及对待生活态度的多元化，心理健康的标准和定义呈现出多元化的态势。心理健康是指个人生活适应上所表现出的和谐状态。健康不仅指没有身体缺陷和疾病，而且要有完整的生理状态、心理状态以及社会适应能力，即人的健康的新概念不仅指身体方面，而且包括心理方面。一般来说，心理健康的标准有下述几条。

(一)与群体融洽相处

心理健康的人能够与周围的人群和谐共处。其心理状态与周围的大多数人的心理体验和状态是一致的。人是社会性的动物,其思想、行为应该呈现与周围的环境和人群有一致的趋势。如果一个人的思想、言行、好恶等与社会大多数人格格不入的话,就要考虑其心理是否正常。心理异常往往有三种可能性:其一是心理发展水平超过了同龄人,其二是心理发展水平滞后于同龄人,其三则属于心理疾病。

(二)客观地认识自己以及他人

心理健康的人能够客观地认识和对待他人,清楚自我的优点和劣势;并能够用客观的态度来对待自己的学习和生活,在求学、择友、择业方面作出正确的决策,有自尊心和自制力。同时,在思想上对社会现实有客观和正确的认识,对周围的事物和社会生活能够保持清醒的认识与判断力,有很好的适应能力和协调能力。

(三)心理和行为一致

心理健康表现为外显的行为,即心理和行为持续稳定的一致性。这里的一致性,首先是行为方式和人的社会角色一致,每个人都应该与其对应的社会化的结果相一致;其次是年龄和行为方式一致;最后是刺激的强度和反映的强度之间能够存在相对稳定的关系。心理健康的学生,对各种刺激的反应是适度的,因此能与周围的环境保持良好的平衡。

(四)积极向上的生活态度

积极向上的生活态度包括:积极乐观的情绪,如活泼、开朗、愉悦的心情;健康向上的生活态度,如自信、豁达等。心理健康的学生能够排除心理障碍,有烦恼和困惑的时候能够及时地解脱,即使遇到困难和挫折,也能够尽快地摆脱,主动采取措施来恢复正常稳定的心理状态。

(五)情绪的稳定和持续性

健康的心理状态是一种持续并且稳定的情绪体验。由于青少年身心的波动不平,暂时的困难和挫折是难以避免的,间断性的个人体验也是很正常的。但是,如果暂时的不快统治了持久的心绪体验的话,就有可能产生心理问题,比如患抑郁症等。①

三、影响青少年心理健康的因素

(一)遗传因素

遗传是生物发展的前提条件,同时也是个体心理发展的重要基础。遗传的影响主要是通过智力、身高以及行为外貌来体现的。一般情况下,子女的智力水平主要受其父母的智力水平的影响,一般成正比例关系。而父母的精神健康状态也与子女有着密切的关系。多动症和神经分裂症等诸多心理疾病受遗传因素的影响比较大。

影响青少年心理
健康的因素.mp4

生理因素的影响主要是指性成熟度。性成熟包括性生理和性心理两个方面。性生理的成熟直接影响着性心理的健康。只有性生理和性心理的发展相协调,才能实现青少年的健

---

① 齐学红. 新编班主任工作技能训练[M]. 上海:华东师范大学出版社,2007:118-119.

康成长。一般而言，性心理的成熟度要低于性生理的成熟度，而这种不协调给青少年造成的影响又存在着性别的差异。男孩子中，性心理成熟度高的人更加自信、乐观、积极主动，并且与周围的人能保持良好的人际关系；反之，则会出现怯懦、焦虑甚至抑郁。相对应，女孩子的性生理成熟度高于性心理时，则更容易与同辈群体隔离，出现离群索居的现象，而她们趋向于与年长的同性和异性进行交往。由于成熟度的差异而导致的个体差异，班主任在工作中必须对具体情况作具体分析。

(二)营养因素

身体的生长发育需要充足的营养，如蛋白质、脂肪、碳水化合物、维生素等，因为这些营养物质是保证身体健康的物质基础，营养不足，会导致身体发育上的各种缺陷和不健康，将会给学习、生活带来不利影响。但心理健康也需要各种营养素，心理营养的缺乏，也会造成心理发育的各种缺陷和疾病，更会给学习、生活带来极为不利的影响。笔者认为青少年保持心理健康的重要精神营养素主要有四种：一是内涵十分丰富的爱，这种爱不单指情爱，更包括关怀、安慰、鼓励、信任、帮助、支持等内容，一个人如果长期得不到别人尤其是自己亲人的爱，心理则会出现不平衡、抑郁、敌对等现象，进而产生心理障碍或疾患；二是宣泄和疏导，宣泄和疏导是维持心理平衡的有效方法，心理负担若长期得不到宣泄和疏导，会加重心理矛盾，进而成为心理障碍；三是坚定的信念和理想，理想和信念的力量是惊人的，对于心理的作用则尤为重要，在遭受失败或挫折时，理想和信念是平衡器，它能帮助人们保持平稳的心态，甚至形成超越，防止偏离人生轨道；四是宽容，宽容是脱离种种烦忧，减轻心理压力的法宝，当然，宽容不是逃脱，而是豁达与睿智，它能帮助人们摆脱心理暗区的困扰。因此，在日常生活中，既要注意加强青少年的物质营养，又要注意不断补充精神营养素，这样才能做到身心健康。[①]

(三)社会环境因素

1. 家庭环境因素

社会环境因素也就是社会生活条件。社会环境因素直接影响着人们的心理活动，而在社会因素中，首要的应当是家庭因素。从教育的顺序来看，父母是子女的第一任教师，父母的人格会直接影响到子女。但从总的方面来看，青少年的家庭教育因素给其心理带来的是先天不足。我国著名的心理学家王极盛教授认为，中国家庭教育有两大支柱，即听话教育和分数教育，这也是中国教育的两大缺陷。因为听话意味着不允许有任何不同，这一方面束缚了孩子批判性思维以及独立性的培养，另一方面也容易使孩子产生逆反心理，变得过于偏执；分数教育则让孩子产生恐惧心理，过分谨慎小心，导致强迫心理的产生。王极盛教授曾经对 2 万多名中学生进行了心理测试，发现有心理问题的学生占 32%。中学生作为青少年群体的重要组成部分，这种现状代表了整个青少年心理健康问题的一般状况。

家庭是个体社会化的首要场所。家庭的结构、成员的职业、文化素质、教育方式、情感交流的方式，都在个体成长中发挥着潜移默化的作用。家庭在个体成长过程中，主要承担以下几个方面的责任：首先是经济资助。根据社会学的观点，经济基础决定着个体的行

---

① 刘正蓉. 影响青少年心理健康的四大因素[J]. 大家健康(学术版)，2013：280-281.

为模式，家庭的经济状况直接决定了子女受教育的环境，以及金钱观、价值观的形成。其次是情感支撑。个体在繁杂的社会环境中成长，不可避免地会遇到各种各样的挫折和磨难，家庭内部不仅有年长者的经验指导，而且还有情感的依托。了解家长的不同类型，可以帮助班主任顺利地开展工作。

1) 专断型的父母

专断型的父母表现在对待子女态度上的冷漠、严厉，稍有不服管教，就会采取军队式的管理方式，教养方式单一粗暴。这种方式会导致极端片面性人格和懦弱性人格的形成。

2) 放任型的父母

放任型的父母表现在对孩子绝大多数要求的满足上，而对这些要求不作理性的分析，甚至对孩子必须面临的挑战也越俎代庖，使孩子失去了应有的锻炼机会。这种方式培养出来的孩子独立能力较差，缺乏勇气，自私心理比较严重。这种类型主要表现在"四二一"式的家庭结构(有四个老人、独生子女结合的第二代和独生子女的第三代)中。

3) 民主型的父母

民主型父母能根据孩子不同的年龄阶段和不同的情况，对孩子的教育方式进行调整，对孩子的约束力局限在一定的原则范围之内，同时又给予充分的尊重。这是一种比较理想的父母类型。[①]

2. 学校环境因素

学校是青少年接受教育的主要阵地，更是培养良好思想道德的关键渠道。研究发现，现阶段社会对于学校的要求依旧停留在传统的升学率上，这就使学校把更多的注意力放在学生的课业成绩上，从而忽视了学生的心理引导教育。在一些农村地区，学校的分布较为分散，加之学校规模有限，甚至偏远地区的学校无法配备多名教师，这就导致被派往偏远地区的教师必须身兼数职，教学工作繁重，感觉身心疲惫，更别提用更多的精力去研究新教材内容，或者培养学生健康的思想品德了。另外，学校教育因素的影响也表现在教师对学生的影响上。教师的个性、能力及教学风格对青少年心理的发展影响很大。通常，学生的行为具有极强的模仿性。如果教师爱好广泛，活泼开朗，学生往往也乐于参加集体活动，从而形成良好的班风，呈现积极向上的班貌。如果教师性格怪异，行为中呈现偏袒、武断、冷漠等倾向，学生中大多会有猜忌、自闭、任性和反社会行为的呈现。

此外，则表现为同辈群体的影响。同辈群体是由地位大体相同的人组成的、关系密切的群体。同辈群体的成员一般在家庭背景、年龄、个性特点、爱好等方面比较接近。所以来自同辈群体的影响更加容易产生。"近朱者赤，近墨者黑"，这句话说明了同辈群体影响的重要性。部分社会心理学家甚至认为，在现代社会中，同辈群体的影响甚至大到改变传统文化传递方式的地步。所以，指导青少年选择有益于自我发展的朋友，是促进他们健康成长的关键。目前青少年犯罪呈现团体犯罪的倾向，这些人往往是学校的落后群体，他们常常出入于游戏房、录放厅等低级游戏场所，共同的失落感、消极的心理和志趣，使他们聚合在一起。同辈群体的影响由此可见一斑。

3. 信息文化环境因素

传统文化与大众文化是现实社会中影响青少年成长的两大文化因素。在其冲击下，社会价值观念表现出多元化的倾向。尤其是网络文化对传统文化形成了巨大的挑战，诸如广告的消费引导、新闻的价值引导等。同时，由于网络的盛行导致的信息强迫症，使人们对信息有很强的依赖性，以及对大众文化盲目崇拜，导致青少年责任感缺失和反社会行为增多。加之对网吧等营业性场所的管理不善，使青少年很容易进入这些场所并沉迷其中，严重地影响了正常的学习和生活秩序。随着我国对青少年教育重视的增强，国家开展了一系列非法娱乐场所整治活动，并借此机会打击清扫了大量学校周边非法娱乐场所，为青少年的成长营造出良好的环境氛围，但是从总体成果上看，上述措施依旧缺乏可持续实施的政策保障。

(四)自然环境因素

自然环境因素主要是指空气、水、阳光、土壤、气候及各种物理、化学、生物等因素，这些因素不仅为人们提供了生存和发展的物质基础，而且对人精神心灵的影响，有时也是非常直接的。自然是伟大的导师，美好的自然景观对于青少年气质、性格的培养是非常巨大且不容忽视的，它能陶冶性情、砥砺品行、培养高尚道德情操，能够增广见闻、发展智力，能够激发青少年热爱祖国的激情，能够发展青少年对自然的审美感受力，增强艺术欣赏和创造能力，因此，自然环境因素对青少年的心理健康的影响也是不容忽视的。

综上所说，在加强对青少年进行培养教育时，我们必须充分重视对青少年心理健康影响的这四大因素，注意扩大其积极面、克服其消极面，这样才能培养出具有健康体魄、健全人格的合格人才。

🌐 阅读链接 7-1

小灰雀与海鸥

有一个孩子想不明白自己的同桌为什么每次都能考第一，而自己每次却只能排在他的后面。

回家后他问道："妈妈，我是不是比别人笨？我觉得我和他一样听老师的话，一样认真地做作业，可是，为什么我总比他落后？"妈妈听了儿子的话，感觉到儿子开始有自尊心了，而这种自尊心正在被学校的排名所伤害。她望着儿子，没有回答，因为她不知该怎样回答。

又一次考试后，孩子考了第20名，而他的同桌还是第一名。回家后，儿子又问了同样的问题。她真想说，人的智力确实有高低之分，考第一的人，脑子就是比一般人灵，然而这样的回答，难道是孩子真想知道的答案吗？她庆幸自己没说出口。

应该怎样回答儿子的问题呢？有几次，她真想重复那几句被上万个父母重复了上万次的话——你太贪玩了；你在学习上还不够勤奋和别人比起来还不够努力……以此来搪塞儿子。然而，像她儿子这样脑袋不够聪明、在班上成绩不甚突出的孩子，平时活得还不够辛苦吗？所以她没有那么做，她想为儿子的问题找到一个完美的答案。

儿子小学毕业了，虽然他比过去更加刻苦，但依然没赶上他的同桌，不过与过去相比，他的成绩一直在提高。为了对儿子的进步表示赞赏，她带他去看了一次大海。就是在这次旅行中，这位母亲回答了儿子的问题。

母亲和儿子坐在沙滩上，她指着海面对儿子说："你看那些在海边争食的鸟儿，当海浪打来的时候，小灰雀总能迅速地起飞，它们拍打两三下翅膀就升入了天空；而海鸥总显得非常笨拙，它们从沙滩飞向天空总要很长时间，然而，真正能飞越大海横过大洋的还是它们。"

人的成长是一个漫长的过程，能否取得最后的胜利，不在于一时的快慢。如果你能够在自己成长的道路上静下心来，遇到困难不气馁、不灰心，矢志不移地前进，那么最终你必将获得最后的胜利。

(资料来源：搜狐网. 听心理学家讲故事.)

第二节 青少年不健康心理的表现

一、自私

转型期以来的青少年，大多有程度不同的自私倾向。有人说自私是人的本性，与心理健康不健康无关。有这种看法的人，是受了"人不为己，天诛地灭"哲学的影响。其实，当人生下来时，他的自我概念如同一张白纸。经过无我有物、有我无物和物我整合三个阶段的顺序发展，儿童健康的自我概念才会逐渐发展出来。由于家庭教育方式的不当和社会的消极影响，有些儿童一直停留在有我无物的阶段，并没有把主观和客观、自我和环境有机地整合起来。这种由自我概念发展障碍所导致的自我中心意识在行为表现上就是自私和没有责任心。自私是不健康的自我观念，同时又是其他异常心理和行为的根源。

📖 阅读链接 7-2

自私的外在表现——独占心理

对个人所有物的独占心理是我们最直观感受到的自私的外在表现，不愿意与他人分享自己的东西，在学校里面最典型的就是"三八线"的划分。在李子勋的《陪孩子长大》一书中，他也讲述了一个关于孩子自私的故事：一个孩子在学校因表现好，老师奖励了他两颗糖果，一颗大一点，一颗小一点。他回家后兴冲冲地将小糖果递给妈妈，希望妈妈一起分享得到老师表扬后的喜悦。妈妈非常开心，表扬了孩子的做法，又因孩子的孝顺感到非常欣慰。但小男孩又说到："妈妈，那颗小糖果我不爱吃，因为我觉得它可能太硬了，我怕吃了会把牙硌疼，所以就给您吃了。"我相信在现实生活中有很多这样的小孩，虽然现在有人会说愿意不愿意分享自己的东西完全是个人的意愿，我们不能进行道德绑架，但是这么多茁壮成长的孩子在心理上存在着自私的病态根源，如果继续发展，将会演变成极端的个人主义，对此我常常心急如焚。

(资料来源：李子勋. 陪孩子长大[M]. 北京：中国广播影视出版社，2006.)

二、任性

任性是一种由本我决定的无规范心态和非理性行为，本我是以快乐追求和需求的立即满足为特征，在行为表现上就是任性，即无拘无束、无法无天的状态。有必要把它与率性区别开来。率性而为表示天真，任性胡来则表示粗野。任性是率性的过度，敛性是率性的不足，这两者都是恶行的特征。敛性顺受不是成熟，任性粗野也不是天真。弗洛伊德认为，健康的人格包括本我、自我、超我三个组成部分，它们分别代表兽、人、神的品质。只有本我而没有自我和超我的人，实际上仍然停留在兽类的水平而并没有达到人类的层次，更不用说神的境界了。自我是人格中最理性化的部分，是健康心态的标志。

📖 阅读链接 7-3

任性是天生的吗?

一位父亲无可奈何地对老师说："我真拿我这孩子没办法了，他想干什么就干什么，想要什么就得马上得到，否则就喊叫、挥拳头、乱扔东西、躺在地上打滚，闹个没完没了，太任性了。怎么会这样呢？是不是天生就是这样呢？"

其实孩子并不是天生就任性的，归根到底是自孩子年幼起父母的教育方法就不正确。通常是孩子一喊叫和哭闹，父母就张皇失措，想尽办法满足其愿望和要求，即使要求过分也迁就，长期下去就会养成孩子任性的习惯。有时孩子任性有其他原因，如想得到父母更多的注意，不甘于受父母的忽略，或是报复家长，故意要家长难堪；或是身体不舒服，疲劳、饥饿或生病时可能因心情烦躁而任性；或是年龄小，不懂得社会规则才作出任性的行为。

面对任性的孩子时，我们首先要确定任性的引发原因，对症下药。如果是父母的教育方式不当，要与父母多沟通，学校、家庭行动一致，让学生明确哭闹不能达到目的；如果是与别人怄气或自身不舒服，首先表示出对学生的关怀，再说理指正；如果是不懂规则的原因，则改用学生容易理解和接受的语言和例子加以教导。要从小事做起，持之以恒地对孩子的无理要求予以严拒，增强孩子的自控力。另外，给小学生创造自控的情境，让他自己确立目标，并自我评价、自我奖励，从内心感受到自立和理智的成长喜悦。

(资料来源：百度文库.)

三、嫉妒

嫉妒是由自私所产生的一种狭隘的排他和仇他心理。嫉妒的人不能见到别人比他强，只要发现别人比他强，他就眼红，常有"既生瑜，何生亮"之感慨。由于青少年尚未形成正确的世界观、人生观和价值观，评价和判断事物常常以我划线，在嫉妒的心理基础上很容易走上拉帮结派、党同伐异的道路。英国大文豪莎士比亚早就告诫我们说："警惕嫉妒，它是开创恶例的绿眼睛怪物，这意味着它贪得无厌。"嫉妒往往是贪婪和不择手段的温床，它像盘踞在一个人心里的毒蛇，疯狂地吞噬着其人性中一切善良的东西，直至把这个人变成毒蛇，再去伤害他人。

🌐 阅读链接 7-4

班级中的嫉妒

上学期我们班有一名女同学不仅学习成绩不错，各方面表现都不错。但是在新学期的班干竞选时，她意外地没有竞选上班长。后来，我渐渐发现她事事都针对现在的班长，不服从班长的管理，还在背后搞小动作诋毁班长。有的同学也反感她的做法，导致更多的同学在之后的各项选举中都不投票给她，形成了一种恶性循环。作为班主任，我多么担心"嫉妒"的心理给这名女同学带来的危害啊！

(资料来源：行知部落. 学生嫉妒心强的表现.)

四、叛逆

对青少年来说，叛逆是一种极端的逆反心理。从成都发生的"沈鹏弑母"案，到温州发生的砍死奶奶案，再到广东发生的少女杀死奶奶案，接二连三披露的杀害至亲的案例说明，一些青少年存在着严重的叛逆心理。这种叛逆心理产生于可怜的适应能力：经受不了批评、挫折和压力。从本能地任性胡来、我行我素，到不辨是非、不识好歹、以暴力抗拒家人管教，再到糊里糊涂地走向死亡，这就是叛逆性格的行为逻辑。一般而言，青春叛逆是青少年生命周期发展的必经阶段。但是在转型期的中国，这种心理危机已经演化成一种社会病态。一些青少年在家庭排行中占有独一无二的霸权地位，客观上使他们不仅不能发展出竞争观念、合作精神和责任意识，而且使他们很容易养成飞扬跋扈、专横残暴的性格。

🌐 阅读链接 7-5

以柔克刚

本周张女士打来电话："儿子，16岁，高一，成绩退步，对学习不感兴趣，上课不听讲，性格倔强，自尊心强，逆反心理严重，经常和老师顶撞，有强烈的抵触情绪，在学校常因为头发不符合学校要求、不按时完成作业及考试成绩不理想受到老师的批评，他一副不服气的样子，与老师顶嘴，坚决不承认错误。如果有的老师说了一些过激的话，那这门课就干脆上课睡觉，不听讲，作业也不写。"家长不知该怎么办。

该生的行为是青春期以后出现的。他原来学习较好。许多孩子进入青春期后发生的变化是父母没有预料到的，过去和父母的关系很好，现在对立起来，动他的东西不可以，放学回家爱待在自己的房间。在这一时期，亲热的爱抚动作、说教和唠叨会使他们反感，过多的限制和粗暴的指责会激起他们的反抗。他们有的把老师和父母当作敌人，把他们的批评和教育当作和自己过不去。他们要争取自己的权利和独立。经过咨询，该孩子逆反的原因可能有青春期的孩子对老师和父母的反抗，认为是英雄主义；家庭的不良的教养方式；孩子得不到父爱，母亲不了解孩子的内心变化和需要，对孩子简单粗暴，遇到问题不是训斥就是打骂；个别老师不懂孩子的心理特点，没有处理好孩子所犯的错误。

面对叛逆的学生，家长应该及时改变方式方法，多沟通，和风细雨，多鼓励，多表扬，少批评，少责骂，了解孩子的心理需求，尊重孩子的意见。

教师应该避免直接批评，不要当众批评，保护孩子的自尊，以柔克刚，耐心交谈帮助，多发现优点，多鼓励和欣赏，深入了解孩子的内心世界，多交流沟通，让他认识自己，理解老师和父母，慢慢消除逆反心理。

(资料来源：道客巴巴. 青春期孩子叛逆的案例.)

五、浮躁

转型期的中国，青少年存在着程度不同的浮躁心理。浮躁是指轻浮急躁，做事静不下心来，没有耐性，见异思迁，好大喜功，充满"天上掉馅饼"的幻想，没有脚踏实地的艰苦奋斗精神，却存在着侥幸成功的奢望……凡此种种，都是浮躁心态的表现。浮躁是一种不健康的心理，但它还不是狂躁。狂躁是一种精神病态，需要临床干预。尽管如此，我们绝不能忽视浮躁这种不健康的心理对青少年的危害。因为它可能导致青少年为了侥幸成功铤而走险，最后掉进违法犯罪的深渊。从某种意义上说，青少年的浮躁是由社会的浮躁传染的。社会少些喧嚣和形式主义活动，青少年的浮躁心态也会减少。

📖 阅读链接 7-6

慢慢来　比较快

一位很有礼貌的学生，有一次上课却莫名其妙地发火。她是一个很要强的女生，除了数学成绩落下了，其他科目都很优秀。像往常一样，我给她讲知识点以及解题方法，她说不用讲，而后我挑了一些针对性的习题，她又说不想做。我觉察到她有一股无名火在发泄，就静静地等了一分钟。可能是她太着急了，以至于心情烦躁。我觉得有必要和她谈谈心了。

我问："你是不是太着急了，感觉无从下手啦？"

她说："老师你说得太对了，就是，就是。"

我说："欲速则不达呀！你只顾着急了，岂不知时间就在你着急的时候悄悄地溜走了，越是慌就越什么事都干不了。你应该试着让心情沉静下来，改变一下心态。把落下的知识点整理一下，然后各个击破，一步一步地来，不能急。假如你站在山脚下，望着山顶着急，有用吗？你得一点一点往上爬，爬的时候也不要时刻惦记着山有多高，你只要选好下一步脚应该放的位置就足够了，就这么咬牙坚持着，你就会惊喜地发现你离山顶不远了。"

她在听这番话的过程中，那股无名火已经全然消失了。她脸上的愁云也不见了，高兴地说："老师，你找到我的症结了，这番话可比给我讲知识珍贵多了，一直以来我就陷在这个泥窝里出不来，今天我终于想通了，其实我有能力把落下来的功课都赶上来。"

(资料来源：道客巴巴. 让浮躁型学生脚踏实地.)

六、忧郁

由于家庭变故或个人的不幸遭遇，或一些个人成长上的烦恼，一些青少年常常表现出某种忧郁心理。忧郁是长时间处于一种郁郁寡欢、愁眉不展的心情状态的外部表现。虽然莎士比亚说过"忧郁是狂躁的护士",但忧郁本身并不是一种健康的心理状态。况且,临床经验证明,忧郁经常和狂躁结伴而行,有些人在一阵狂躁之后,接踵而来的便是忧郁。具有这二极情绪的精神病人比只具有躁狂症或忧郁症的单极病人更加难以治疗。对于一般的忧郁心理,英国诗人拜伦曾经这样描写它:"忧郁坐在我身上,像伴随着天空的一块云,它不让一道阳光穿过,也不让一滴雨落下,最后,而是扩散它自己。它像人与人之间的妒忌——一种永恒的薄雾——扭曲天和地。"具有忧郁心态的人不仅在生活中没有阳光,而且影响其亲密人际关系的建立和自我评价。通常与忧郁结伴而行的是自卑和自恋。

🌐 阅读链接 7-7

忧郁的孩子

蓝某,女,9 岁,小学三年级(4)班学生,学习成绩一般,不够稳定,性格内向,胆子小,害羞。在校园里,她很少与老师、同学们交谈,老师找她谈话,她一声不吭,面无表情,上课时无精打采,眼睛无神,对什么事情总是提不起兴趣。平时她独来独往,爱在一旁观看别人活动,自己很少参加。她家庭生活比较贫困,因而有点自卑。父母为个体户,文化程度不高,对孩子不够重视,父母忙着为生计奔波,而忽略了与孩子的内心交流,她终日闷闷不乐,从来没有看见她脸上有笑容。

(资料来源:百度文库,忧郁的孩子案例介绍.)

七、自卑

目前,相当一部分青少年存在着严重的自卑心理。自卑是自尊的缺乏状态,它和自尊的过度状态——自大一样,都是不健康的心理特征。缺乏自信心,遇事退缩,怀疑自己的能力,稍有不顺利就打退堂鼓,甚至无端地萌发某种负罪感,这些都是自卑的表现。按照埃里克森的观点,儿童和青少年的自卑是由不充分和不适当的社会文化造成的。在婴儿期,如果他的需要都能及时得到满足,婴儿感知到自己生活在一个安全的世界,它就会发展出对这个世界的基本信任感来。相反,他对这个世界的基本态度就是不信任。在此基础上,如果家长或其他监护人对其幼稚的动作、好奇的发问和创造性的冲动进行干预、嘲笑和限制,儿童和青少年就很容易养成怀疑、内疚和自卑的性格。对于自卑的青少年要倍加关怀和鼓励,家长和老师要多对他(她)说:"你能行!"并让他们大声地说出"我能行"!

🌐 阅读链接 7-8

自卑的表现

毛某是我班一位六年级的女同学,她长着一对会说话的大眼睛,头发黄黄的,稍稍有些卷曲,成绩上游,中等智商,十分腼腆,性格内向,在人面前不苟言笑,上课从不主动举手发言,老师提问时总是低头回答,声音听不清,脸蛋涨得绯红。下课除了上厕所外总是静静地坐在自己的座位上发呆，老师叫她去和同学玩，她会冲你勉强笑一下，仍坐着不动。她平时总是把自己关在房里，不和同学玩。遇到节假日，父母叫她一齐玩、去做客，她都不去，连外婆家也不去。

(资料来源：百度文库，心理健康案例分析.)

八、自恋

自恋是在自卑、自怜基础上发展出来的病态自我依赖。拉·洛克福库德说过："自恋是比世界上最善于欺骗的人更加善于欺骗。"他又说："自恋是最伟大的谄媚者。"《韦伯斯特辞典》把自恋界定为第六种贪得无厌的情感。具有自恋心态的人唯我独尊，唯我独存，爱惜自己达到病态的程度。只愿享受，不愿付出；只要求权利，不愿尽义务；只追求权力，不愿负责任；只相信自己，不相信他人；只爱自己，不爱他人……凡此种种，都是自恋心态的表现。具有自恋心态的人不能与他人建立起任何有意义的人际关系，容易陷入孤独之中。自恋和孤独，经常如影随形地伴随在一起。

九、自残

自残是指故意进行自我贬低或有目的地从事有伤人格尊严活动的一种行为心态，并不是指故意伤害其身体的自虐或自杀行为。例如，旧社会的相声演员为了生计不断地进行自我嘲笑、自我贬低；自认为长得不够漂亮的女孩子给自己取个难听的绰号；《罪恶的伊甸园》中所披露的某些另类女性，以自己的堕落行为来揭开某些上司的假面具，让其丑态百出……这些都是典型的自残行为。尽管自残的目的多种多样——抑或是为了进行自我保护，防御外界的攻击；抑或是为了进行报复，被认为是弱者向强者进行报复的手段。但是，无论哪种程度的自残，都是弱者不健康心态的表现，都不是最佳的选择，不足为训。因为它会使当事人永远生活在其自我设计的阴影之中。虽然这种自我设计可能是出于一种保护自尊的策略，由强烈自尊的动机出发，得到的却是意想不到的自卑结果。

十、自杀

自杀威胁和自杀行为是当前青少年心理问题的集中表现。对于自杀威胁和自杀行为要进行区别对待，因为它们可能产生于两种不同的心态。为了对抗家长和老师的管教，一些青少年动辄以自杀相威胁，这种自杀威胁或自杀警告可能产生于以自尊保护为基础的逆反心理，其动机不是想死，而是为了更好地活。有部分自杀行为，可能就是这种自杀威胁或自杀警告失败的产物，把这种自杀行为简单地归因于青少年的悲观厌世或看破红尘是很不公平的。当然，有些青少年，特别是在破裂家庭中长大或被边缘化的青少年，其自杀行为可能是由悲观厌世所致。但是，无论是作为一种手段的自杀，还是作为一种目的的自杀，都反映出一些青少年的心理健康出现了严重的问题。

阅读链接 7-9

"五步走"应对学生自杀倾向的对策

1. 确保孩子的生命安全

要及时拿走刀片、剪刀、玻璃碎片等致伤物品，避免孩子伤害自己。此外，心理教师或班主任要先对孩子的自杀风险等级进行评估。通过访问谈话进行综合评估，排查是否为因器质性病变、家族遗传病、典型异常精神障碍所导致。

2. 积极倾听，稳定情绪

做到接纳孩子情绪，耐心陪伴，不站在自己的角度评判孩子的对错。对于性格内敛、不善表达的孩子，在谈话中，可以采用想象对话，即用"看得见、摸得着、闻得到"的实物，引导孩子描述出内心的感受，帮助其排解委屈和压抑，降低对内自我的攻击。

3. 快速了解孩子当下所遭遇的事件

自伤行为的产生往往来自负面应激事件和长期消极体验的多重叠加，引导孩子多角度看问题，意识到困难是暂时的，是可以解决的。

4. 家校合作

青少年自杀行为的干预涉及学生个体、学校教育、家庭氛围、社会环境等多方面的影响，家长要积极配合，共同将心理危机事件消除在萌芽阶段。

5. 寻求专业心理医院或心理机构的帮助

充分重视、细心观察孩子的心理状态和行为表现。若没有改善，要及时寻求专业的心理医生或机构的帮助。

(资料来源：澎湃新闻，青少年自杀行为产生原因及干预对策.)

第三节　班主任的心理健康教育策略

班主任是与学生相处时间最长的教师，也是班级管理者，在开展对学生的心理健康教育方面，负有比其他任课老师更重大的责任。青少年正处在身心发展的关键期，同时也是容易受到各种因素的影响而出现心理健康问题的时期，比如叛逆心强、情感脆弱、自卑、自负、厌学等，这些心理问题如果不及时加以纠正，会对学生未来的健康成长造成严重的阻碍，因此班主任应当时刻关注学生的心理动向，加强对问题学生的心理健康教育。那么，班主任如何做好学生的心理健康教育呢？以下提出几点建议。

一、正确认识与理解问题学生

对问题学生进行良好有效的心理健康教育的前提，在于教师正确认识与理解问题学生，只有站在正确认识与理解的基础上，才能采取更加客观、更加专业的措施去帮助问题学生。教师应认识到，所谓的问题学生，只是初中学生这个大集体中的少数学生，它是相较于同集体、同龄人而言的相对的概念，且问题学生是由于受到自身性格、素质以及外部环境的影响，而表现出心理不健康或者品德不佳的学生，也就是说，问题学生心理健康问题的产生是事出有因的，只要我们加以纠正和教育，是完全有可能促使其转化的。教师只有明确这几点，消除对问题学生认识上的误差，才能真正开展有效的教育活动。

二、营造和谐的班级氛围

自卑、自闭是学生存在的一个非常显著的心理问题，这类问题学生不论是在平时的课堂学习上，还是在课下与同学、教师的相处中，都是比较自我封闭的，他们不敢与人交流。还有一部分问题学生表现得恰恰相反，他们自大、自满，总是以自我为中心，与他人相处比较霸道甚至野蛮。班主任对问题学生进行心理健康教育，单独对问题学生进行个别教育是不够的，还需要在班集体中积极营造健康的、和谐的班级环境，让所有学生受到班级和谐氛围的感染，消除学生在班级中的心理障碍。具体来讲，班主任需要做到以下几点。

(1) 尊重每一个学生，不能因为问题学生的自卑就认为他们一无是处，也不能因为问题学生的自负就认为他们没有教养。班主任要接受问题学生的现状，但不能戴着有色眼镜看待学生，要多与学生沟通，耐心地听学生的诉说，尊重他们的想法，帮助他们正视自己的问题，且用自己的关心和照顾，使学生消除对老师的戒备心理。

(2) 争取其他学生的配合。通常情况下，大部分学生都喜欢和学习成绩比较好的、为人比较阳光友善的同学做朋友，而不愿意和有心理健康问题的学生做朋友，但是对问题学生的转化恰恰需要使其处在一个包容的、被信任的大环境中。试想如果身边都是不喜欢自己的、不相信自己能改变的人，那问题学生改变的信心和积极性也不会有多高。因此，教师在积极与问题学生建立良好的师生关系的同时，也要帮助其与其他学生建立良好的同学关系。比如可以组织一些班集体活动，比如拔河比赛、接力跑比赛、两人三足跑比赛等，多给学生制造相互合作、相互帮助的机会，营造团结向上的班级氛围。而且对于一些由于偶发事件所带来的心理变化而导致心理问题出现的学生，他们更需要得到集体的关怀。像家庭中有亲人离世的学生、家庭中有成员生了重病的学生，他们会变得焦虑、自闭甚至心理崩溃，班主任就要适当地让其他学生知晓情况，并在平时多与问题学生聊天，帮助问题学生缓解内心的痛苦。另外，班主任也要在班级中多公开表扬问题学生，通过表扬让其他学生看到问题学生的改变，以增强问题学生的自信心。

三、积极争取与学生家长的合作

许多问题学生心理问题的产生，都是和自身家庭有关的，家庭伴随着学生的成长，对学生性格、品质、习惯、能力的影响是非常重要的。家庭关系不和、家庭结构缺损、家长对自己的冷漠或者家长过高的期望等都会影响学生的心理健康，甚至导致学生出现心理问题。因此，班主任开展心理健康教育，必须与学生家长加强联系，提高家长对学生心理健康问题的重视。应做到下述几点：

(1) 班主任要了解每一位学生的家庭情况，尤其是问题学生的家庭情况，分析家庭对问题学生所产生的负面影响，并与学生家长沟通，使家长认识到学生存在的心理健康问题以及自身家庭教育存在的问题，引起家长对学生心理健康发展的关注与重视，引导家长不断地进行自我完善，并与家长一起针对学生的心理健康问题制订与实施合适的矫治方案。

(2) 班主任要多给予学生家长有关心理教育的专业知识。有些学生家长尽管意识到了孩子的问题，但是由于不具备专业的心理教育知识，因而面对问题会束手无策，甚至对孩子产生更严重的负面影响。因此，教师要和学生家长之间建立畅通的联系渠道，比如教师要利用好家长会，集中对家长加以青少年心理健康教育的专业辅导，教给家长正确的矫治方法。教师也可以将同一类型问题学生的家长集中在一起，对学生的问题有针对性地提出矫治建议。在家长会上，教师可以向家长推荐几本家庭教育、青少年心理健康教育相关的书籍，让家长从书中借鉴他人的成功经验。除了召开家长会，班主任还可以建立班级家长群，或者采取电话联系、家访等方式，及时从家长那里了解学生最近的心理动态和行为表现，并同样将学生的在校表现反馈给家长，与家长一起制订矫治计划。针对问题比较严重的学生，班主任要跟踪家长的施教过程，每天与问题学生家长联系，询问教育效果，及时纠正家长的不当教育，并根据问题学生的实际情况调整矫治方案。

四、开设心理健康教育专题课堂

一些学生之所以会在心理上出现问题，和学校提供的心理健康教育机会比较少、不了解心理学方面的知识有关，以至于当他们出现心理问题时并不知道该如何进行调节和解决。因此，对问题学生进行心理健康教育，还需要班主任在班级中开设心理健康教育讲堂，通过有计划地、系统地给学生上心理健康教育课，帮助学生正确认识心理健康问题，掌握基本的健康知识和相应的矫治方法。班主任可以邀请心理健康医生给学生讲一讲心理学知识，结合他们所接诊过的病例给学生讲一讲初中生常见的心理健康问题以及应对措施。也可以从网上收集相关的专家讲座或者与学生心理健康问题有关的新闻案例，在课上通过多媒体播放给学生，让学生观看学习。班主任也要充分利用好班会时间，在心理健康主题班会对学生进行团体辅导，可以把问题学生的心理健康问题拿到班会上，让大家一起讨论问题出现的原因，一起分析解决的对策，班主任再适时地进行心理健康教育。这也要求班主任在平时要多注意学习心理学方面的知识，因为毕竟班主任不是专业的心理健康医生，只有多了解心理学的知识，多参与心理培训，让自己变得更专业，有更高的心理教育水平，才能帮助学生更好地解决心理健康问题。

五、引导问题学生自我心理调节

既然问题学生是相较于初中生集体的相对概念，是少数现象，所以班主任对问题学生进行一对一的心理健康辅导是必须的，不管是什么原因导致学生出现了心理健康问题，要想得到改善和解决，还是需要依靠学生自己的努力。为了使问题学生认识到自己存在的心理健康问题，帮助他们更好地调整自己，就需要班主任加强对问题学生的关注，准确掌握问题学生的心理动向，从学生平时的表现上，从其他学生、其他任课教师以及学生家长处更多地了解问题学生的相关信息，分析问题学生之所以出现心理健康问题的原因，并与问题学生进行一对一谈心。我们这里说的是谈心，不是教育，更不是指责。所有学生都不想成为问题学生，在成为问题学生后也不想身边充斥的都是指责和责备，因此在与学生交谈时，除了要尊重学生，倾听学生心声之外，还要帮助学生梳理自己的问题，对学生进行劝说。而劝说也是需要有方法和技巧的，万不可用一种苦口婆心、反复絮叨的方式。比如有些问题学生情绪比较激动，那班主任在劝说时就不能一上来就就事论事，指责学生刚刚做出的错误行为，而是应该先用一些与主题无关的话题缓解学生的抵触心理，再引导学生回忆自己的错误行为，让学生自己说出自己错在哪里。在这一过程中，班主任要时刻关注学生，认真听学生的表述，不能用贬低性的语言，更不能嘲讽甚至对学生进行人身攻击，班主任要保护学生的自尊心，多用"我希望""你试试这样是不是更好""老师相信你一定能行""你希望别人怎么对待你"等语言来鼓励和引导学生，使问题学生感受到老师的信任和关怀，打开学生的心结，从而提高教师的心理辅导质量。班主任也要根据问题学生的不同类型，给予有针对性的心理辅导，像存在学习态度不端正问题的学生，班主任可以在班中找一个品学兼优的学生，通过树立榜样和奖励承诺，激励问题学生上进努力。对于由于家庭条件、父母关系所引起的心理问题，班主任要更多地引导问题学生敞开心扉，将压抑在他们心里的、不能给别人讲的负面情绪都宣泄出来，并引导学生以乐观的心态面对生活等。

【本章小结】

本章通过案例引入心理健康教育的基本内涵，介绍学生心理健康的标准，分析影响学生心理健康的因素，提出中小学生常见的心理健康问题，并结合案例进行剖析，最后提出了班主任心理健康教育策略，以使教师、家长、社会能更加关注学生的心理健康问题。

【思考题】

1. 简要说明心理健康的标准和影响学生心理健康的因素。
2. 阐释中小学心理健康教育的内容。
3. 班主任进行心理健康教育的策略有哪些？

第八章　班级德育工作

学习目标

➤ 了解并掌握学生品德发展的基本规律。
➤ 明确班主任德育工作的基本内容。
➤ 了解班主任实施德育教育的途径和方法。

重点难点

教学重点：清楚班主任德育教育工作的基本内容。
教学难点：掌握班主任实施德育教育的途径和方法。

案例导入

随风潜入夜，育人细无声

　　十年树木，百年树人，教书育人是教师的天职，而作为班主任，更是学生德育教育的主要承担者，班级工作的组织者、班集体建设的指导者、学生健康的引领者，是沟通家长和学校的桥梁。班主任工作是一门科学，也是一门艺术。当过班主任的教师肯定心里都有一个共同的感受——班主任的工作实在辛苦，琐碎、繁杂。但是，只要是踏进了教育这块圣土，你一定会毫无怨言地热爱起这份职业，热爱你的学生。

　　班主任工作的核心是德育教育工作，德育教育工作中最令班主任头痛的是转化后进生，转化后进生是教师所肩负的重大而艰巨的任务，也是教育工作者不容推卸的责任。下面是我在班级教育工作实践中经历的故事。

　　王××，男，16岁。父亲是私营业主，全家就这么一个男孩，全家人是一味地溺爱，对孩子缺乏严格的管理，使学生心理严重失衡，由此造成了一系列后果：学生本人想法偏激，但是接受能力很强，性格很固执。受这种教育方式，以及社会环境的影响等原因，该生一直对学习没有真正产生兴趣，作业也不能按时完成，学习行为习惯很差，上课不遵守课堂纪律，经常自己不听课还干扰别人；老师、同学讲话时喜欢插嘴，有时上课会喊一些和课堂无关的话，而且只能表扬，不能批评，只要受到老师批评就会情绪激动，或与老师狡辩。而对老师、同学的错误则抓住不放，甚至幸灾乐祸。表现出了明显的自私自利心理。多次与任课教师发生冲突，父母的话作用不大，情绪激动时甚至要离家出走。

　　该如何让他认识错误、认清形势？我是这样做的。

　　因为自从接手这个班开始，就发现了该生的这些问题：上课不遵守课堂纪律，经常自己不听课看手机电子书，或者玩游戏；老师讲话时喜欢插嘴，有时上课会喊一些和课堂无关的话，看到这些我很生气，如何制止他，让以后的课正常上下去，这成了我亟待解决的问题，毕竟这一次要是不制止了，那以后的课堂还不知道会怎样呢？所以我把他请出课堂告诉他让他好好想想，之后我对他进行了冷处理。因为要怎么做，我必须要先清楚他的情况才行。课后，我从同学、其他老师乃至他的父母那里了解了一些情况后，知道了其实他是一个极讲义气的人。对于这样的孩子首先你要和他交朋友，让他从心里认可你，这样你的话他才会听，才不会产生逆反心理。后来，我多次找他谈心，动之以情，晓之以理，而且我时常地表扬、鼓励他，督促他学习，还经常和他父母沟通，了解相关情况。功夫不负有心人，现在他的学习态度端正多了，虽然上课偶尔还会开小差，但绝大部分时间能认真听讲，发言也较以往积极，而且作业也能及时完成，学习成绩也在稳步提高。看到他的进步，我们都很欣慰。

没有差的学生，只有不恰当的教育方式。教师要学会热爱学生，对每一个孩子在充分了解的基础上采用不同的激励方式，做到因材施教。所以对于该学生我经常关心他，经常鼓励、挖掘他的优点，用他的优点去消除他自身的弱点，使其感觉到我也是他的朋友，真正地从心里敬服我，这样再教育他要遵守纪律，他基本上不用说就会自觉地做好。苏联教育家赞河夫曾说过：漂亮的孩子人人都喜欢，而爱难看的孩子才是真正的爱。这就是爱和宽容带来的美妙与和谐啊！教师对学生的爱、理解、宽容、尊重、鼓励，犹如春风化雨，润物无声，能引发学生的内省，净化学生的心灵，使学生鼓起前进的勇气，扬起理想的风帆，驶向胜利的彼岸。

尊重每一位学生，"以人为本"，是对每一位教师的基本要求。教育是塑造心灵的艺术。如果我们承认教育的对象是活生生的人，那么教育的过程便不仅是一种技巧的施展，而是充满了人情味的心灵交融。这样老师才会产生热爱之情。心理学家认为"爱是教育好学生的前提"。对于王××这样特殊家庭的后进生，我放下架子亲近他，敞开心扉，以关爱之心来触动他的心弦。走进他的心里，"动之以情，晓之以理"：用师爱去温暖他，用情去感化他，用理去说服他，从而促使他主动改正错误。

另外班主任应是学生的良师益友，应宽容以待之。在中学群体中，绝大部分学生不喜欢老师过于直率，尤其是批评他们的时候太严肃而接受不了。因此，我与王同学从交朋友做起，和他一起谈心，让他感受老师对他的信任，感受到老师是自己的良师益友。让他感受到老师给自己带来的快乐，让他在快乐中学习、生活，在学习、生活中感受到无穷的快乐！古人云："人非圣贤，孰能无过？"故应"宽以待人，容人之错"。在通情达理中暂时容忍宽恕学生的错误，采用灵活委婉的方法去教育他、鼓励他，既保护了学生的自尊心，又促进了师生的情感交流，在转化后进生工作中就能获得事半功倍的效果。

（资料来源：谷歌网.）

【案例思考】

学生都是有思想、不断发展的个体，没有谁是一块天生的顽石，在他们的内心深处，都有一块最柔软的地方，只要我们当班主任的工作做到家，我们定能触摸到这块地方，要知道，这儿就是学生心灵的门户，打开它，你就能看到一颗颗鲜活的心。天道酬勤，只要我们努力，一定会成功的。在这几年的实际工作中，我深刻体会到，作为一名新时代的教师要拥有敏锐的眼光，积极地思考，并能针对时代的新特点，寻求科学有效的教育方法，打开每个学生的心扉，与学生共同进步，在工作中不断探索和实践，真正做到教好书、育好人。

总之，在教育学生时，特别是进行德育教育时，要学会从关爱学生做起，因为爱能创造教育的奇迹！爱能使教育走向成功！爱能使蓝天更蓝、绿草更绿、花儿更香、世界更美！让我们用爱去托起明天的太阳吧！

第一节 学生品德发展基本规律

一、品德及品德发展的内涵

(一)品德

品德，即道德品质，也称德性或品性，是指个体依据一定的道德行为准则行动时所形成和表现出来的某些稳固的特征。品德就其实质来说，是道德价值和道德规范在个体身上内化的产物。它是内在的心理倾向，由内而发支配个人的外显行为。

一般认为，品德的心理结构包括：道德认知、道德情感和道德行为方式(也有学者认为品德的成分除了以上三种外，还包括道德意志，这里只重点阐述前面三种)。

(二)品德发展

品德发展就是个体学习社会规范，逐渐建构自己行为判断准则的过程。品德发展的实质包括下述四点。

(1) 品德发展是个体品德心理结构的形成和不断完善，是品德各构成因素的不断协调发展。

(2) 随着个体年龄增长，品德发展表现出阶段性特点，即不同年龄阶段的个体表现出不同的品德特点。

(3) 品德发展过程是个体对社会规范的学习和内化过程。

(4) 品德发展过程是个体不断社会化的过程。

二、品德发展的基本规律

(1) 品德发展是主客体相互作用的产物，是主体在活动和交往的基础上自我建构的结果。儿童是现实的社会的人，他以他的活动与交往同外界建立不可分割的联系，构成自己的生活环境。生活和交往的范围扩展和方式的日益多样化，使他同外界的联系关系也日益丰富。

(2) 个体的品德发展是在其内部矛盾运动的过程中实现的，内部矛盾是促进品德发展的直接动力。品德发展来自主客体的相互作用，来自生活主体的活动和交往，但是，通过主客体的相互作用以促进品德的发展并不是无条件的，不是任何活动和交往都有益于品德发展的。

(3) 个体品德的发展是品德各要素协调统一的发展。儿童的品德是作为一个结构而存在的。品德由哪些要素构成，是一个有争议的问题。有人认为，由三要素构成，即道德认识，道德情感和道德行为；还有人认为，由四要素构成，即道德认识，道德情感，道德意志和道德行为。

(4) 品德的发展是有阶段的连续发展过程，是从不自觉到自觉的过程。心理学家主要有三种不同的意见：第一种意见认为，儿童的道德发展无任何规律性可循，不存在不变的发展模式，也无什么固定发展阶段。儿童的道德品质诸如诚实之类是有情境性的，在儿童的行为中并无一种普遍的、一贯的诚实品质。第二种意见认为，所谓发展也就是成熟，如果说这种发展可以划分为阶段的话，那么，也只存在由于成熟而自然带来的量的增加，并无阶段间质的差异。第三种意见认为，儿童的道德不仅是发展的，而且是有阶段性的，各阶段间有着本质差异。

三、品德发展理论

道德认知也称道德观念，是对道德行为准则及其执行意义的认识，是社会道德要求转化为个体内在品质的首要环节，是道德品质形成的基础和前提，包括道德知识的掌握、道德评价能力的发展和道德信念

品德发展理论.mp4

的产生三个基本环节。那么，个体的道德观念是如何形成的？道德判断是如何发展的呢？下面介绍道德认知的相关发展理论。皮亚杰认为，10 岁以前儿童的道德发展处于他律阶段，即对道德行为的判断主要依据他人设定的外在标准；10 岁以后，儿童的道德发展进入自律阶段，即儿童对道德行为的判断大多依靠自己的内在标准。

1. 皮亚杰的道德认知发展理论[①]

皮亚杰通过"对偶故事法"的观察实验，观察儿童的活动，用编造的对偶故事同儿童交谈，考察儿童的道德发展问题。皮亚杰把儿童的道德发展划分为四个阶段。

1) 自我中心阶段(2～5 岁)，又称前道德阶段

自我中心阶段是从儿童能够接受外界的准则开始的。这时期儿童还不能把自己同外在环境区别开来，而把外在环境看作是他自身的延伸。规则对他来说不具有约束力。皮亚杰认为儿童在 5 岁以前还是"无律期"，顾不得人我关系，而是以"自我中心"来考虑问题。往往按自己的想象去执行规则，规则对他的行为不具有约束力，没有义务意识，在游戏中没有真正的合作。

2) 他律道德阶段(5 岁、6～8 岁)，又称权威阶段

儿童服从外部规则，接受权威指定的规范，把人们规定的准则看作是固定的、不可变更的，而且只根据行为后果来判断对错，而不会考虑行为的动机。有人称该时期为道德现实主义或他律的道德。

3) 可逆性阶段(9～10 岁)，又称自律道德阶段

可逆性阶段的儿童已不把准则看成是不可改变的，而把它看作同伴间共同约定的。儿童一般形成了这样的概念：如果所有的人都同意的话，规则是可以改变的。儿童开始意识到自己与他人之间可以建立互相尊重的平等关系("你让我遵守，你也必须遵守")，规则也不再是权威人物的单方面要求，而是具有保证人们相互行动的、互惠的可逆特征。同伴之

---

① 陈琦，刘儒德. 当代教育心理学[M]. 北京：北京师范大学出版社，1997：212-213.

间的可逆关系的出现，标志着品德由他律阶段开始进入自律阶段。

这一时期也称作自律期，也就是自主期。道德发展到这个时期，不再无条件地服从权威。能把自己置于别人的位置，判断不再绝对化。有人称该时期为道德相对主义或合作的道德。

4)　公正阶段(11~12 岁以后)，又称公正道德阶段

公正阶段的公正观念是从可逆的道德认识脱胎而来的。他们开始倾向于以公道、公正作为判断是非的标准，能够根据他人的具体情况，基于同情、关心来对道德情境中的事件作出判断。

皮亚杰认为，品德发展的阶段不是绝对孤立的，而是连续发展的。儿童品德的发展是一个连续的统一体，应用时加以界定只是为了研究方便，并不表明发展的连续统一体的中断。

2. 科尔伯格的道德认知发展理论

科尔伯格提出了三水平六阶段的道德发展阶段论。他首创了"道德两难"故事法，用情境故事设置道德冲突并提出道德观念，让被试在自己的反应中"投射"内心的观念，以此来反映个体的道德发展水平。其中，典型的故事是"海因兹偷药"的故事，故事内容如下所述。

欧洲有一个妇女患有一种特殊的癌症，生命垂危。医生诊断后认为，只有一种药物能救她的命，这就是本城药剂师最近发明的一种新药。该药成本较贵(200 美元)，而药剂师的索价是成本的 10 倍(2000 美元)。病妇的丈夫海因兹多方求援，只凑到药费的一半(1000 美元)。海因兹把实情告诉药剂师，他的妻子快要死了，请求把药便宜一点卖给他，或者允许赊账，但药剂师说："不行，我发明此药就是为了赚钱。"海因兹走投无路，竟铤而走险，在夜深人静时撬开了药剂师经营的药店店门，偷走了药物。

讲完故事后询问儿童："你觉得海因兹该不该偷药，为什么？"在分析了儿童不同的反应之后，科尔伯格总结出：儿童的道德发展以固定顺序依次经历三个阶段，每个阶段又包括两个不同的道德阶段。

(1)　前习俗阶段(9 岁之前)：大约出现在幼儿园及小学低中年级阶段，该时期的儿童遵守规范，但尚未形成自己的主见，关注人物行为的具体结果与自身的利害关系。它可分为两个阶段。

①　惩罚和服从的定向阶段。该阶段的儿童还缺乏是非善恶观念，他们为了避免惩罚而服从权威或规则，认为免受惩罚的行为都是好的，遭到批评指责的事都是坏的。

②　工具性的相对主义定向阶段。该阶段的儿童认为行为的好坏可按行为的后果带来的赏罚来定，没有主观的是非标准。对自己有利就好，对自己不利就是不好。儿童不再把规则看成是绝对的、固定不变的东西。

(2)　习俗阶段(10~15 岁)：出现在小学中年级以上，一直到青年、中年。该时期的特征是个人逐渐认识到团体的行为规范，进而接受并付诸行动。他们能遵从并维护现有的社会秩序，规则已被内化。它也可分为两个阶段。

①　人际协调的定向阶段/"好孩子"定向阶段。该阶段的个体按照人们所称"好孩子"的要求去做，以得到别人的赞许。他们希望保持人与人之间良好的、和谐的关系，希望被

看作是好人，要求自己不辜负父母、教师、朋友的期望。这时儿童已能根据行为的动机和感情来评价行为。

② 维护权威或秩序的定向阶段。该阶段的个体会服从团体规范，"尽本分"，尊重法律权威，这时判断是非已有了法制观念，强调对法律和权威的服从。

(3) 后习俗阶段(15 岁以后)：至少是青年期人格成熟以后，才能进入该阶段。个体已经发展到超越现实道德规范的约束，达到完全自律的境界。这是理想的境界，成年人也只有少数人达到。它也可分为两个阶段。

① 社会契约定向阶段。该阶段个体具有强烈的责任心与义务感，尊重法制，但相信它是人为规定的，不适于社会时理应修正，道德推理具有灵活性。认为反映大多数人意愿或最大社会福利的行为就是道德行为。

② 普遍道德原则的定向阶段。该阶段的个体具有个人的人生哲学，对是非善恶有其独立的价值标准。对事有所为有所不为，不受现实规范的限制。当个体进入这个阶段，他能超越某些规章制度，更多地考虑道德的本质，而非具体的原则。

第二节　班主任德育工作基本内容

德育是学校实施素质教育的重要组成部分。它贯穿于学校教育教学的全过程和学生日常生活的各个方面，德育工作是班主任工作的基本内容，在班级管理中将德育贯穿于学生的学习生活中，渗透在智育、体育、美育和劳动教育中，对青少年学生健康成长和学校工作具有导向、促进和保证的作用。以下是中小学德育教育的五项基本内容。

一、理想信念教育

理想信念是人类社会特有的精神现象，是导航人生方向的引擎，是人们对未来美好生活的憧憬、希冀和追求，是人的世界观和政治信仰在奋斗目标上的彰显。理想信念具有凝心聚力、鼓舞士气之效，不仅影响着个体的健康成长，而且决定着国家与民族的前途命运。青少年是国家的栋梁、祖国的未来、民族的希望，他们朝气蓬勃、激情飞扬、富有梦想，是新时代大有作为的一代新人。理想信念是青少年的精神支柱，是激发青少年积极向上的力量之源，可为青少年的成长成才提供强大的精神动力。随着时代的发展，青少年理想信念教育被不断赋予新的内涵和使命。党的十九大报告明确指出，中国特色社会主义进入了新时代，要"广泛开展理想信念教育，深化中国特色社会主义和中国梦宣传教育，弘扬民族精神和时代精神"，培养担当民族复兴大任的时代新人。"我们面临的新时代，既是近代以来中华民族发展的最好时代，也是实现中华民族伟大复兴的最关键时代。广大青年既拥有广阔发展空间，也承载着伟大时代使命。"在新时代青少年理想信念教育中，价值引领、文化自信、情感浸润和行为砥砺四者环环紧扣，相辅相成，为新时代青少年理想信念教育的扎实推进提供了一个基本的发展路向，是青少年理想信念教育良性循环的逻辑表征，是推动新时代青少年理想信念教育落地生根的时代吁求。

紧跟新时代的发展步伐，在文化自信中提升青少年理想信念教育的理论自觉，可从以下几方面入手。开展马列主义、毛泽东思想学习教育，加强中国特色社会主义理论体系学习教育，引导学生深入学习习近平总书记系列重要讲话精神，领会党中央治国理政新理念新思想新战略；加强中国历史特别是近现代史教育、革命文化教育、中国特色社会主义宣传教育、中国梦主题宣传教育、时事政策教育，引导学生深入了解中国革命史、中国共产党史、改革开放史和社会主义发展史，继承革命传统，传承红色基因，深刻领会实现中华民族伟大复兴是中华民族近代以来最伟大的梦想，培养学生对党的政治认同、情感认同、价值认同，不断增强为共产主义远大理想和中国特色社会主义共同理想而奋斗的信念和信心。

二、社会主义核心价值观教育

青少年是国家的未来、民族的希望，他们能否认同和践行社会主义核心价值观，不仅关系中国未来的发展走向，而且直接影响着中华民族伟大复兴中国梦的实现。正如梁启超所言，少年强则国强。

当代青少年的生活成长环境较之以往更加纷繁复杂，经济全球化、文化多样化、思想多元化，特别是信息网络化，让广大青少年接触外部知识和信息的机会大大增加。由于人生经验不足、思想不够成熟、缺乏社会实践，一些青少年对错误思潮和信息的甄别能力较弱，很容易受到外界不良因素的影响，导致思想困惑和价值迷失。青少年时期不仅是长身体的重要时期，也是人生观、世界观、价值观开始萌芽并逐步形成的关键时期。在这一时期，不加强思想道德教育、不强化价值观引导，青少年就难以明事理、辨是非，将来也难担当大任。

认识到教育的重要性、必要性，还要提高教育的针对性、实效性。只有围绕立德树人的根本任务，综合考虑不同时段青少年的身心特点和成长规律，深入了解青少年的所思所想和价值观变动轨迹，科学设置教育内容，合理选择教育方法，把社会主义核心价值观融入国民教育全过程，落实到中小学教育教学和管理服务各环节，深入开展爱国主义教育、国情教育、国家安全教育、民族团结教育、法治教育、诚信教育、文明礼仪教育等，引导学生牢牢把握富强、民主、文明、和谐作为国家层面的价值目标，深刻理解自由、平等、公正、法治作为社会层面的价值取向，自觉将爱国、敬业、诚信、友善作为公民层面的价值准则，将社会主义核心价值观内化于心、外化于行，才能培养出德智体美劳全面发展的中国特色社会主义事业的优秀建设者和接班人。

三、中华优秀传统文化教育

加强中华优秀传统文化教育，是建设中华优秀传统文化传承体系、推动文化传承创新的重要途径。当今世界，文化在综合国力竞争中的地位和作用更加凸显，越来越成为民族凝聚力和创造力的重要源泉。当前，世界多极化、经济全球化深入发展，国内经济社会转轨转型，深刻变革，现代传播技术迅猛发展，世界范围内各种思想文化的交流、交融、交锋更加频繁，社会思想观念日益活跃。习近平总书记在文艺工作座谈会上的讲话中指出："中华优秀传统文化是中华民族的精神命脉，是涵养社会主义核心价值观的重要源泉，也是我们在世界文化激荡中站稳脚跟的坚实根基。"加强中华优秀传统文化教育，是建设社会主义文化强国的重大战略任务，对于深入学习习近平总书记教育思想，更好地传承中华文脉、全面提升人民文化素养、维护国家文化安全、增强国家文化软实力，持续推进国家治理体系和治理能力现代化都具有重要意义；对于促进世界和平、友好、发展，减少和化解生态危机、不同文明之间和国与国之间等的矛盾冲突，也有越来越大的隐性和显性的国际意义。

加强中华优秀传统文化教育，必须认真学习、深入领悟中华优秀传统文化的精髓。要讲清楚中华优秀传统文化的历史渊源、发展脉络、基本走向，讲清楚中华文化的独特创造、价值理念、鲜明特色。要处理好继承和创新的关系，实现中华优秀传统文化创造性转化和创新性发展；加强中华优秀传统文化教育，必须继承和弘扬中华优秀传统美德。加强全社会的思想道德建设，激发人们形成善良的道德意愿、道德情感，培育正确的道德判断和道德责任，提高道德实践能力尤其是自觉践行能力，引导人们向往和追求讲道德、遵道德、守道德的生活，形成向上、向善的力量；加强中华优秀传统文化教育，必须加强爱国主义、集体主义、社会主义教育。坚持以事启人、以情感人、以理服人、以行引人，引导人民群众树立和坚持正确的历史观、民族观、国家观、文化观，不断增强做中国人的骨气、底气和朝气；加强中华优秀传统文化教育，必须树立文化自觉，增强文化自信和价值观自信。用博大精深、源远流长的中华优秀传统文化滋养自己，让扎根中国大地、具有时代精气神的中华优秀传统文化成为我们实现复兴、走向世界的坚实根基。

四、生态文明教育

把生态文明教育融入育人全过程，学校教育是主渠道，教师是关键。教育工作者先要受教育，才能更好地担当学生健康成长的指导者和引路人。教育部在两会上回应政协教育界个别委员建议时提到，在课程设置、社会实践、校园活动等环节，加强了生态文明教育内容的融入。在现有的国民教育体系中，生态文明教育虽然也是重要内容，但从新时代加强生态文明建设的战略高度出发，生态文明教育无论在内容还是形式上都需要不断创新，这样才能更好地适应以生态优先、绿色发展为导向的高质量发展的未来。有关专家指出，因成长环境和经历所限，现有教师队伍无论知识结构还是思维方式都存在一定不足，当前从事生态文明教育的师资力量较为薄弱。不仅如此，环境问题具有空前的复杂性和广域性，生态文明教育需要众多学科共同参与，需要将生态文明理念植入各类课程和教材中。这些意见提醒我们，新时代背景下的生态文明教育，确实对教育者提出了更高的要求，这是我们亟待弥补的短板。

生态文明教育不只是课程教育，更是生活教育和行动能力的培养。因此，把生态文明教育融入育人全过程，不仅是学校教育的责任，家庭教育和社会教育都有责任。家长有责任从生活的点滴入手，教育孩子从日常生活和身边小事做起，爱护环境，节约能源资源，把生态文明的理念变成生活习惯。帮助学生了解祖国的大好河山和地理地貌，开展节粮节水节电教育活动，推动实行垃圾分类，倡导绿色消费，引导学生树立尊重自然、顺应自然、保护自然的发展理念，加强节约教育和环境保护教育，开展大气、土地、水、粮食等资源的基本国情教育，养成勤俭节约、低碳环保、自觉劳动的生活习惯，形成健康文明的生活方式。

生态文明教育的更大课堂，是在家庭和校园之外的社会大课堂，尤其是环保部门、博物馆、图书馆以及影视剧行业等，都可以利用自身拥有的教育资源，在生态文明教育中发挥独特作用，弥补学校教育的不足。家长和教师可以多鼓励支持学生开展生态文明社会实践活动，在不断增长见识和增加体验的过程中，着力培育学生知行合一的精神，培养学生未来参与生态文明建设的行动能力。

五、心理健康教育

青少年正值成长过程中，会受到各种环境因素的影响，会遇到各种矛盾和困难，容易感受到沉重的负担和压力，导致不少青少年时常会有任性、偏激、冷漠、孤独、自私、嫉妒、自卑等不健康心理行为，甚至出现违法犯罪现象，严重危害了家庭、危害了社会。近年来关于中小学生离家出走、自杀、自残等事件不断见诸报端。因此，中小学生的心理健康应引起全社会的高度关注，学生的心理健康教育必须纳入思想道德建设工作的范畴。其内容如下所述。

对全体学生开展心理健康教育，使学生不断地正确认识自我，增强调控自我、承受挫折、适应环境的能力；培养学生健全的人格和良好的个性心理品质；对少数有心理困扰或心理障碍的学生，给予科学有效的心理咨询和辅导，使他们尽快摆脱障碍，调节自我，提高心理健康水平，增强发展自我的能力；要以面向全体学生为主，个别辅导为辅的方式，让心理健康教育真正进入课堂，在课堂教学中要有别于其他学科的教学方式，主要是通过活动让学生获得心理体验来改变自己的观念；心理健康教育在教材的选取上要注重科学性、系统性和可操作性，必须是经过科学研究后的成果；在教育手段上，要根据心理健康教育的原则，以人为本，强调学生心理承变能力的提高；在评价方法上，要借助心理学的研究成果，如心理测量等；在建立心理档案方面，要力争做到"严、实、详"，建立心理咨询室，要典雅、温馨、安全、舒适；心理健康教育必须强调行为训练。如果心理健康教育只停留在说教或灌输理论知识阶段，而不是让学生亲身体验、感悟，那么是收不到多少实效的；要注意集体心理健康教育，也要根据学生的个体差异进行个别指导。对个别存在心理问题或出现心理障碍的学生要个别及时进行认真、耐心、科学的心理辅导，帮助学生克服心理障碍；要慎用心理测试和测试量表。心理测试量表、手段一定要科学，不能简单地靠量表测试结果下结论，不能强迫学生接受心理测试，对心理测试的结果、学生心理问题要严格保密，从事心理健康教育的教师要有职业道德。

第三节　实施班级德育教育的有效途径

一、营造良好的班级管理氛围

班级管理氛围是德育工作开展的主要环境。班主任在实践中，应该注重对班级环境的构建，为学生的德育发展营造良好的氛围。例如，注重班级班风、学风的构建，联合各学科教师，为学生提供一个良好的教学环境，培养浓厚的自主学习氛围；注重班集体的构建，通过民主的方式选择有威望的班干部，从学习、卫生、体育、劳动等各环节，实现班主任与学生之间的有效沟通，提高班级自治效果；协调班级人际关系，不仅要培养学生自主解决问题的能力，还应该及时介入，用公平的态度解决学生之间的冲突，促进班级管理的和谐。

实施班级德育教育的
有效途径.mp4

在班级管理中，班级风气是评价一个班主任工作成绩好坏的依据。有正确的舆论与良好的班风，可以制约每个学生的心理、制约每个学生的行为。正确的舆论是一种无形的巨大的教育力量。班风是反映一个班级精神面貌和教育质量的重要标志。培养一个团结友爱、奋发向上、纪律严明的良好班集体，是班主任班级管理工作的基础。良好的班风一旦形成，对学习和生活在这个班级中的学生就会发挥潜移默化的教育作用，有着强大的感染力。良好的班风应该是反映社会主义精神文明、反映新时代人才素质要求的，而且，它还应该具有本班特色。

🌐 阅读链接 8-1

平等对待每一个学生

预备铃响之后，我拿着书本走进教室，看见黑板上还留着上节课的内容，眉毛便拧在了一起，大声地问道："今天谁值日？为什么不擦黑板？"班上鸦雀无声。我见没人答应，火气上来，提高嗓门又问了一遍。这时，坐在后排的张某跑上来，匆匆地擦了起来。这是一个学习较差的学生，由于成绩靠后，经常拉我班成绩的后腿。只见他认真而有力的擦着黑板的每一角落，弄得教室内粉尘飞扬。此时，我说："同学们，都瞧见了吧，这就是由于一个人的不负责造成的。"不知是谁小声嘟囔了一声："今天不是他值日。"我的心微微一怔，这时，一个成绩优异的学生慢腾腾地站了起来，用几乎听不到的声音说："今天是……是……是我值日。"我愕然了，干咳一声说："你先坐下，下回注意。"这时，张某同学擦完黑板，低着头走到座位上。我无意中听到学生的窃窃私议："×××不做值日，老师就不会责罚他；上次，我忘了擦黑板，就被罚了。""谁叫你的成绩不好？""老师就是偏心。"我呆住了，陷入了深深的沉思中。那节课，我不知怎样上的，当我直视张某时，只见他在回避我，下课了，我叫他去了办公室，第一次让他坐在椅子上，后来他考入大学……

（资料来源：谷歌网.）

二、注重教学资源的开发与利用

学校是学生形成正确价值观的重要场所，学生时代是人生的"拔节孕穗期"，需要学校、教师加以引领和培养，才能形成正确的价值观和行为习惯。每个学科的教学内容都含有德育的素材，只要教师加以发掘和引申，就能对学生进行很好的品德教育。因此，要以课堂教学为载体开展生动的德育教育活动。

(一)在文化课中进行德育

语文、政治、数学、英语等学科都含有思想政治教育因素，教师不仅要传授知识，还要进行是非、善恶、公平、正义、法治等教育，弘扬传统美德，培养社会主义核心价值观。

(二)班会课进行德育教育

班会课是班主任开展思想政治教育的专题课。班主任要根据学生的思想状况和学校德育教育工作的安排，联系社会热点问题设置不同的主题班会课对学生进行思想政治教育。

(三)在安全法制讲座中进行德育教育

在学校安全法制讲座中，通过以案说法的形式，向学生宣传法律知识，让学生做到学法、守法、用法，对学生起到预防教育作用。

(四)在班级活动中进行德育教育

通过举办手抄报、朗读比赛、歌咏比赛等班级活动，发展学生的特长、陶冶情操、磨炼意志，开展实实在在的思想品德教育。班级活动针对学生的身心发育特点，应做到寓教于乐，为学生提供展示自己才能的舞台，增进学生之间的协作意识，激发他们的上进心，增强班级凝聚力。

📖 阅读链接 8-2

见缝插针，随机育人

下面仅就《我爱这土地》一课谈谈语文课中如何适时进行德育教育。

1. 在审明课题、介绍时代背景中渗透

课题是文章内容的高度概括，是文章的眼睛，我每授一课，必定紧扣课文题目，引导审题，使学生从题目入手，先初步感知，获得轮廓印象。介绍时代背景，更有利于学生理解文章内容和深刻的思想内涵。二者都是教学中必不可少的环节。

在教学《我爱这土地》时，出示课题，引导学生读题。问：作者深爱这土地，说明了什么？他为什么要深爱这土地？不用多说，学生肯定被作者的爱国主义情感所打动。接着时代背景的介绍，问：1937—1945 年在我们的国土上发生了一件什么事？日本侵略者在我们的家园时都干了些什么？从学生的神情上便能感受到他们对侵略者的憎恨，学生的爱国情感进一步被激发。

2. 在观察图片，领悟图意中渗透

用多媒体展示一些日本侵略者在我国土地上的惨无人道的画面，其中有老人、小孩、妇女等。一张张画面向下翻滚，一声声感叹声油然而生。老师问：看到这些画面，你有何感受？(举手回答)顿时，学生纷纷站起，控诉日本侵略者的罪行，憎恨之意尽显其颜，爱国主义情感得到升华。

3. 在朗读课文中渗透

一篇课文的朗读，往往能让听者感悟到作者的思想感情，从而达到情感的交融，思想的共鸣。《我爱这土地》是一首抒情诗，更要读出感情。首先教师范读，接着学生自读，再请学生试读。问：我们应该用怎样的感情来读这首小诗？(悲痛中更有憎恨)那么，哪些地方要重读？哪些地方要低沉，要放慢速度？哪些地方要高昂、要愤怒？分析后，教师再范读，学生再试读，这次效果明显提高，学生的爱国情感得以表达。

4. 在分析讲解课文时渗透

"文以载道"，课文是思想内容的载体，两者密不可分，因而在教学中如能把二者紧密结合，有利于学生对语言文字的理解和运用，又能使思想教育达到"润物细无声"境界。

《我爱这土地》这首小诗，全诗只有短短 10 句话，110 个字，却句句都流露出诗人强烈的爱国情感；字字控诉着侵略者灭绝人性的暴行。用多媒体出示几个问题，小组自主、合作学习，然后中心发言人汇报。

（1）诗中是通过什么形象来表达出诗人的爱国激情的？请你把相关诗句找出来，并谈谈你的理解。

（2）诗中的"鸟"，它都歌唱了哪些内容？这些内容又有什么象征意义呢？

（3）思考：诗歌开头写到"假如我是一只鸟，我也应该用嘶哑的喉咙歌唱……"请你结合以上歌唱的内容，思考为什么这里用"嘶哑"一词，而不用"清脆"或"嘹亮"。

（4）思考：诗句"然后我死了，连羽毛也腐烂在土地里面。"有何深意？

在第三个问题的总结讲解中，问：喉咙嘶哑了还要歌唱，说明了什么？学生不难体会到诗人的爱国情深，并隐含着献身之意，崇敬之情不言而喻。特别是第四个问题的深刻含义不容忽视，诗人愿为祖国献出自己的生命，这是一个德育渗透的良好时机。教师问："天下兴亡，匹夫有责。艾青他深爱着自己的祖国，他表示：为了祖国愿意牺牲自己。那么今天，没有战争了，和平了，我们年轻的一代该怎么做呢？(思考后举手回答，至少请 5 个学生)

（资料来源：万青. 让德育渗透于《我爱这土地》[J]. 考试周刊，2016(40): 29.)

三、完善班级规章制度，约束规范学生的行为

没有规矩，不成方圆。学生在学校接受学习和教育，其中一项重要内容就是遵守规则，形成规矩意识，在系统的规章制度下约束自己的行为。制定班级管理制度，能纠正学生的不良言行，形成良好的班风。班主任可以就班级的学习、德育、安全制定详细的管理制度，如班规条约、卫生制度、出操制度等，做到以制度管人，以刚性力量约束学生的言行，纠正他们的不良行为，做讲规矩的人。完善学习制度，并将制度上墙。各类规章制度要让学生知晓，明白如何遵守，清楚违反后的后果，教育学生遵守规则，让学生在强有力的制度规范下，达到严格自律的境界，时时处处遵守规则，自觉按规则办事，做讲规则的人，在全班形成讲规则的氛围。

🌐 **阅读链接 8-3**

班 规

本班规共三十二条，分为思想和仪表、纪律、学习、卫生、其他共五部分。

一、思想和仪表

（1）尊敬师长，不准与老师顶嘴或发生争执，如有触犯，一个星期活动课不能参加，在一边做作业。

（2）团结同学，一切听从老师安排，如违反有关规章应谦虚接受批评，并作出书面检查。

（3）言谈举止要文明，发言有分寸，尊重和维护他人的正当权益。要尊重同学，不说侮辱别人的话，不给其他同学取绰号。否则发现一次处罚一次(唱 10 遍国歌)。

（4）在校不准打架，如若发现，严厉教育，而且取消打架者一切评奖资格。

（5）注意仪表的整洁大方，朴素节约，不攀比、不显摆身外之物。

二、纪律

(1) 按时就座等候上课，自觉遵守课堂纪律，认真听讲，不做小动作。

(2) 上课期间不准睡觉，一经发现，罚站到不瞌睡为止。

(3) 不准吃零食，一经发现，没收零食。

(4) 不准大喊大叫，否则罚大声朗诵班规 10 遍。

(5) 自习课上不做与学习无关的事情，未经老师许可，不准和其他同学说话扰乱课堂秩序，3 次警告不改者罚站两节课，屡教不改者通知家长，协商解决。

(6) 学校不准带游戏机，如有发现立刻没收。

(7) 上课期间不经老师许可不准离开自己座位，如果违规，一天时间内(除上厕所、喝水)课间休息不许离开座位。

(8) 课间时间不要在教室里大声喧哗或在教室走廊上相互追逐、推搡。

(9) 不准迟到早退，每迟到 1 分钟，放学迟走 10 分钟(特殊情况除外)。

(10) 上课不玩手机，如有发现立刻没收。

(11) 课间不准乱跑，如有乱跑追逐者，下课不准出教室。

(12) 不准乱扔粉笔和浪费粉笔，如果触犯，罚倒垃圾一周。

(13) 课间不准玩危险游戏(捉迷藏)，一经发现，所有参与者 3 天没有活动课。

(14) 要积极配合班干部的工作，若有不配合者，3 天的活动课不得参加。

(15) 请假必须提前向班主任说明，并经过家长同意。

三、学习

(1) 遵守课堂纪律，依照教师的安排进行课堂活动，做好应做笔记，并按时完成作业。

(2) 上课积极回答问题、不要打断老师的上课。同学之间应相互帮助，共同进步。

(3) 按时、独立、保质、保量地完成各科作业。

(4) 课后要求每一位同学都学会提问，向老师或同学虚心请教。

(5) 不准抄作业，一经发现，抄作业者抄 10 遍，借作业者写 5 遍。

四、卫生

(1) 爱护公共环境和公共财物，不乱涂乱划/画，不乱抛垃圾，如有发现罚值日 3 天。

(2) 值日班长、劳动委员要认真负责督促检查教室内、清洁区的保洁情况，发现垃圾及时通知值日组长或值日组成员。

(3) 值日班长擦黑板要及时、认真、干净(包括讲桌)。

(4) 值日打扫要认真、干净、迅速。

(5) 离开教室时注意关闭门窗、电灯、电器。

五、其他

(1) 午餐：排队盛饭，午餐时安静不说话，吃好后整理好自己的课桌卫生，将剩菜剩饭倒入指定的地方，不要把剩菜剩饭倒出指定地方以外，若发现倒出要立即清理干净，并监督一星期的盛菜工作，做好餐桌的整理。(专人负责)

(2) 午间管理：铃声响后马上进入教室，午间学习时不讲话，不做小动作，不影响他人，及时高效地完成老师布置的作业，不懂之处请教老师，或是课后请教同学，午休不守纪律影响他人休息学习的，(特殊情况除外)取消当天活动课资格。

以上各条款我已熟知，如有违犯，愿按班规处置。全班同学签字。

备注：

(1) 班规由班主任宣读，班干部执行与监督，全班同学签字生效。

(2) 班规各部分有积分，积分根据个班级具体定积分，积分关系期末评奖，要和全班同学说清楚。

（资料来源：搜狐网.）

四、健全班级常规管理制度，提高学生自我管理能力

作为班主任，要调动全体学生参与班级管理的积极性，争取让每位学生都有管理任务，既服务了同学，又锻炼了自己，提高了自我管理能力。班级的各项工作要具体落实到个人，小组长做好监督，周周总结评比，对做得好的个人和小组给予小红花或笑脸等奖励。例如，班级的纪律管理实行小组长负责制，班长负责监督，要求人人自觉，天天总结评比。对影响班级纪律的学生，班主任要找他们谈话，告诫其以后杜绝此类行为。实行班干部轮岗制，让学生懂得班干部是为大家服务的，担任班干部也可以锻炼自己的各项能力，有利于自己的全面发展，提高学生的自我管理能力，树立遵守纪律的典型，形成以遵守纪律为荣、违反纪律为耻的良好班风。

🌐 阅读链接 8-4

魏书生的班规班法

我们班级十几年来一直坚持依法治班，全班同学根据本班实际制定了一系列班规，然后在监督检查系统的保证下，说了算，订了干，一不做、二不休，坚定不移地贯彻执行。

班规(这里的班规泛指班内的规章、制度、计划、办法)可以使班级日常管理实现自主化，主要可分为两大类。一类是以空间为序的，制定的原则是班级的事，事事有人做；班级的人，人人有事做。另一类是以时间为序的，制定的原则是时时有事做，事事有时做。历届班规班法中，有些具体的规定，尤其是有些处罚的办法，充满童真，十分幽默风趣，有的甚至幼稚得令人发笑。例如，班上民主表决时，如发现由于情绪过于激动，举两只手以增加票数者，负责监督的学生要"予以揭穿并让其双手举 10 分钟"等，也许并不合情理，并不科学，并不妥当，但这些都是学生们自己讨论制定的，是他们这些"小大人"们渴望搞好并积极参与班级管理的真实反映。我们大可不必去苛求和责备，而应该在实践中加以帮助和引导。

现将我们现行的由全班学生讨论制定并已表决通过的班规班法摘要如下。

(一) 常务班长职责

(1) 全面负责班级同学德智体美劳各项活动的开展，在为同学们服务中提高自己的管理水平。

(2) 及时传达学校及班主任老师对班级活动的要求，并组织同学将要求落到实处。

(3) 班主任老师在校时，及时听取班主任对班级管理的意见；班主任不在校时，代行班主任的职权。

(4) 负责领导指挥班委会成员开展工作。凡通过竞选产生的班长，有权根据工作的需要任免班委会成员。

(5) 负责指挥值周班长、值日班长积极主动地开展工作。

(6) 通过竞选产生的常务班长，当任期届满时，负责组织并主持下一任班长的选举。

(二) 团支部职责

(1) 团支部设支部书记、组织委员、宣传委员各一人。

(2) 支部书记可由班长兼任，必要时，在班委会成员外另设一人。支部书记负责组织全班共青团员按时完成校团委布置的各项任务。

(3) 支部组织委员具体负责发展新团员的工作，负责对团外积极分子的帮助、引导，使之尽快达到团员标准。负责向支部建议召开支部会议或团员大会，讨论研究发展新团员，一经批准，则具体负责组织、主持会议。

(4) 支部宣传委员具体负责本班团员各项活动及好人好事的宣传工作。一方面向本班全体同学宣传，使同学学有榜样；另一方面向校团委及上级部门、有关新闻单位宣传，使上级及时发现先进典型。对团员及同学中的不良倾向，凡带有普遍性的，也有在一定范围内通报的义务，以便引起有关单位与个人的警觉，及时加以控制。

(三)班委会委员职责

(1) 班委会设学习、生活、体育、文娱4位委员，加常务班长，共由5人组成。极特殊情况下，可设副班长(或称班长助理)1人。学校要求设的劳动委员职责由生活委员承担，卫生委员职责由体育委员承担。

(2) 学习委员负责全班同学课内期末统考科目学习活动的组织、指导工作；负责指导各学科科代表开展工作；负责指导各学科兴趣活动小组的工作；负责考试前每位同学的考场安排；负责考试后统计各学科成绩，统计每个人的总成绩，统计全班各学科的平均分和总平均分；负责计算同学估算成绩与实际成绩的差距；负责同学互助组的指导。

(3) 生活委员负责协助班长维护班级纪律；负责指导班级承包说明书的同学开展工作；负责检查班级"八有"及各种备品承包人对工作是否认真，对不认真者可决定批评、惩罚甚至撤换；负责收取学杂费、书费、班费等班级各项费用，及时将需上交的费用于当日放学前上交学校；负责班费的保管及支出，记好班费往来账目，并于必要时向同学们公布；负责班级卫生清扫的指导工作，组织好全班大扫除；指导负责服装、发型、零食等工作的同学开展工作；负责郊游的组织工作。

(4) 体育委员负责全班各项体育活动，具体领导同学们的跑步、课间操、眼保健操、体育活动课、仰卧起坐、俯卧撑、队列体操比赛、运动会等各项活动的开展，可指定各项活动的临时或长期负责人；协助体育老师上好体育课，负责全班同学身体检查工作，协助医务室建立本班同学的健康档案；负责组织同学控制或降低常见病、多发病的发病率。

(5) 文娱委员负责班级的文娱活动的组织领导工作；负责课前一支歌的确定、起调；负责每周一歌的选择或审定，指导每周一歌教歌人完成任务；负责班班有歌声活动以及国庆节、教师节文娱节目的编排和新年联欢会的编排导演工作。

(四)值周班长职责

(1) 班长不在时，代行班长职责。

(2) 完成班长交给的各项任务。

(3) 领导值日班长履行各项职责。

(4) 及时与学校值周工作的师生取得联系，征求值周者对本班各方面工作的意见，当天提出改进措施，分析班级本周德智体美劳各项活动在全校排名的位置，对被值周者扣分的项目，分析原因，提出下周整改措施。

(五)值日班长职责

(1) 负责记载当天的出缺席情况，及时在班级日报上公布，对迟到的同学提出批评，予以处罚。

(2) 维护自习课纪律，对自习课说话的同学予以批评、处罚，自习课有准假权。

(3) 维护课间纪律，监督并制止课间大声喧哗以及在走廊打闹的行为；在"无声日"期间，对课间在教室内说话的同学予以批评、处罚。

(4) 领导两名值日生搞好班级卫生，每天早、午、晚各拖地一次。若发现地面上有碎纸，谁的座位底下谁负责，及时征求值周学生对班级卫生的意见。

(5) 协助体育委员督促同学们认真做好课间操。

(6) 督促同学们做好眼保健操，协助生活委员工作，若发现眼保健操不认真做的同学，予以批评、处罚。

(7) 在任班长的前一天下午放学后，选择一条对班级现状有针对性的格言抄写在黑板右侧。

(8) 协助体育委员组织好体育活动。

(9) 在当天的 12 点之前将班级日报装订在班级的报夹子上，并在第二天的班级日报上刊登自己任职期间的工作总结。

(10) 当天学校若召开班主任会，可代替班主任参加会议，倘若学校召开班长会或班干部会，而班长或班干部不在或不能脱身时，可参加班长和班干部会议。参加会议后，应认真落实会议布置的任务，自己无力落实时应及时向常务班长汇报。

(六)科代表职责

(1) 负责本学科老师委派的任务，例如收发作业，收发试卷，准备课堂用的简单教具，协助教师做演示实验，帮助教师做分组实验的准备工作。

(2) 及时收集同学们对教师教学的意见和建议，并及时向老师反映。

(3) 协助老师调查、了解、分析本学科学习极端后进同学的困难、障碍，并尽力帮助其排除一部分。

(4) 深入了解任课教师的意图，教学的风格、特点，及时向同学们作介绍，使同学们尽快适应老师的教法。

(5) 负责记载本学期历次考试成绩，并对成绩升降情况进行分析，为提高成绩，给同学们以指导，为教师当好参谋。

(6) 负责本学科兴趣小组的工作，带动本学科学有所长的同学，使其长处发展更快。

(七)备品承包责任制

(1) 承包管理某项备品者需保持该项备品的清洁。如承包管理暖气片者，应按学校规定定期擦拭，在校例行卫生备品大检查时，不得因该项不合格而扣分。

(2) 承包者要保证该项备品的合理使用。例如承包窗户者，热天负责开窗，冷天负责关窗；承包灯具者，光线暗时及时开灯，光线明亮时及时关灯。

(3) 提高备品的使用率。如承包篮球、排球的同学，要使同学们在该玩的时间内有球可玩；承包暖壶的同学要使需要喝开水的同学有水可喝；承包鱼缸的同学使愿观赏鱼的同学有鱼可观赏。

(4) 保护备品不被损坏，一旦发现损坏，应及时加以维修。损坏严重的，应查清责任者，及时赔偿或报生活委员更新。

(资料来源：魏书生. 班主任工作漫谈[M]. 桂林：漓江出版社，2014：112-114.)

五、班主任应成为道德榜样，提高自身德育素质

由于班主任是班集体的领导者和组织者，是经常与学生在一起的人。因此，班主任的思想意识、行为举止、道德品质直接影响着学生的学习、生活态度。青少年正处于对新鲜事物充满热情与好奇的年龄，价值评价体系并不成熟，缺乏对事物的评判能力，常常"有样学样"。基于此因，班主任作为学生的"影响源"要充分认识到自己行为举止得体的重要性，即所谓"身教重于言传"。另外，教师也应不断地提高自身的德育素质。东北师范大学荣誉教授王逢贤指出："德育素质的内涵是随着德育观念和德育实体的不断完善、德育经验的不断丰富、德育理论成果的科学化，不断呈现扩展和严谨的趋势。"因此，班主任应随时代发展加强德育理念的学习，及时巩固既有的经验成果，并能科学地运用于实际德育教育工作中。中学德育教育工作仍处于薄弱环节，班主任可以通过定期研讨、培训更新教育理念及巩固教学方法，真正落实"以学生发展为本"的教学方针。

法国大文豪雨果说：世界上最广阔的是海洋，比海洋更广阔的是天空，比天空更广阔的是人的胸怀。教师要做好学生灵魂的工程师，首先要有高尚的道德情操，才能以德治教，以德育人。教师要用自己的人格魅力来影响学生的行为，为人师表，以身作则，要求学生做到的自己首先要做到。工作中，教师要用师德规范来约束自己的行为。因为在教师的眼睛监督同学行为的同时，还有几十双眼睛注视着自己，教师们做事严谨的态度，一丝不苟的精神，说到做到的品质对学生其实更是一本可以研读的书。

"其身正，不令则行；其身不正，虽令不从。"教师一定要融入到学生的生活中，得到学生的信任，走到学生们的内心世界，去感受无尽的快乐和幸福。

阅读链接 8-5

榜样的力量

这学期，我们班的环境卫生区是学校侧门口，侧门口是我校的学生倒垃圾的出口，而且特别容易脏，学校把这个任务分配给我班，要把它打扫干净并不是一件容易的事情。

每个星期，天天早上都要打扫，刚开始学生们还非常好奇，拿着扫把一阵飞舞，扫来扫去还是没有扫干净，后来没有人愿意扫了，每天非得老师亲自督促才去打扫，看到这一情况，我早上带头先去，当然我还叫了几个同学，扫完后，微微出了一点儿汗，面色红润地走进了教室，对和我一起打扫操场的同学说："劳动使我们快乐！现在侧门口是多么干净，学校老师同学都夸我们呢。"听了我的话，同学们心里乐开了花。一位新转来的同学，这时走过来主动对我说："老师，明天我去领着他们打扫。"其他同学看到这种情形，都争先

恐后地抢着去，看他平时表现很积极，我就把这个任务交给他，现在每天早上，我们班的同学在他的带领下，都争先恐后地去打扫环境区，我相信他们肯定从中享受到了劳动的乐趣。

（资料来源：百度文库.）

六、当好"心理医生"，因人施教

班主任教师应从单纯的思想建设者变为心理护理者、人际关系的协调者。现代教育的发展要求教师"不仅是人类文化的传承者，也应当是学生心理的塑造者，是学生心理健康的维护者"。作为一名心理保健工作者，也许不是一个班主任的主要任务，然而作为一班之"主"的班主任，能否以科学而有效的方法把握学生的心理，因势利导地促进各种类型学生的健康成长，对教育工作成败具有决定性的作用。如何培养学生健康的心理和健全的人格呢？

每个学生的素质、才能、知识、个性和兴趣等都是有差异的。由于受不同的家庭、社会的影响，对某一具体问题、具体事物也有着不同的看法，这就要求班主任教师深入学生中间，与学生交朋友，熟悉每一个学生的情况。及时了解学生中间存在的问题，区别不同的对象，选择不同的形式，因人因时因地而异做思想政治工作，做到"一把钥匙开一把锁"。班主任抓德育教育工作一定要从实际出发，具体问题具体分析，把握学生思想脉搏，对症下药，把"心理医生"的工作做好、做活、做细，获得因人施教的效果。

班主任帮助后进生不能急于求成，对暂时后进的学生要注意尊重和爱护他们，要苦口婆心、循循善诱，教育学生要动之以情、晓之以理，既不伤害学生的自尊心，又达到教育目的。对后进生，不仅要指出他们的不足，更重要的是寻找和发现他们的闪光点，鼓励其进步。

🕮 **阅读链接 8-6**

德育无处不在

作为一名初中班主任，和其他老师相比，我更有更多的时间和机会接触学生，同时德育教育工作也是我日常工作的一部分，时至今日依然记得我们班里的一件事。

一次我们班的一个同学在日记作业里很沮丧的告诉我一件事，前几天放学路上，看到一个和他年龄相仿的孩子在路上乞讨。看到这一幕使他联想到了很多，这个人家里发生了什么变故？还是经济太困难？为什么他没有像我一样去上课而是在冰冷的马路上呢？徘徊良久他还是把自己十元午饭钱分出一半给了那个孩子。那个孩子感动得几乎下跪，看着小乞丐清澈的眼神，李路感到自己做了一件很有意义的事情。可是当他走到家附近要给妈妈打电话的时候发现自己的手机丢了，一回想才知道是小乞丐鞠躬的时候顺走的，这件事对他的打击很大，在日记里，他这样写到：老师像这样的情况我以后遇到了该怎么办？面对这个问题我思索了良久，最后我写到：这个社会上有很多有困难的人需要帮助，虽然有时候我们可能在帮助别人的时候自己蒙受损失，感觉自己被骗了。但是这个毕竟是少数，我们应该相信大多数人是好的，我们不能因为这而对自己的行为表示怀疑，我们应该做好自己。后来李路的母亲也知道了这件事情了。她表示赞同我的看法并给李路买了新手机，并嘱咐李路说这个手机是对他这种助人为乐行为的鼓励……

中学时期的成长对一个人以后的发展会有很大影响，对于德育工作我们更是要慎之又慎。我们的德育工作应该宣传真善美，应该在现实生活中潜移默化地影响他(她)们，同时。结合每个人的具体情况因人施教，以此将德育教育工作推向一个新的高度。

七、争取家长的支持

家长是孩子的第一任教师，要发挥好家长在班级管理工作中的重要作用。例如，可以创设"家长课堂"，让家长融入班级管理。要想让家长真正了解班级，就要调动家长的积极性，让家长与学生一同参与到班级的活动中，使学生与家长、家长与教师、家长与班级之间形成交叉互动，感受班集体的温暖、合作的愉快。通过家长会向家长宣传现代教育理论，搞好家校合作，向家长宣传培养孩子良好学习习惯和自学自理能力的重要性及具体的培养目标，使家校双方达成共识，密切合作，形成合力。此外，可号召家长群策群力，争创校级特色班。例如，可以在家长的支持下开展"我是小小摄影师"特色班创建活动。请家长主动担任学生的校外辅导员，利用班队会的时间给学生讲解摄影基础知识，利用周末或节假日引导学生开展摄影活动。通过摄影活动创建特色班级，既凝聚了师生的心，又争取到家长的力量，班级管理工作成效显著。

总之，班级德育工作任重道远。只有教师、学生、家长密切配合，围绕促进学生全面发展这一目标，不断拓宽班级德育教育工作的新思路，提高班级德育教育工作的针对性、实效性和主动性，做到以素质教育为目标，以德育工作为先导，以爱国主义为主旋律，以日常行为规范为抓手，寓德育教育于丰富多彩的活动之中，学生的思想道德素质、文化科学素质、心理素质才能从中得到提升，进而成长为德才兼备的社会主义事业建设者和接班人。

【本章小结】

本章通过案例引入德育教育工作的内容，第一节阐述了品德及品德发展的内涵、品德发展的基本规律、品德发展理论；第二节详细阐述了中小学班主任德育工作的基本内容，包括理想信念教育、社会主义核心价值观教育等；第三节介绍了班主任实施班级德育教育的途径。

通过本章的学习，可以加深学生对中小学德育教育工作的了解，促进学生更好地成长，为以后的教书育人打下坚实的基础。

【思考题】

1. 品德及品德发展的内涵是什么？
2. 品德发展的基本规律是什么？
3. 中小学德育教育工作包括哪些内容？
4. 班主任如何做好德育教育工作？

第九章　教育合力的形成

学习目标

➤ 了解班级教育合力的含义和组成部分。
➤ 掌握班主任应该如何协调校内教育力量和校外教育力量。

重点难点

教学重点： 了解班级教育合力的含义和组成部分；掌握如何协调校内教育力量和校外教育力量的方法。

教学难点： 掌握班主任如何协调与任课教师、领导和家长之间的关系；明晰班主任如何运用和利用社会教育资源。

案例导入

家长为什么阳奉阴违①

学生考完试的第二天，我请来了小明的家长，这是我接班两年以来第一次因为学生出现问题请家长到校。因为小明近一段时间的表现实在令人担忧，课堂上懒懒散散，坐姿歪歪扭扭，不是做小动作就是走神发呆；课下却精力十足，能聚拢一群小朋友围着他弹橡皮、折纸飞机，游戏不断，"创意"不绝；我安排在他身边帮助约束他的同学总能被他"拉下水"，陪他玩陪他说，违反纪律的事一件接一件……更让我心急的是，面对老师的批评他根本不往心里去，脸上一副伤心、自责的样子，满口自我批评自我保证，转眼就"涛声依旧"了……几次批评教育收效甚微。这样下去还了得，必须叫家长一起配合严加管理，趁着寒假给他点压力，开学争取能有个好的开头。因此，我请来了小明的妈妈。

面对家长，我还是很有信心的。两年来的悉心工作，让我得到了家长的赞誉和认可，特别是一次次交流、一次次家校共育活动，让我和家长联系更加紧密，沟通深入又顺利，彼此信任。小明的妈妈也不止一次说过特别感谢老师，会全力配合老师，绝对跟着老师的教育方针走。所以，一见面我就直截了当地把小明近期的一些不良表现描述给小明妈妈听，同时，我也很坦率地表达了我的担忧：担忧小明失去自尊难以上进，担忧小明影响其他同学，担忧小明光说不练缺乏责任意识……妈妈的脸色由愕然到痛苦，眼泪止不住地往下流。她开始跟我说起她为这个孩子的付出：孩子从小有心脏方面和腿部的疾病，曾被医生断言活不过十五岁。为了给孩子治病，她放弃了月薪过万的工作，花掉了家里的积蓄；为了孩

---

① 李秀萍，司学娟. 班主任工作的 30 个典型案例（小学篇）[M]. 上海：华东师范大学出版社，2014：201-203.

子能够优秀，她自己节衣缩食却最大限度地满足孩子……她甚至向我诉说自己负担多么重，丈夫多么不尽如人意。就这样，她边哭边说了一个上午，我一面安慰她，一面告诉她回去以后的教育措施。看着这个泪流不止的妈妈，我想多帮帮她。

让我万万没想到的是，一天之后，我陆续接到了班里其他家长的电话，他们吞吞吐吐地告诉我小明妈妈给很多人打了电话，调查老师说的事情是不是实情，有没有冤枉小明，因为小明说都是别人主动招惹他的。小明妈妈觉得老师把孩子说得很坏，而小明根本不是那样的孩子；觉得老师对小明有偏见，自己不知道怎么教育了啊？怎么会这样？当着老师明明说得好好的，怎么转脸就变了呢？此时的我听到这些转述，既气愤又泄气。我在期末工作那么繁忙的情况下还拿出一上午的时间和她沟通、听她倾诉，还不是为了孩子！我毫无保留地阐述自己的想法，还不是为了孩子！我提出的种种意见和建议，还不是为了孩子！怎么谈了一次话反而在我和小明妈妈之间结了个心结呢？我觉得自己的真诚被辜负了，自己的善意被曲解了，当教师怎么就那么难！

是呀，我是教师！我的身份让我冷静下来，一个比自己心里憋屈更重要的问题出现在脑海里：小明怎么办？小明的问题实际存在，如果家长听了孩子的辩解之后质疑教师，想必小明也不会重视自身的问题；如果家长开始怀疑教师，今后就会对教师抱着不信任的态度，可能就会出现越来越多的误解；如果家长、教师之间沟通受阻，孩子就会觉得有机可乘，犯错可能会更多，最终影响孩子的成长。还有什么能比孩子的成长更重要呢？作为教师，把自己的感受放在一边，把自己的得失放在一边，理智地看待问题，科学地解决问题，这不仅是个人修养，更是一个教师应具备的职业道德。接下来该怎么办呢？指望家长协助教育孩子是没希望了，这下我不仅要想办法解决小明的问题，还要想办法解开我和小明妈妈之间的心结。认真地分析小明，他是个很聪明的孩子，他的问题在于自控能力弱、责任意识淡薄。期末时因为工作繁忙，对于他的问题我更多的是制止约束、批评指正，并没有真正触动他，他需要的是自我意识的改变。再想想小明妈妈和我之间的心结，决不能再靠语言来解决，不信任的裂缝出现，语言的交流就容易出现偏差，我需要她的信任，一条思路越来越清晰了。

学期结业的这天，学生放学后，我把小明留了下来。小明明亮的眼睛里透出复杂的眼神，有害怕、有不耐、有疑惑……我拉着他走到窗边，找了两个靠近暖气片的座位坐下来。我笑着轻声对他说："我听了一个故事，想讲给你听。""噢。"五年级的学生多少有些"听弦音知雅意"的本事，小明一副"知道你要教育我"的表情，答应得有些漫不经心。我故意不看他，开始娓娓道来。

在美丽的大森林里，住着一只美丽的孔雀公主，她是森林里最美的鸟。孔雀公主拖着一袭华丽的翎羽，长长的翎毛流光溢彩，因为每一支翎毛都有魔法。她保护着森林里的小动物不受侵害。她每天飞上枝头尽情歌唱，在溪边尽情舞蹈。有一天，孔雀公主生了一个蛋，令人遗憾的是这个蛋上面有条又长又深的裂纹。其他鸟儿劝她说："放弃吧！放弃吧！你可以再有别的蛋的。"可是，孔雀公主把蛋紧紧抱在怀中，说："不！他是我的孩子，我不会放弃他，决不放弃他！"于是，孔雀公主不再唱歌也不再跳舞，她把全部的时间都用来照顾这个蛋。看着蛋上的裂缝一天天变大，孔雀公主心里难过极了，她转过头流下眼泪，这时，她看到了自己的翎羽，突然想到了办法。她要拔下一根有魔力的翎毛来救自己的孩子。可是，那些有魔力的翎羽深深扎在身体里，拔是拔不下来的。孔雀公主开始用嘴狠狠地啄自己的羽根，终于啄下了一支带着血肉的翎羽。她忍着痛用这支翎羽轻轻点这个蛋，当魔法注入蛋中，裂缝消失了……

这个故事是我精心构思的，我把小明妈妈的育儿经历完全融入其中，把她为小明的付出通过"啄掉自己身上的翎羽"这个描写形象地展示在小明面前，把她内心的痛苦"带着血肉"清晰地表现出来。我要用这些细节打动孩子，触及他的内心，引发他的情感。这个故事我讲得很慢，很深情。当我描述孔雀公主为了小孔雀的成长，一次次啄下翎羽的场面时，我用眼角的余光观察小明，他听得越来越认真，越来越动情。

有一天，森林里来了一群恶鸟，他们要抢占森林。孔雀公主想把它们赶出去，可是她发现自己已经没有翎羽了，她失去了自己的魔力。面对狰狞的敌人，孔雀公主多希望小孔雀能来帮她呀！可是，那只小孔雀太弱了，他连一点魔法都没……

故事讲到这儿，我问小明："如果你是那只小孔雀，你怎么办呢？"小明说："我要努力修炼魔法，保护妈妈。""那你说我为什么给你讲这个故事呢？""您想让我知道努力。"小明的表情有了变化。我直视着他说："因为你的妈妈就是孔雀公主，她为了你用尽了魔法。"小明吃惊地看着我。于是，我给小明讲了他妈妈辞职，为他筹钱，以及现在的难处，听着听着小明哭了。我说："小明，你有世界上最好的妈妈，她什么都可以为你牺牲。可是，她现在岁数大了，身体也不好，很多时候她已经有心无力了。你是她的支柱，她也需要你给她魔法……老师多希望你能成为有担当、有责任心的孩子呀！你内心那么善良，为人那么热情，老师永远忘不了第一次走进咱们班，你和我一起做值日的情景。你为了班级累得满头大汗却毫无怨言，孩子，为了爱你的妈妈你可以再努力一回吗？"小明满脸泪水，破天荒没说什么话，只是流着泪点头。

我让小明回家了，告诉他，我和他妈妈都爱他，都会等待他修炼自己的"魔法"。

晚上，我收到了小明妈妈的短信："于老师，谢谢您。"我猜是小明有所表现，于是回复："为什么？""我晚上回家孩子已经把屋子打扫干净了，还要给我煮饺子。孩子说，您给他讲了个故事。他要改变，要成为能照顾我的……我没有过多地解释什么，只是回复："让我们共同努力，孩子会越来越好的。"放下手机，我笑了，想象着小明妈妈吃饺子的情景，我想她也会笑的。反思整件事的过程，我很庆幸自己没有被情绪所左右。

(资料来源：李秀萍，司学娟. 班主任工作的30个典型案例(小学篇)[M]. 上海：华东师范大学出版社，2014：201-203.)

【案例思考】

于老师面对家长的不理解和"微词"，没有放弃对学生的帮助和教育，用一个美丽的故事，架起了学生、家长、老师相互理解的桥梁：小明从故事中感受到了妈妈过于细致琐碎的教育中蕴含的爱，体会了母爱的伟大，小故事滋润了母子情；学生把老师讲的故事中蕴含的善意、爱心传达给家长，化解了家长对老师的误会，小故事滋润了家校情。于老师运用自己的教育智慧，很好地化解了教师和家长之间的这个小尴尬。班主任都希望得到家长的配合和帮助，但却经常会碰到这样的情况：有些家长以"培养孩子的独立学习能力"为由，把学生的教育责任全部推给学校，对学生放任自流，不管不顾；有些家长认为自己的孩子很有个性，应该得到重视，只要没有得到足够重视时，就会对学校、教师的教育说三道四；也有些像案例中的这位家长一样，"阳奉阴违"，表里不一。

最后，于老师用相互配合支持的双赢思维，再一次赢得了家长的信任，促进了学生的健康成长。有人说，世界上最真心希望学生超过自己的，除了他的亲生父母之外，就是教师。教师盼望每个学生都成才的心情与家长是一致的，作为教师，要把这种一致性放大。孔子有句名言，"二人同心，其利断金"，教师和家长形成教育合力后对学生的教育能量能够加倍，得到"1+1＞2"的效果。

学生是需要家长和老师共同引导和教育的未成年人，无论哪一方行为偏激，受到伤害的最终都是学生，如果他认为家长和教师是敌对的，他就会感觉不安全，而爱和安全感是学生健康人格的基石。于老师按照理解、支持、共赢的思路巧妙又成功地将教师、家长、学生三方面重新团结在一起。相信小明妈妈不久就会主动找到老师沟通，不会再成为于老师的烦恼。

第一节 校内教育力量的整合

一、班级教育合力概述

(一)班级教育合力的含义

影响学生心身健康成长的因素很多，包括校内的、校外的，正式的、非正式的，正向的、负向的，可控的、不可控的，显性的、隐性的，等等。班级教育合力，就是依据培养人的要求，整合这些影响因素所形成的协同一致的教育力量。形成班级教育合力对学生的健康成长是很必要的。德国心理学家勒温曾提出一项公式：$B=f(P, E)$。

该公式表明，人的行为 B 是个体的综合因素 P 和环境因素 E 的函数。这就是说，人的心理和道德等方面品质形成是个人的主观因素和环境因素，包括学校、家庭、社会环境各方面影响因素共同作用的结果。班级教育合力就是把各方面影响因素整合起来，协同一致地促进学生的成长。未经整合的"各种影响因素"，是分散的、随机的，可能具有正面的、积极的影响作用，也可能有反面的、消极的影响作用。作为整合后的教育力量，可以排除负性影响因素，保证发挥其正面的、积极的作用。

班级教育合力，作为班级教育实施系列中的子系统，是为实现班级教育目标服务的，是教育工具；而作为班级教育者集体，又是班级教育主体，教育合力既是教育工具，又是教育主体。这表明在班级教育中，教育工具与教育主体是统一体。

班主任是班级教育的主要角色，但要做好班级教育工作，需要各方面教育力量的帮助。俗话说，"一个篱笆三个桩，一个好汉三个帮。"班主任需要充分重视组建各方面教育力量，形成班级教育合力。班级教育合力是班级教育实施系列的子系统，因此整合班级教育合力是班级教育系统的建设。组建了班级教育合力，也就是形成了班级教育者集体。因而，整合班级教育合力也是班级教育主体的自身建设。学生是班级教育合力中的重要组成部分。学生作为班级教育实施系列中子系统的成员，是实现班级教育目标的教育手段、教育工具；班级教育合力又是班级教育者集体，作为班级教育者集体中的成员，学生也是班级教育主体。这又表明，在教育活动中，教育工具与教育主体是统一的。[①]

---

① 班华. 充分发挥班级教育合力的作用[J]. 班主任，2011(08)：8-10.

(二)班级教育合力组成部分

班级教育合力的提法，得益于系统论的观点。它包括校内教育力量和校外教育力量。学校、家庭、社会作为教育系统的有机组成部分，是青少年生活的整体环境。这三个方面以不同的空间形式占据了青少年的整个生活。青少年的健康成长离不开这三方面的教育。只有使这三方面在教育方向(教育方针、培养目标)上保持一致形成合力，才能发挥教育的整体效应，从而获得最佳的教育效果。如果三者的方向各异，各自的作用就会相互抵消，甚至产生负效应。需要指出的是，形成教育合力并不是将三个方面简单地相加，而是互相补充、协同合作，发挥各自的优势，争取最佳的教育效果。

家庭教育、学校教育和社会教育在学生的一生中发挥着不同的作用。家庭教育是学生启蒙教育的摇篮。学校教育在学生的成长中起着主导作用，而社会教育则影响最广泛。这三者的关系互相联系，不可分割，不可代替。因此，协调这三方面的力量，使之形成合力，是班主任的重要职责。

二、协调与任课教师之间的关系

班主任是班级的组织者和领导者，是联系学生与科任教师的纽带，是沟通学校、家庭和社会的桥梁，对学校工作而言，其重要性不言而喻。苏联教育家克鲁普斯卡娅说："教育新人就是形成人与人之间的新关系。"所以教育活动本身是以人际交往为特征的，而教师的职业特点决定了比常人具有更加广阔的交际环境和更频繁的交往活动。因此，要想保证学校各项教育教学活动的顺利进行，班主任必须协调好人际关系。和谐的人际关系有助于集体成员在愉悦的心情下取得对团体的认同感与个人潜能的充分发挥。班集体建设的根本目的在于使班集体成员的身心和谐发展。一个班要搞好，班主任是非常关键的，但仅仅靠班主任显然是不够的，而必须整合教师团队的力量和智慧。所谓教师团队，主要就是指包括班主任和课任教师在内的所有教师，这是让一个班成为优秀班集体的关键，在这一部分，重点谈谈班主任如何协调与任课教师之间的关系。

(一)构筑好任课教师管理学生的基础

一个任课教师要对一个班级进行良好的组织教学，先要知情，要了解班级和学生。所以，班主任要准备好班级学生名册、成绩表，编好座次表、学号交给任课教师；同时召开任课教师会，把班上学生情况、班级的优点、缺点介绍给教师，使任课教师们心中有数，有的放矢地进行教育教学。

(二)做好组织性工作

很多人以为，任课教师按照课程表上课就行，无须班主任再进行组织。其实，一个班级就是一个团队，这个团队作为一个集体，就需要组织。只有有效地组织起来，明确其目标、任务、工作计划与方案、工作方法、工作重点与难点，才会高效地运作，发挥最大的工作效益。一个班级，需要班主任经常组织任课教师会议，团结教师，研究班级工作方案；需要组织师生交流活动，让师生良好地交流与沟通；需要班主任给任课教师们恰当地安排班级教育的工作任务。

(三)主持制定治班方略，进行思想引领

思想指引行动，思路决定出路。谚云：羊群走路靠头羊。一个班级的任课教师如何在一个统一的计划、方案之下目标明确、齐心协力地进行班级管理和教育教学，需要一个核心人物，需要一个灵魂，需要一种思想。这就要求班主任成为这个核心，成为这个灵魂，提出一个方案，拿出一个思路，并组织任课教师共同研究一个切实可行的治班方案，从而引领全体科任教师去实践，去高效管理，去高效教学。

(四)加强情感交流

班主任与任课教师、任课教师与任课教师之间的关系，不仅是一种工作关系，更是一种合作关系，是一种协同努力的关系。因此，做好情感交流工作，是班主任协调任课教师的重要内容。情感融洽了，教师之间的距离就缩短了；情感融洽了，教师之间的配合就默契了；情感融洽了，压抑的心情变得愉悦了；情感融洽了，辛苦的工作变得轻松愉快了。

(五)及时反馈学情

学生在成长，班级情况在不断地发生变化。因此，班主任就有必要及时掌握学生学习上、生活上，心理上、生理上的变化，并把这些变化及时反馈给任课教师，以便任课教师及时了解，因材施教，加强教育教学的针对性。

(六)为任课教师排忧解难

每一个任课教师在教育教学过程中，都有可能遇到工作、生活中的困难，甚至挫折，这时，班主任的协调就体现在及时为其排忧解难上。作为班主任，要理解和明白协助任课教师解决教学中出现和遇到的困难，与解决班级工作中存在的问题有密切关系。如经常向任课教师了解其学科作业上交和课堂学习情况，以便及时掌握学生的学习情况，防止学生偏科、厌学等现象的出现。在科任课上，个别学生会与教师发生一些摩擦，班主任对此类问题要冷静，要耐心听取任课教师的陈述和意见，要设身处地地理解任课教师，协助任课教师教育学生，同时要教育学生尊重教师。这样的协调工作能使班主任与任课教师"抱"成一团，齐心协力，风雨同舟，共同把班集体搞好。例如，英语教师感冒了，不能按时来上课，班主任及时补位，一方面对学生讲明情况，不使学生对英语教师产生误会，并引导学生课后慰问，同时，应主动与英语教师对调一节课。这样，英语教师不仅会与班主任形成良好的合作关系，还会在身体康复后主动去补好课。

(七)主动搭台，树立任课教师威信

班主任要在全体学生面前树立任课教师的威信，帮助学生接纳教师，适应教师。教师水平再高，学生心里不接受你，教师也很难将知识有效地传授给学生，教师的才华也不能充分地展示出来，这就需要班主任发挥其协调作用。每当新学期开始的时候，要利用班会时间向同学们详细介绍本班的每一位任课教师，着重强调任课教师的优点、特点，使学生们在思想感情上能先接受每一位任课教师。当学生对任课教师产生了误会或感觉不适应时，要利用班会或课余时间，集体或个别做好解释说明工作。一名优秀的班主任不仅要让学生接纳自己，也要帮助学生去接纳其他任课教师，在学生面前树立任课教师的威信，才能使

每一个教师更快地进入角色，融入到学生当中。

杜威说过："学校即社会，教育即生活。"其实，每个班级就是一个小社会，学生就是在这小社会中不断地丰富知识，完善人格，完成其社会化的。任课教师是这个社会的主导者，这个社会的顺利运行，离不开有效的管理与协调。班主任作为班级这个小社会的主要管理者，只有通过与主导这个社会的任课教师的充分沟通，不断协调其关系，才能为学生的健康成长与发展营造出有利的环境。

三、协调与领导之间的关系

班主任在协调与学校领导的关系时，要把原则的坚定性与方法的灵活性有机地结合起来。班主任应充分了解学校领导，积极争取学校领导对班主任工作的支持，做到步调一致，建立起良好的上下级关系；做到经常沟通思想，及时汇报工作；向学校领导提出的要求合情合理又适度；服从领导，严格要求自己，出色地完成工作任务。班主任必须勤奋工作，创造性地完成学校领导交办的每一项教学任务，这是班主任协调好同学校领导关系的基础。

📖 阅读链接 9-1

班主任如何与学校领导和谐相处

我庆幸我遇到了比较开明的校长，尽管我不太"听话"，但他们依然对我很宽容。有时候为了支持我，还对我的一些另类的管理方式睁一只眼闭一只眼。记得当时学校对班主任有一项明确的规定：每天必须做到"五到场"，否则不但要通报批评班主任，而且还要扣奖金。所谓"五到场"指的是早读到场、课间操到场、午休时间到场、读报课到场、自习课到场。而我一直致力于培养学生的自我管理能力。我认为，高明的班主任应该追求让学生自己管理自己，如果一个班的学生能够在教师不在场的情况依然保持良好的风貌，那才是真正的优秀！所以，我一开始便培养学生的自律能力，通过一套具有可操作性的管理办法，逐步让学生做到教师在场不在场一个样。因此，我开始渐渐放手让学生管理，并没有做到"五到场"。可是，学校领导知道我在进行改革，便默认了我的不到场，而且既没有批评我也没有扣我的奖金。记得有一次校长私下还给我解释："我们不能公开取消'五到场'的规定，因为学校大多数班主任还做不到你那样。所以在公开场合，我们依然要强调'五到场'，请你理解！"我当时非常感动，直说："校长放心，我不会给学校丢脸的。"后来有个别班主任不服："同样是班主任，凭什么李镇西可以不到场却要我们必须到场？"校长的回答很干脆："如果你做到了李镇西那样，我也允许你不到场。"

这又引出我的另一个观点：要想赢得校长的支持，关键是你要拿出成绩来。改革就意味着打擦边球，就是突破常规，所以一开始你就要校长明确支持你，恐怕比较难。但是，如果你能够用良好的班风和突出的效果证明你的改革正确，校长不但会支持你，而且对你以后的改革会有更多的宽容。我班上曾有个学生成绩相当差，上课根本听不懂，因此老不安分，说话唱歌影响同学们上课，我便让他每堂课都抄精彩小说。从此，他上课安静了。然而，这样一来，任课老师不答应了，说上课不听课居然抄小说，这算怎么回事儿？事情反映到校长那里，校长笑了笑，说："人家李镇西嘛，在搞教育科研！"为什么校长对我这么宽容？那是因为我刚刚带毕业一届高三，无论班级管理还是高考成绩都十分突出，校长自然对我无限信任。所以现在我经常对一些年轻班主任说："质量才是硬道理！拿出质量比什么都有说服力。"

在保持个性的同时服从大局，在勇于创新的同时增进理解，多站在校长的角度想问题，尽量用出色的工作成绩说服校长并赢得校长最大限度的支持，这是我25年班主任实践给予我最大的体会之一，我后来班主任工作中的任何一项改革，都没有遇到过任何阻力，无论是校长还是主任，都成了我改革班级管理和教育的坚强后盾甚至有力助手。

(资料来源：李镇西. 做最好的班主任[M]. 广西：漓江出版社，2014：75-78.)

第二节 家校合作

家校合作就是指对学生最具影响力的家庭和学校形成合力对学生进行教育，使学校在教育学生时得到更多来自家庭方面的支持，使家长教育子女时得到更多来自学校方面的指导。这一概念，把家校合作所涉及的范围界定在学校和家庭两个领域。

一、家校合作的途径

家访和家长会是传统的家校合作的主要形式。虽然这是很好的沟通桥梁，但开发新的有效的家校合作途径，成为学校特别是班主任工作新的生长点。时至今日，已出现了许多新的载体，如家校通、家长学校家长委员会、家长沙龙、家长咨询委员会等。

家校合作的途径.mp4

(一)家访

所谓家访，是指为了协调学校与家庭的教育步调，统一学校教育与家庭教育对学生的要求，促进学生德智体美劳全面发展，班主任代表学校对学生家庭所进行的具有教育性质的访问。家访的类型包括：一般性家访、慰问性家访、表扬性家访、沟通性家访、防微杜渐性家访、纠正不良家庭教育性家访等。这是出于不同目的而划分的家访类型。如何进行家访并达到预期目的，是班主任需要探索的问题。

一般说来，家访应当注意以下几点。

1. 分析家访对象

不同的家长由于文化程度、心理特点的不同，对家访会有不同的态度，班主任在明确目的后还要分析家长的类型。对于通情达理的家长，班主任可以开门见山地摆出问题，然后与家长进行探讨式的谈话，聆听家长的意见和建议，在了解彼此的想法后共同商讨对策；对于对子女期望较高的家长，首先要对家长的心理持理解的态度，营造良好的谈话氛围，然后帮助家长分析子女的实际情况，同时要就这种观念与家长交换意见，帮助他们认识这种观念的弊端；对于娇惯宠爱子女的家长，要态度坚定，在尊重家长的基础上分析严与爱的关系，指出学生缺点的时候以事实为依据；对于依靠学校教育的家长，班主任在了解家庭的实际情况后，应指出家长在学生成长过程中不可替代的作用，从而引起家长的重视，共同为学生的成长而努力。

183

2. 预测可能遇到的问题

家访有时会出现意想不到的问题，比如与家长意见不一致，家长提出过分的要求等。班主任在家访前应该有心理准备，并根据预测制定相应的应对策略，也可以与其他教师交流自己的想法，听取他们的意见。

3. 选择合适的家访时机

教师在进行家访之前，一定要询问学生家长是否有空，初定时间后要事先通知家长并征得他们的同意，最好能告诉家长家访的目的，使其有所准备，以免无所适从。

4. 建立"家访记录卡"

这是为了了解家庭的基本情况，记录学生的表现和家长意见反馈等。

5. 进行后期追踪

进行后期追踪这是家访的关键一步，也是班主任容易忽视的一步。这是为了了解家访后学生的表现、家长的态度，以此来检测家访效果，并有针对性地调整教育方式等。

(二)家长会

家长会是一种传统的家校合作方式。通常情况下，班主任是家长会的主角。家长会在一些学校曾一度变质成为"告状会"，致使家长和学生都产生了恐惧感，没有发挥其应有的作用。随着当前课程改革的深入，班主任越来越认识到家庭教育的重要性，家长会开始出现了新的面貌。开家长会的形式可以多样化，这也是新形势下家校合作的有益尝试。

🌐 **阅读链接 9-2**

多种多样的家长会

(1) 超市式自由家长会：学校可组织安排家庭教育专家报告会，家庭教育咨询会，家校班级沟通会，亲子趣味运动会，学生特长展示会，亲子读书擂台赛，特聘家长社会知识报告会。家长与孩子像逛超市一样可自由选择感兴趣主题。

(2) 辩论式家长会：围绕现在孩子是否理解家长这个辩题，开展家长代表与学生代表现场互动，专家点评的辩论式家长会。

(3) 体验式家长会：家长模拟孩子在校生活一天，体验孩子学习的艰辛。

(4) 观摩式家长会：实施高效课堂教学的学校，可让家长全方位观摩自学、合学展示的流程，观察新课堂给孩子带来的可喜变化。

(5) 探究式家长会：首先提出家长感兴趣的 3～5 个教育问题，采取分组讨论、展示等新形式，让家长自我探究、自我学习、自我成长。

(6) 亲子读书、才艺组合展示会：以学生父母三人组合形式开展亲子读书、健身、才艺幸福家庭展示会。可层层选拔，分学期中预赛、初寒年终决赛形式推进。

(7) 亲子感恩家长会：学生三件事——一封感恩信爸爸妈妈我想对你说，利用自己勤工俭学或压岁钱为爸爸妈妈买一件小礼品，分享汇报自己平时孝敬父母的好行为。现场以父母帮助蒙眼孩子上下楼梯及孩子帮助父母上下楼梯的差异，让孩子体验父母发自内心无微不至的大爱；最后让家长以"孩子，我想对你说"发表与会感言。

(8) 设计游学线路家长会：小学一年级至二年级游学所在乡镇认识自然村，三年级至四年级游学所在县城，了解全县乡镇及风土人情，五年级至六年级游学所在地市一至两个景点，初中可省内游学，高中可跨省、全国游学。介绍游学价值及注意事项，牵线搭桥让家长组团。

(9) 优点轰炸家长会：学生自我介绍，自己本学期一则小故事，父母、同伴、教师分别谈学生进步与成长。

(资料来源：谷歌网.)

(三)家长学校

家长学校是组织学生家长进修学习的教育机构。家长学习教育学、心理学方面的知识以及教育子女的方法以后，可以协助学校和班级搞好教育工作，更好地配合班主任管理好班级，从而成为班级合力的一个重要组成部分。在学校中举办家长学校，可以充分利用学校的师资和教学条件，使家庭教育知识得以普及并使之系统化。家长学校的主要教学力量可以是班主任，也可以是其他任课教师。他们与家长一起，针对中学生的年龄特点以及可能出现的问题，在家长学校这个平台上互相学习、互相商讨，从而使学校和家庭对青少年学生进行科学的引导，保证教育的连贯性和一致性。

二、班主任与家长关系的协调

(一)尊重家长意见，建立良好关系

班主任和学生家长既然在教育学生成才目标上是一致的，两者就不存在领导与被领导、教育与被教育的关系。有些班主任可能是"恨铁不成钢"，学生一出毛病，就把家长请到学校，发怨气，批评一通，使家长有"难言之隐"，极大地挫伤了家长的自尊心，达不到预期的教育学生的目的。因此，在研究学生问题时，班主任要意识到每位家长都希望有一个引以为荣的子女，都那么要强、爱面子。班主任绝不能"越位"训斥家长，"居高临下"地说我要你怎么做，你应该怎么做。同时更不能把学生的过错强加在家长身上，把对学生的气撒到家长身上。这时班主任应放下教师的"架子"，心平气和地用商量、征询的口气，向家长解释，主动协调，共同探寻解决问题的途径，共同处理好学生的问题。本人认为学生有"事"时，应及时与家长联系，互通情况，不要一拖再拖。与家长共同商讨教育学生的方法时，谈话要采取商量的态度，尊重家长。由于与家长在感情上接近，教育学生就更有效果。在教师与家长交往中，并非都要迁就家长意见，无视他们不正确的观点和行为。无数教育实践证明，与家长良好的关系应该建立在有原则的、相互尊重的基础上。

(二)正确评价学生

教师与学生家长接触，往往离不开评价学生。在家长面前评价学生时，首先要了解学生家长从事的职业、文化程度、性格特点、教育修养水平等，请家长先谈学生在家里的表现，而后教师谈学生在校内的表现。这样彼此之间可以保持心理平衡，避免在与家长的交谈过程中，由于学生所出现的问题，而造成教师和家长相互责备对方"没有教育好学生"

的心理阻碍而搞僵关系。其次要树立正确的"学生观",客观地、全面地评价每个学生,使学生家长听后,觉得这是教师的肺腑之言,感到学校教育的目的和任务是与学生家长的愿望相一致的,从而做到心理相容,共同教育学生。最后要讲究方式,切忌挫伤家长的自尊心。因为家长都有一种"望子成龙,望女成凤""庄稼别人的好, 孩子自己的好"的心理,在他们心里,自己的孩子是不错的。

(三)交流育人方法,实现合作

父母是学生的第一任启蒙教师,家庭是学生的第一所学校, 家庭教育是最初打开学生智慧心灵重要的一环。学校教育是在家庭教育的基础上,按照教育大纲的要求有组织、有计划、有系统地对学生进行全面的培养教育。一般来说,家长与孩子朝夕相处,对自己孩子的性格特点、兴趣爱好了如指掌,能较真实全面地反映学生在家里的情况。在家访、家长会和家长取得联系,这对班主任全面了解学生,进而管理好班集体有很大帮助。同时,学生也喜欢毫无保留地向家长反馈学校、教师、同学和班级的情况。许多家长也非常重视自己孩子受教育的状况,对学生的班主任、科任教师的调配,他们的教育教学水平等总想问个究竟,观察自己的孩子及其他孩子的学习表现,常常比教师还要深入、细致、具体,从而相应地对学校教育作出某种评价,有时甚至一些尖锐的批评与事实有出入,这时就要求班主任要虚心听取,不与家长争吵、争辩。当然,班主任在虚心听取家长意见和建议时要具有判断能力和心理承受力。由于现在的学生都是"独生子",家长在提出意见和建议时,难免有点偏袒,这时班主任要有较强的辨别能力,冷静分析是非。此外,在心理上,班主任对家长的意见(有时甚至是尖锐的批评)要有宽广的胸怀、较好的素质,摒弃自己是"专业教育者""我懂你不懂"等观念,虔诚而耐心地倾听家长对学校教育教学的意见和建议;同时感谢他们对学校工作的支持。只有这样,以情动人,才能取得家长的信任,达到同家长互相交流科学的教育学生的方式方法的目的。家长们的"望子成龙,盼女成凤"的思想倾向往往有个显而易见的误区;一个奇特的现象;一方面是爱,溺爱,过度的爱,另一方面,对孩子极度地专制,不民主。造成班主任与学生家长在教育思想、对学生的要求上有时会不一致。这时,班主任在耐心听取家长意见的同时,应作出合情合理的解释,使班主任与家长形成共识。现在的家庭普遍子女少,父母希望孩子长大后做有用之人但又缺乏教育常识,不能很好地抓住孩子的心理特征进行教育。班主任在与家长交往中,要适当地针对学生的实际为家长提出一些相应的教育方法,而不是简单的"蛋糕""棍棒"教育。使家长能出色完成"为人父母"和"为人之师"的双重任务,真真正正地当好孩子的"第一任老师",同学校一起把学生培养成身心全面健康发展的人才。

🌐 阅读链接 9-3

将体验活动引入家长会

"老师,这盒月饼送给您,我们家好多呢,都快过期了,吃不了了,送您一盒!"孩子大方地说。

"老师,今天是教师节,我本想在校门口也给您买一束花,可是我没有买,您知道为什么吗?因为啊,我一问5块钱一枝呢,太贵了,卖花的人真黑,真宰人。"孩子自豪地说。在这里我用到了"大方""自豪"等词,的确从他们的言行中感觉就是这样的,他们是真实的，也许这样的语言只有和他们朝夕相处的老师才能体会出他们的那份爱、那份惦念，但是当他们真的走出去，走向社会，这样说话还有谁会说这是一种爱、一种惦念？现在社会竞争如此激烈，孩子们需要的不仅是知识，更重要的是综合素质。适度的言行、得体的举止、优雅的风度，这些都是走进他人心灵的通行证。

作为教师，我有责任把这一情况告知家长，更有责任提醒家长，使他们感受到育人的重要性，一同帮助我们的孩子提高素养。

因此，我决定利用家长会的良好契机，让家长亲身感受一下不当的言语对人产生的不良影响。

家长会当天的中午12点，我利用平台给家长们发了一条短信，又预设了一条短信在下午4点发出。

第一条短信：今天下午2点家长会，准时到会，不要早也不要晚，进入教室不要瞎坐，手机处于无声状态，认真听会，不许讲话。

中午1点半，家长会前，我给每位家长倒了一杯冰红茶。下午4点家长会时，家长们在会场收到了预设的短信。

第二条短信：家长您好：今天下午2点家长会，请您准时到会，坐在孩子通知您的位置上，感谢配合。

这个时候恰好轮到我发言了，"各位家长您好，请大家看一下我的短信吧，中午那条短信也是我发的！请大家说一说感受。"

"何老师，中午那条我以为是我儿子替您发的呢，我还想一定是何老师太忙了，让他帮忙发条短信，看看他发的什么啊！何老师要是知道了一定会很生气。"

"我也很纳闷，今天为了送琴，给您打了几个电话麻烦您，我还以为您不高兴了呢！"

"我跟您说实话吧，我今天中午怕车没地方停，12点就到了，看了您的短信后就没敢进班，一直在车里坐到1点50分。"

"是啊，我也是，原来开家长会我总爱早到校，看看班里的展板，和同学、老师聊聊天，今天收到短信我检讨了半天，以前早到校老师会多不高兴啊！"

"第一条短信的确是太没礼貌了，我给大家道歉(深鞠一躬)，并请大家把杯中的红茶喝了，就算我给大家赔个不是。"

此时家长们边喝茶边不解地看着我。

"各位家长，冰红茶喝过后，您是否还记得这条短信？我知道大家都不会忘记，虽然只有短短的几句话，产生的影响是不小的。说说我的想法吧！每一次看到孩子和您发给我的短信，或是每一次听到您和孩子与我的交流，我都会有不同的感受：'这个孩子说话真有礼貌！''这个孩子的做法让人感觉很舒服。''听这个家长说话就知道他很有素质！'我每天面对的是54个孩子和他们的家长，在与大家交往的过程中，我就会有比较，在比较中、生活实践中我就会发现：会交往的人得到的是他人的喜爱、帮助，甚至提携，因此他们身心健康，学业进步，事业蓬勃发展；但是也有一些人因为不得体的言行，影响到自身，得罪了朋友、师长，乃至上司，影响了一生的生活和学习。我想，礼貌待人、言行得体会得到身边人的尊重和信任。我们的孩子很需要这方面的培养，为了让家长更深地体会到这一点，我编辑了一条'张口就来'的短信，目的是让家长看后感觉短信的言辞怎么看都有些别扭，让您心生不舒服的感觉，然后我道歉、鞠躬，再用冰红茶来弥补这条短信给您带来的不舒服。但是大家感受到了，不论我怎样补救，您也不会忘记那条短信的内容。这次小小的体验，我的用心是想让家长明白：我们要把孩子教育成什么样的人？我们家长、老师有了这方面的深刻体验，才知道如何教育我们的孩子，让他们有更好的素养、更得体的言行、更受人欢迎，今后的路走得更顺畅。所以我安排了这样一次心理体验，希望大家理解。"

大家沉默了，陷入了思考。现在的家长更关注孩子们的学习，奥数班、英语……休息时上，放了学上，上完这科上那科，孩子们只有上课的工夫，哪儿还有什么"修炼身心"的工夫啊，孩子们基本素养的缺失、精神世界的贫乏，又有多少家长能意识到呢？

这次家长会之后，学生和家长们都有了深刻的感触，在网站上我看到了这样的帖子。

醒辰的家长：孩子转到三小以来，咱们 7 班的每一次家长会都让我感觉很有新意。何老师精心布置，充分发挥了孩子们的积极性，锻炼了孩子们的表达能力、组织能力，才艺表演、口语交际的展示让我们家长看到了孩子出色的另一面。特别是两条短信的心理体验和何老师发自肺腑的话，真是给我们现在只注重智商而忽略了孩子情商的家长们提了个醒，也引发了无限思考。我们不能把孩子变成学习的机器，要培养孩子多方面的素养。"一个有智慧的人，就是一个言行进退有度的人，在刚柔张驰之间透出一种智慧感。只有这样的人，在成功的路上才会走得顺风顺水。"何老师的这句话值得我们反复思索。

赵楚翘的家长：那天接到老师发的第一条短信，我很诧异也很不解，何老师一向是个说话得体的人，为什么发出的短信那么生硬？我就认为可能是学生发的，后来才知道是老师精心设计的一条短信，就是让大家深刻感受到尊重、友善、得体、委婉的语言表达多么重要。其实，交际不仅是表达，还有眼神、手势等肢体语言的帮助，交际能力真的很重要，是展示一个人良好素质的综合表现方式。

孩子们、家长们的帖子让我感动，我用心设计的心理体验活动，收到了良好效果。家长们意识到了我这个班主任是用心的，是关注孩子的，是在真正地育人，是值得信赖的。同时也让家长们意识到了：如果只关注孩子的眼前，影响的将是孩子的未来。

(资料来源：李秀萍，司学娟. 班主任工作的 30 个典型案例(小学篇)[M]. 上海：华东师范大学出版社，2014：230-233.)

(四)平等、公正地对待每一位家长

由于每位学生的家庭背景和状况不同，班主任不能人为地把学生和家长分成三六九等。特别是碰到处理学生问题且涉及双方家长时，班主任在接待家长时，绝不能带着世俗的功利色彩，以貌取人、以职取人、以财取人。班主任应一碗水端平，亲切热情、礼貌待人，讲究谈话的内容、方法和语气。班主任"为人师表"，是学生效仿的榜样，是学生的一面镜子。班主任的理论水平、道德修养、处事原则等都会对学生产生深远影响。因此，班主任应公平、公正地对待每一位家长，反之，则会给学校、社会带来不良的影响，给学生心灵造成极大的伤害，进而转为对社会的失望，严重影响他们日后世界观、人生观和价值观的形成。

综上所述，班主任是联结、协调家校关系的纽带，同家长的交往是班主任工作中不能轻视的问题。因此，班主任应学会与家长合作，才能共同教育好学生，完成各项教育任务。班主任若能协调好以上各方面关系，班主任工作将会更加得心应手和卓有成效。作为直接受益人的学生，得到的不仅是学业上的进步，还有许多良好心理品质的养成，而我们的教育，不就是以学生为本吗？班主任若能做好协调工作，建立"和谐班级、和谐校园"的目标一定会很快实现。

第三节　学校与社区的联系

《学习的革命》一书的作者戈登·德莱特和珍妮特·沃斯认为，对于未来的学校，"整个社区教育应该是一种教育资源"。他们还认为，"如果没有社区参与其中，你不可能拥有一所优秀的学校"。由此可见，整合社会教育资源，开展社区教育活动，已成为新时期班主任工作的重要内容。社会对学校教育具有十分强大的影响力，随着社会的发展，科学技术的进步，以及政府和文化机构等对教育

学校与社区的联系.mp4

的重视，学校与社会机构合作，给学生提供了许多接触社会教育的机会，有许多社会资源可以有效利用，班主任可以通过组织学生参加社会的各种活动，使学生树立远大理想和抱负，培养学生奋发向上的竞争意识，创造成功的机会，使学生感受到人生的意义和奋斗的乐趣。此外，参加一些公益活动，也能让学真正亲近社会，服务社会，从而培养学生的道德责任感。下面是班主任开发和利用社会教育资源的几种方法。

一、课程与社会教育资源结合

在课程设置中凸显社会教育意识。语文、历史教学的主要目的是培养学生的价值取向。在培养学生道德价值取向上，那么我们就不仅在教科书的文字内容上体现，我们可以将学生的实际课堂建立在博物馆、纪念馆、名人故居，有意识地引导学生去观察、体验、感悟、思考，真实地感受爱国情感。数学、物理、自然等反映"科学精神"的课程，学校教学也可以结合科学言的科普知识进行教学。美术、音乐课等培养学生发现美，感受美的课程，要力求让学生感受到自然与社会真实存在的美。这就要求学生走出课堂，在现实的社会中体验与感受。我们可以通过带领学生参观美术馆，参观展览馆，参观学校周围有特色的建筑，请专业人士讲解一些设计的构思与创意。我们的教学目的是让学生体验到生活中的美好事物，使学生情感得到升华。

二、利用寒暑假时间，加强学校与社会的联系

寒暑假是学生进行社会实践的好时机。学生可以利用大块的时间进行社会实践。班主任可以有意识地组织学生参与社会实践活动，如夏令营和社会实践。夏令营可以锻炼学生的自律、自立及合作精神，提高学生的综合能力，也可以培养独生子女的协作能力、抗挫折能力。班主任组织夏令营要有良好的安全保障措施，以保障学生的人身安全。班主任组织夏令营前应对学生进行野外生存训练，进行自救的相关培训。班主任也可以联系社会企业为高年级学生争取企业中零散的就业机会，学生进入一个具有优秀团队合作精神的企业，会深切感受到向上的团队合作精神的力量，这是任何书本上的知识都难以描绘形容的。具体的社会经验更容易使学生达到接触社会的目的，实际经验是学生最好的教科书。

三、引导学生合理利用课余时间

班主任要引导青少年参加有益的课外活动。青少年宫是综合性的少年儿童校外教育机构，其活动是以各种各样的兴趣小组为主，如书法、摄影等各种爱好者协会、少年艺校等。由专职的工作人员或老师指导青少年开展各种活动。青少年宫的任务是通过组织丰富多彩的富有教育性、趣味性、实践性的活动，促进青少年学生在德智体美劳等方面的发展。

网络的便利与资源丰富的特性使其成为学生收集信息的主要方式。网络的交互性功能可以促使学生以自己的思维模式认识事物，学生的自主意识、创新意识得到发展。但由于管理的不当，致使网络上的内容良莠不齐，这样学生网上交往无疑会存在一定的危险性。因此，如何引导青少年正确使用网络就成为学校、家庭、社会的首要任务。我们应该看到正确使用网络是对青少年有利的事，不能用强硬的手段把青少年与网络隔开，而是应该引导青少年正确对待网络，抵御网络的不良影响。针对这一现象，有条件的学校应引导学生在校内正确上网，学校提供健康的网址供学生参考选择，没有条件提供学生登录网络的学校应定期开设网络讲座为学生讲解网络的有关知识。这样，我们就会更了解学生的需要，从而满足学生的需要，而且也可更有效地利用丰富的网络资源。

四、开发社会教育资源的其他途径

学校可以引进社会教育资源，如把有关人员请到学校作讲演，与社会各种团体举行合作活动。如果学校地处偏僻，既没有历史遗迹，又没有科学馆可以参观，那我们总会有社区和街道办事处，这些地方也能让学生了解生活、接触社会。学校可以组织学生宣传环保，收集废旧电池，参加公共卫生劳动，这样的活动既能美化学生们的生活环境，又可增强学生们的集体观念与社会意识。

学校可以号召家长也参与到学生的社会实践中。学校可以统筹安排，提出参观要求，然后请家长利用周末节假日时间，与学生共同去参观，学生与家长一起完成参观记录。 这样不仅充分利用了社会教育资源，也为家长和学生创造了平等与沟通的机会。

中小学校应重视社会教育资源的开发与利用，发挥社会合力作用教育好学生。教育资源的利用应从学校教育扩展到广大的社会环境中。中小学校教育者应有意识地创造机会帮助学生认识社会、体验社会。学生要与社会相联系，联系得越紧密，对学生将来的社会发展就越有利。社会教育资源的内容是丰富多彩的，学校和广大教育工作者应充分意识到社会教育资源的重要性，合理充分地利用社会教育资源为自己的教育工作服务。

【本章小结】

本章通过案例引入班级教育合力的概念，详细阐述了班级教育合力的组成部分，包括校内教育力量和校外教育力量，介绍了班主任如何协调与教师、领导之间的关系，再次提出家校合作的重要性，最后论述了社会教育力量以及班主任如何利用社会教育力量。

通过本章的学习，旨在让学生对于"教育合力"有清晰的认识，同时，也可为学生后续章节的深入学习打下基础，明白在促进学生成长的过程中，要协调学校、家庭、社会这三方面的教育力量，最大限度地发挥教育力量的作用。

【思考题】

1. 班级教育合力的内涵是什么？包括哪几个部分？
2. 班主任如何协调与任课教师、领导之间的关系？
3. 如何实现家校合作？
4. 班主任如何通过建立与社区之间的联系来开展班级德育教育工作？

参 考 文 献

[1] 齐学红，袁子意. 新编班主任工作技能训练[M]. 上海：华东师范大学出版社，2011.

[2] 李宜江，柳丽娜. 班主任必备素养与技能[M]. 芜湖：安徽师范大学出版社，2013.

[3] 刘志军. 教育学[M]. 北京：高等教育出版社，2011.

[4] 段鸿，张兴. 德育与班主任[M]. 上海：上海教育出版社，2000.

[5] 葛金国，吴玲，巫莉，等. 德育新理念与班主任工作[M]. 芜湖：安徽师范大学出版社，2013.

[6] 李镇西. 做最好的班主任[M]. 桂林：漓江出版社，2014.

[7] 李冲锋. 班主任工作的 50 个细节[M]. 福州：福建教育出版社，2011.

[8] 魏书生. 班主任工作漫谈[M]. 桂林：漓江出版社，2014.

[9] 王彦才，郭翠菊. 教育学[M]. 北京：北京师范大学出版社，2010.

[10] 李素敏. 新时期班主任工作技能强化训练[M]. 北京：中国林业出版社，2011.

[11] 李镇西. 做最好的班主任[M]. 桂林：漓江出版社，2014.

[12] 胡珏. 活力班级的文化建设[M]. 南京：江苏凤凰教育出版社，2015.

[13] 王勇. 让教育智慧绽放光彩：中学班主任工作实用案例[M]. 芜湖：安徽师范大学出版社，2013.

[14] 熊华生. 做一个老练的新班主任[M]. 北京：中国人民大学出版社，2014.

[15] 刘成伦. 一线优秀班主任成长秘诀[M]. 北京：北京时代华文书局，2016.

[16] 张万祥. 班主任其实好当：44 位优秀班主任的秘诀[M]. 北京：中国轻工业出版社，2010.

[17] 葛金国，吴玲. 德育新理念与班主任工作[M]. 芜湖：安徽师范大学出版社，2013.

[18] 齐学红，黄正平. 班主任专业基本功[M]. 3 版. 南京：南京师范大学出版社，2017.

[19] 吴小霞. 班主任微创意 59 招让班级管理脑洞大开[M]. 上海：华东师范大学出版社，2018.

[20] 汪媛，李菁. 班主任专业成长[M]. 上海：华东师范大学出版社，2011.

[21] 李秀萍，司学娟. 班主任工作的 30 个典型案例(小学篇)[M]. 上海：华东师范大学出版社，2014.

[22] 刘正蓉. 影响青少年心理健康的四大因素[J]. 大家健康(学术版)，2013：280-281.

[23] 陈琦，刘儒德. 当代教育心理学[M]. 北京：北京师范大学出版社，1997.

[24] 魏书生. 班主任工作漫谈[M]. 桂林：漓江出版社，2014.

[25] 班华. 充分发挥班级教育合力的作用[J]. 班主任，2011(08)：8-10.

[26] 李镇西. 做最好的班主任[M]. 桂林：漓江出版社，2014：75-78.

[27] 董桂玲. 浅谈小学班主任班级管理艺术[J]. 学周刊，2018(30)：163-164.

[28] 钟启泉. 班级管理论[M]. 上海：上海教育出版社，2001.

[29] 苏秀梅. 新时期高校班主任工作刍议[J]. 西安：陕西教育学院学报，2003：5.

[30] 郭毅. 班级管理学[M]. 北京：人民教育出版社，2002.